D1269275

’45
UND DIE
FOLGEN

Thyssen-Vorträge

'45 UND DIE FOLGEN

Kunstgeschichte eines Wiederbeginns

Vorlesungen von

Karl Dietrich Bracher, Hermann Glaser, Jost Hermand,
Wolfgang Pehnt, Manfred Sack und Friedrich Spengelin

Podiumsdiskussion mit

Hugo Borger, Thomas Grochowiak, Ekkehard Mai,
Werner Schade, Eduard Trier und Stephan Waetzoldt

1991

BÖHLAU VERLAG KÖLN WEIMAR WIEN

Gedruckt mit Unterstützung der Fritz Thyssen Stiftung, Köln

Die Vorträge wurden in den Jahren 1989–1991 im Rahmen der Vorlesungsreihe der Fritz Thyssen Stiftung, Köln, im Vortragssaal des Wallraf-Richartz-Museums/ Museum Ludwig, Köln, gehalten

Herausgegeben von

Hugo Borger, Ekkehard Mai, Stephan Waetzoldt

Redaktion: Ekkehard Mai

Die Deutsche Bibliothek – CIP-Einheitsaufnahme

'45 und die Folgen : Kunstgeschichte eines Wiederbeginns ; [die Vorträge wurden in den Jahren 1989–1991 im Rahmen der Vorlesungsreihe der Fritz Thyssen Stiftung, Köln, im Vortragssaal des Wallraf-Richartz-Museums/Museum Ludwig, Köln, gehalten] / Vorlesungen von Karl Dietrich Bracher ... Podiumsdiskussion mit Hugo Borger ... Hrsg. von Hugo Borger ... Köln ; Weimar ; Wien : Böhlau, 1991

ISBN 3-412-02291-8

NE: Bracher, Karl Dietrich; Borger, Hugo [Hrsg.]; Fünfundvierzig und die Folgen

Copyright © 1991 by Böhlau Verlag GmbH & Cie, Köln

Alle Rechte vorbehalten

Ohne schriftliche Genehmigung des Verlages ist es nicht gestattet, das Werk unter Verwendung mechanischer, elektronischer und anderer Systeme in irgendeiner Weise zu verarbeiten und zu verbreiten. Insbesondere vorbehalten sind die Rechte der Vervielfältigung - auch von Teilen des Werkes - auf photomechanischem oder ähnlichem Wege, der tontechnischen Wiedergabe, des Vortrags, der Funk- und Fernsehsendung, der Speicherung in Datenverarbeitungsanlagen, der Übersetzung und der literarischen oder anderweitigen Bearbeitung.

Satz: A,D,W Fotosatz GmbH, Köln

Druck und buchbinderische Verarbeitung:
Strauss Offsetdruck GmbH, Hirschberg

Printed in Germany
ISBN 3-412-02291-8

INHALT

Vorwort VII

Karl Dietrich Bracher
,,Erlöst und vernichtet in einem . . .''
Die doppelte Herausforderung der Nachkriegszeit 1

Hermann Glaser
Inventur und Innovation
Kulturpolitik nach 1945 27

Manfred Sack
Sehnsucht nach Idyllen
Städtebau und Nachkriegsarchitektur 49

Friedrich Spengelin
Wohnungsbau nach 1945 zwischen Kontinuität und Innovation 76

Wolfgang Pehnt
Umgang mit Ruinen
Kulturbauten in der deutschen Nachkriegsarchitektur 111

Jost Hermand
Freiheit im Kalten Krieg
Zum Siegeszug der abstrakten Malerei in Westdeutschland 135

Eduard Trier
,,Wie die Künstler angefangen haben . . .'' 163

Thomas Grochowiak
Neuanfänge '45 aus der Sicht des Künstlers 175

Ekkehard Mai
Westdeutsche Kunstakademien nach '45
Skizze der ersten Jahre 187

Günter Schade
Ostdeutschland und DDR
Die Museen nach '45 199

Hugo Borger
Westdeutsche Museen im Wiederaufbau:
Beispiel Köln 214

Kurzbiographien der Autoren 221

Abbildungsnachweis 227

VORWORT

Seit 1979 veranstaltet die Fritz Thyssen Stiftung, Köln, Vorlesungen nach dem Vorbild angelsächsischer „lectures". Sie nahm damit eine Form der Wissenschaftsförderung auf, die im wissenschaftlichen Leben der Bundesrepublik bis dahin fehlte. Nach dem Vortragszyklus „Preußen – seine Wirkung auf die Geschichte" in Berlin und den „Auseinandersetzungen mit der Antike" in München widmete sie eine dritte Folge 1989/91 einem historischen Thema mit großer zeitgenössischer Nähe: „1945 und die Folgen – Kunstgeschichte eines Wiederbeginns".

In diesem Zyklus war besonders die deutsche Nachkriegsgeschichte des Wiederaufbaus befragt worden, standen Kunst und Kultur im Mittelpunkt von sechs Vorträgen und einer Podiumsrunde mit sechs Teilnehmern aus Wissenschaft, Vermittlung und Praxis der Kunst. Die Kunstgeschichte hatte und hat immer wieder durch die Fritz Thyssen Stiftung vielfache Förderung erfahren, so daß auch vor diesem Hintergrund eine Veranstaltungsfolge in diesem Wissenschaftsbereich nahelag. Um so mehr, als sich mit den Kölner Museen ein ebenso bezeichnendes wie großes Forum anbot, das diesem Thema gegenüber besonders aufgeschlossen sein mußte. Denn von dieser im Krieg nahezu völlig zerstörten Stadt ging nicht nur eine städtebauliche Aufbauleistung mit Wunden im Stadtgefüge bis zum heutigen Tage aus, hier auch erfolgte ein sehr typischer Wiederaufbau der Museen und der Neubeginn der Kunstpraxis durch Künstler, Sammler und Galerien als Gemeinschaftsleistung von privater und öffentlicher Hand. Die Künstler sind zahlreich in der Großregion vertreten, namhafte Zeitzeugen erinnern sich noch heute, die Künstlerausbildung und das Ausstellungswesen erhielten gerade hier nach 1945 wesentliche Impulse.

Was nun die Veranstalter der Vorlesungsreihe wollten und was sie erreichten, das läßt sich aus der Rückschau auf die Vorträge zugleich als Einleitung für den daraus hervorgegangenen Band verstehen. Am Anfang stand jedenfalls die spontane Begeisterung für ein in Mode gekommenes, in letzter Zeit mehrfach diskutiertes, und dennoch verschollenes Jahrzehnt – das erste Jahrzehnt nach dem Krieg, seine Kultur und insbesondere die Bildende Kunst im deutschen Wiederaufbau. Nicht nur die nun gelegentlich nostalgisch gefeierten 50er Jahre sollten dabei im Mittelpunkt stehen, nicht das späte Brot der frühen Jahre, sondern vor allem der tatsächliche Beginn: '45 und die Folgen, das also, was aus Schutt und Trümmern die bange Frage stellen ließ: was soll nun werden?

Die oft zitierte „Stunde Null" – war sie Fiktion, war sie Wirklichkeit, welche Wirklichkeit? Ob nun Kontinuität oder ob Bruch und Widerspruch, das galt es in unterschiedlicher Beleuchtung und Bewertung für die Aspekte einer Kulturgeschichte der Bundesrepublik Deutschland herauszuarbeiten. Eines war den Veranstaltern dabei von Anfang an klar, war Herausforderung und Begeisterung zugleich, als sie diese Reihe konzipierten: Das Jahrzehnt von 1945 bis 1955 (und wie weiter?) stellte und stellt eines der aufregendsten Kapitel im Nachkriegsdeutschland dar. Mit ihm verbinden sich Vergangenheitslast, Gegenwartsbewältigung und die Utopien eines Aufbruchs in eine neue Zukunft, welcher Art auch immer diese werden sollte. Es war eine der materiell ärmsten, aber ideell zugleich reichsten Phasen der sich soeben erst konstituierenden Bundesrepublik, aber auch der DDR. Sie erwies sich nicht nur politisch als überaus komplex — geistig, künstlerisch und allgemein-kulturell war dieses Jahrzehnt eine Zeit höchster Anspannung, des Aufbruchs und programmatischer Absichten. Nach dem beispiellosen Desaster des Totalitarismus, der den Ausschluß Deutschlands aus den modernen Entwicklungen des geistigen und künstlerischen Lebens, den Exodus oder die Vernichtung und das Verstummen der bedeutendsten Köpfe und Kräfte nach sich gezogen hatte, damit zu völliger Isolation führte und als Ersatz eine pervertierte Ideologie zwanghaft propagierte, erwies sich für viele die „Befreiung" als ein existentielles Prinzip Hoffnung. Es setzte im praktisch-pragmatischen, aber auch programmatisch-ideellen Sinn erstaunliche Energien frei. Es war eine „Stunde" der Abrechnung, der Selbstbehauptung und eines schöpferischen Neubeginns. Es war die Stunde auch eines Widerstreits etablierter, desavouierter und vernichteter Traditionen mit dem zögernden Wiederaufnehmen der einst blühenden Avantgarde schöpferischer Impulse und internationalen Austauschs. Wie mit einem in jeder Hinsicht beispiellosen Rückschlag durch Neubeginn fertig zu werden war, das forderte viele Einzelne, Gruppen, Bewegungen heraus. Mit einem Lebensmut der Verzweiflung eröffneten sich völlig neue Chancen — in materiellen Grenzen, deren Not durch Improvisation, durch hochfliegende Pläne und den Willen zur Wiederherstellung und Veränderung wettgemacht wurde. Es war die Stunde der Inventur, des Suchens nach Anschlüssen, des Nach- und Aufholens.

Kein einziger Bereich der Künste blieb davon ausgenommen, doch besonders betroffen waren Architektur und Bildende Kunst. Die Fragen, die sich hier stellten, konnten nur lauten: Wie kam kulturelles Leben mit welchen Inhalten und von wem geprägt wieder in Fluß? Was waren die Rahmenbedingungen? Welche Personen, welche Institutionen, welche Ideen waren am Werk? Und für uns: Welche Beispiele waren zu finden, um exemplarisch genug eine schier nicht zu bewältigende Vergangenheit ins Kreuzfeuer zu nehmen?

Zunächst waren da Architektur und Wiederaufbau, also Notwendigkeiten der Existenz-, der Identitäts- und Geschichtssicherung und der Zukunftsorientierung aus praktischem Interesse. Die zerstörten deutschen Städte mit ihren reichen Geschichtsbildern spiegeln die ganze Problematik des Wiederaufbaus — vom Wohnungsbau über die Wirtschaft bis zum Hoffnungsträger Kultur, dem Mehrwert der Existenz. In vielen Städten kam es zu Programmkommissionen, zu Aufbau- und Entwicklungsplänen, zu strittigen Positionen nicht nur als Konflikt von Generationen, staatlichen und freien Kräften, auch von Traditionen und radikalem Neubeginn.

Und was die Bildende Kunst und die nach 1933 verloren gegangene Moderne anging: Die Nachkriegskunst stand hierzulande im Westen ganz im Zeichen der Bewegung der Abstrakten und der Auseinandersetzung um Gegenständlichkeit und sie öffnete sich zur lang vermißten Internationalität. Man blickte nach Paris und Amerika, besann sich der

„guten" Vergangenheit, der großen Emigranten und Vorbilder. Die Kunstschulen kamen wieder in Betrieb, das Ausstellungswesen formierte sich neu, die Kunstkritik nahm das Ausland zur Orientierung und zur Hilfe wieder in den Blick. Vom Realismus und Surrealismus über die abstrakte Malerei zum Informel – hier sind viele Namen, Gruppen und Kreise zu nennen. Und wie stand es mit Kunstgalerien, -vereinen und -museen? Wie kam das Kunstleben überhaupt wieder in Gang und durch wen, durch welche Ereignisse? Malerei, Plastik, Design – hier kam es zu charakteristischen Lösungen, die uns heute von der Kultur der fünfziger Jahre als einer gleichsam abgeschlossenen Epoche reden lassen. Aber ist dem wirklich so? Sind die Quellen wirklich ausgemacht und ist die Spurensicherung überhaupt schon abgeschlossen? Überzeugung der Veranstalter und Herausgeber ist, daß durchaus noch viel zu tun ist, daß Zeitzeugenschaft vor allem Quellensicherung meint und der ganze Reichtum der Diskussion von damals noch gar nicht ausgeschöpft ist. Es ist viel getan worden, sieht man sich die Ausstellungen zwischen Berlin und München, Bonn und Nürnberg an, zieht man die historische Literatur in Betracht und die Kulturgeschichten zu den fünfziger Jahren, deren Autoren auch an diesem Band beteiligt sind. Vieles, vor allem Einzelforschung, steht noch aus.

Es war und ist das erklärte Ziel, mit diesen Beiträgen Hinweise und Anregungen zu geben, Zusammenhänge zu skizzieren und weiteres Fragen zu erleichtern – auch und gerade in einem mehr und mehr geforderten *wertenden* Umgang mit der nunmehr in die Jahre gekommenen „jüngsten Vergangenheit". Wie plötzlich dabei Geschichte durch sich selbst überholt wird, konnte diese Vorlesungsreihe dabei an ihrem eigenen Konzept festmachen. Geplant und verabredet im Frühjahr und Sommer 1989 vor allem für die Kunstgeschichte der Bundesrepublik mit allenfalls prüfendem, vergleichendem Blick „nach drüben", sorgten der November desselben Jahres und die danach folgenden Ereignisse für eine im wahrsten Sinne des Wortes „Entgrenzung" der Nachkriegsjahre. Ein solcher Perspektivenwechsel war von den Organisatoren nicht mehr abzufangen, zumal dieser „zweite Start" eines Teils des nun wiedervereinigten Deutschlands genau das zur Folge hatte und hat, was hier schon einmal abgelaufen ist. Umso mehr erweist sich aber vor diesem Hintergrund die Notwendigkeit, „'45 und die Folgen" neuerlich und sehr viel komplexer, eben als Gesamt- und nicht Teilgeschichte, in den Blick zu nehmen.

Hugo Borger   Ekkehard Mai   Stephan Waetzoldt

Karl Dietrich Bracher

„ERLÖST UND VERNICHTET IN EINEM …"
Die doppelte Herausforderung der Nachkriegszeit*

1. Die Bedeutung von 1945

Es war am 8. Mai 1949, gerade vier Jahre nach dem europäischen Ende des Zweiten Weltkriegs und der deutschen Diktatur, das von den einen als Befreiung und Rettung, von den anderen vor allem als Verlust und Zerstörung, doch bald auch als Drohung einer neuen Diktatur empfunden wurde. In jener Zeit der großen Entscheidungen von 1948/49, als unerwartet rasch nach der doppelten „deutschen Katastrophe" von 1933 und 1945 die Gründung einer zweiten deutschen Demokratie im Westen und freilich zugleich die Teilung Deutschlands und Europas geschah, sagte Theodor Heuss, Politiker und Literat zugleich, in einer Rede zum Abschluß der Verfassungsberatungen vor dem Parlamentarischen Rat in Bonn über die Lage der Deutschen, der 8. Mai 1945 bleibe „die tragischste und fragwürdigste Paradoxie der Geschichte für jeden von uns. Warum denn? Weil wir erlöst und vernichtet in einem gewesen sind".

Diese doppelte Herausforderung der Nachkriegszeit betraf die Politik und ihre Ideologien ebenso wie das Denken und die Kultur der Epoche. Doch vorrangige Bedeutung kommt zunächst jener Ambivalenz der *politischen* Entwicklungen und Entscheidungen zu, die daher am Anfang dieser Vorlesungsreihe zu erörtern ist.

Wir wissen, in welchem Maße der weltgeschichtliche Einschnitt von 1945 bis heute das weitere Schicksal Europas, den Aufstieg der beiden Supermächte USA und Sowjetunion, zugleich auch die Ablösung des Kolonialzeitalters durch die „Dritte Welt" beeinflußt haben.

Besonders schwer aber wog das Datum für Deutschland und seine mehrfach gebrochene Geschichte als Nation und Staat in der Mitte Europas. Das Ende der NS-Diktatur, die in den zwölf Jahren von 1933–1945 das ganze Ausmaß und die furchtbaren Möglichkeiten eines modernen totalitären Herrschaftssystems demonstriert hatte, hinterließ ein verwüstetes Land, ein zerstörtes Staatswesen, ein politisches und geistig-moralisches Vakuum im Zentrum des Kontinents.

---

* Unveränderte Fassung des Vortrags am 23. Oktober 1989 in Köln. Vgl. die Bücher des Verfassers: Die deutsche Diktatur (6. Aufl. 1980); Europa in der Krise (2. Aufl. 1980); Europa in der Krise (2. Aufl. 1979); Zeit der Ideologien (2. Aufl. 1985); Die totalitäre Erfahrung (1987).
Nachbemerkung vom Dezember 1990: Das Ende der Teilung Deutschlands und Europas während des vergangenen Jahres rückt die im Vortrag erörterten Werte und Deutungen der Nachkriegszeit in noch schärferes Licht. Umso entschiedener möchte ich auch heute an meiner ehedem so gerne als antikommunistisch diskreditierten Auffassung von der „zweiten deutschen Diktatur" (in der DDR) und von den historisch-politischen wie geistig-kulturellen Wirkungen einer totalitären und posttotalitären Erfahrung festhalten.

Während die Länder Europas, Afrikas und Asiens, die von den „Achsenmächten" Deutschland und Italien oder von ihrem asiatischen Verbündeten Japan besetzt und ausgebeutet worden waren, den 8. Mai und den 14. August 1945 (japanische Kapitulation) als Befreiung erlebten, und während in Italien die „Resistenza", in Japan das Kaisertum eine gewisse politisch-kulturelle Kontinuität repräsentierten, war in Deutschland der Widerstand gegen Hitler gescheitert, war der Weg bis zum bitteren Ende unausweichlich geworden. So überschrieb der führende deutsche Historiker, Friedrich Meinecke, damals sein Buch über die jüngste Geschichte: *Die deutsche Katastrophe*, und der Soziologe Alfred Weber (Bruder des großen Max Weber) konstatierte nicht minder lapidar den *Abschied von der bisherigen Geschichte*, der Philosoph Karl Jaspers *Die deutsche Schuldfrage*.

Der Weg von der totalen Niederlage des Deutschen Reiches zur Bundesrepublik Deutschland weist die schweren und schmerzlichen Hypotheken auf, die nach den unerhörten Verbrechen des Nationalsozialismus auf allen Deutschen lasteten; doch der Zusammenbruch ihres bisherigen Staates eröffnete die unerwartete Chance eines Neuanfangs, der unter den existentiellen politischen Erfahrungen und den eindringlichen Lehren der jüngsten Vergangenheit stand.

Die Lage von 1945 war bestimmt von Schuld und Not eines Volkes, das in großen Teilen der totalitären Verführung des Hitler-Regimes erlegen war und sich auch nicht selbst von einer verbrecherischen Führung zu befreien vermochte; die wenigen, die nach mehreren mißglückten Attentatsversuchen noch 1944 in nahezu aussichtsloser Lage die eigene Regierung beseitigen wollten, galten anders als der Widerstand in den von Deutschland besetzten Ländern nicht als Helden, sondern zunächst eher als Verräter. Alle Macht lag nun bei der uneingeschränkten Besatzungsherrschaft der Alliierten, die schon auf der Konferenz von Jalta (Februar 1945) und schließlich auf der Potsdamer Konferenz (Juli-August 1945) die umfassende Kontrolle Deutschlands beschlossen. So stieß auch die Erwartung, aus der später so vielzitierten „Stunde Null" werde eine selbständige innere Reinigung und radikale politische Erneuerung Deutschlands kommen, sogleich auf die machtpolitischen Realitäten des Tages. Die Maßnahmen kamen von außen und oben: die sogenannte Entnazifizierung und Entmilitarisierung ebenso wie der Prozeß gegen die Schuldigen und die Zulassung eines auf unterschiedliche Weise beschränkten politischen Lebens in den vier Besatzungszonen und Berlin.

Aber bald zeigte sich, daß die alliierte Besatzungspolitik keine gemeinsame Linie finden konnte. Vor allem zwei Faktoren veränderten die Situation binnen kurzem grundlegend. Die mangelnde deutschlandpolitische Übereinstimmung zwischen den Westmächten und der Sowjetunion führte geradezu unvermeidlich in die ersten Konflikte des „Kalten Krieges", als die sowjetische Macht- und Gleichschaltungspolitik in Osteuropa wie in der sowjetischen Besatzungszone Deutschlands (SBZ) zunehmend alle vermutlich nicht linientreu Denkenden ausschaltete und schließlich durchweg kommunistische Regime errichtete. Demgegenüber wurde die innen- und wirtschaftspolitische Entwicklung der drei anderen Zonen nach einer vorübergehenden Periode der Demontagen an den liberalen Ordnungs- und Freiheitsideen der westlichen Demokratie orientiert, die trotz aller Beschränkungen bald eine weit größere Anziehungskraft auf die Deutschen gewann als die zwanghafte kommunistische Neuordnung im Osten. So begann ein Flüchtlingsstrom nach Westdeutschland, der neben den über 10 Millionen Vertriebenen aus den abgetrennten weiten deutschen Ostgebieten fast 3 Millionen Bewohner der SBZ umfaßte, bis der Bau der Berliner Mauer am 13. August 1961 die „Abstimmung mit den Füßen" abrupt beendete.

Diese Tatsachen erwiesen sich als stärker denn alle ursprünglichen Pläne und Erwartungen, die eine viel längere Periode der gemeinsamen alliierten Besatzung vorgesehen hatten. Das geschlagene und schuldige Deutschland wurde fast ohne eine Frist der Besinnung in die bipolare Weltpolitik zwischen Ost und West hineingezogen, die an die Stelle der großen Anti-Hitler-Koalition von 1941—45 trat. Früher als geplant begann so der Prozeß neuer Staatsbildung. Der Einschnitt von 1945 war zwar ein Bruch in der Geschichte des deutschen Nationalstaates, doch keine Stunde Null im Sinne einer Denkpause oder gar Entscheidungsfreiheit, sondern ein Augenblick neuer Konstellationen mit zwingenden, weitreichenden Weichenstellungen und Konsequenzen.

Für das westliche Deutschland ergab sich daraus die Möglichkeit, trotz der Belastung mit dem Erbe der Hitlerdiktatur und den großen Zerstörungen des Krieges früher als erwartet in eine Periode des Wiederaufbaus einzutreten, in der aus den Feinden von gestern die Alliierten von heute wurden. Dabei bewirkten weder die Nürnberger Prozesse gegen die NS-Kriegsverbrecher noch die millionenfache, doch oberflächliche Entnazifizierung eine volle Auseinandersetzung mit der jüngsten Geschichte oder gar die vielbeschworene „Bewältigung der Vergangenheit", die es im wörtlichen Sinne wohl kaum geben kann. Für Alliierte wie für Deutsche gingen die ursprünglichen Versuche einer „Umerziehung", als Kollektivunternehmen ohnehin umstritten, so abrupt in die Phase der Einbeziehung über, daß viele innere Probleme der neuen deutschen Demokratie nicht schon mit der Gründung der Bundesrepublik glaubwürdig gelöst sein konnten. Die gleichzeitige Gründung der DDR bedeutete überdies nicht nur die schmerzliche Spaltung der Nation, sondern in ihrem Osten eine Fortdauer der Diktatur unter veränderten Vorzeichen.

Was dennoch gelang, wenngleich auf Kosten der — wie sich zeigen sollte — langdauernden Teilung Deutschlands wie Europas, war die Lösung jenes zentralen Problems, woran die westliche Politik nach dem Ersten Weltkrieg gescheitert war, nämlich die von den Deutschen als repressiv empfundene, negative Kontrollpolitik in der Tat durch eine gleichsam positive Kontrolle des Deutschlandproblems in der europäischen Integration abzulösen. Die schlimmste Verirrung der deutschen Geschichte und die schwerste Niederlage des deutschen Staates konnten so im Westen in einen erfolgreichen Wiederaufbau von Wirtschaft und Gesellschaft, von freiheitlicher Demokratie und internationalen, ja supranationalen Kooperationsformen übergehen. Freilich blieb ein Fünftel der Deutschen in der unter sowjetischer Herrschaft gleichgeschalteten „Deutschen Demokratischen Republik" (DDR) weiterhin unter dem Joch diktatorischer Politik.

So bemißt sich die Bedeutung des 8. Mai 1945 für die große Mehrheit der Deutschen an der unverhofften Chance, die das Ende von Diktatur und Krieg ihnen für einen neuen

Anlauf zur einst verspielten Demokratie eröffnet hat. Auch weiterhin waren die Folgen geschichtlicher Verantwortung zu tragen, welche die Untaten des Hitler-Regimes, vor allem die systematische millionenfache Ermordung der Juden und die Entfesselung des größten Krieges der Weltgeschichte hinterlassen haben. Aber anders als in der Leidensgeschichte der Weimarer Republik, die fatalerweise nie mit dem Erbe des Ersten Weltkriegs fertig werden konnte, hat die Bundesrepublik die Erfahrungen jenes Scheiterns und die neuen Möglichkeiten übernationaler Kooperation zu nutzen vermocht.

Nur für unverbesserliche deutsche Nationalisten blieb der 8. Mai 1945 schlechthin der schwärzeste Tag deutscher Geschichte. Für jene große Mehrheit, auf die sich die erfolgreiche und stabile zweite deutsche Demokratie stützt, wurde die Katastrophe des Hitler-Regimes zugleich zur Voraussetzung des zuvor zweimal gescheiterten liberalen Staates in der so wechselvollen Geschichte Deutschlands. Dazu gehört freilich unumgänglich der Einigungsprozeß Westeuropas, ohne den die weitere Entwicklung der Bundesrepublik nicht zu denken war und ist.

Die Befreiung Europas vom Joch der NS-Herrschaft schuf im Bündnis mit den USA und Kanada erst die Bedingungen für eine Renaissance der westlichen Demokratie und für den in der bisherigen Geschichte einzigartigen Aufbau der Europäischen Gemeinschaft. Es blieb freilich die Kehrseite: daß ganz Osteuropa die Befreiung von der NS-Diktatur gegen neue Diktaturen im Namen des „Antifaschismus" eingetauscht hatte. Bereits 1944 hatte George Orwell gegen diesen kommunistischen Mißbrauch des Faschismusbegriffs hellsichtig erklärt, wahrhafter Antifaschismus müsse immer zugleich antitotalitär sein. Und der soeben verstorbene jugoslawische Schriftsteller Danilo Kiš, dessen Vater in Auschwitz ermordet wurde, schrieb: „Ich bin bemüht, in meinen Büchern eine zusammenhängende Welt zu schaffen, in der die beiden wichtigsten Erfahrungen des 20. Jahrhunderts aufgearbeitet werden: die Erfahrungen des Faschismus und des Stalinismus".

Wenn die Feiern zum Jahrestag des 8. Mai im Bannkreis der Sowjetunion, die nicht ohne Schuld am Ausbruch des Krieges (Hitler-Stalin-Pakt 1939) dessen Hauptlast zu tragen hatte, besonders emphatisch begangen wurden, dann war mit einem tiefen Gefühl der Trauer an die unzählbaren Opfer des nationalsozialistischen Macht- und Rassenwahns, aber auch an die fortdauernde Tatsache zu denken, daß die „Befreiung vom Faschismus" allzu vielen Völkern keine Befreiung aus totalitären Herrschaftsverhältnissen gebracht hatte.

2. Die Last der Geschichte

Vor allem in Deutschland freilich ging es um die Auseinandersetzung mit den eigenen geistigen Erbschaften und Hypotheken: von der Vielfalt der sagenhaften „goldenen" zwanziger Jahre über die zunehmende Einfalt und Unmenschlichkeit der „eisernen" dreißiger Jahre, über Diktatur, Verfolgung und Exil bis zu jener deutschen Situation, die Vernichtung und Befreiung zugleich war. Aufschlußreich ist die Rolle von Intellektuellen, die sich 1933 der neuen Bewegung näherten und anschlossen, von ihr einspannen ließen, darunter stark Überzeugte ebenso wie bloße Verherrlicher, geistige Begründer wie bloße Opportunisten, wobei „bloß" nicht heißt, daß die intellektuellen Mitläufer weniger bedeutsam waren. (Es sind subtile Fälle darunter, die seit unserem Buch über die NS-Machtergreifung (1960) immer wieder behandelt wurden).

Unter Intelligenz verstehe ich vor allem jene Exponenten der Kultur, die die öffentliche Diskussion beeinflussen. Hier finden wir die großen Anfälligen und Brückenbauer, die Zeitweiligen und Ambivalenten, die oft dann noch während des Dritten Reiches desillusionierten. Hans Buchheim hat diesbezüglich treffend vom Inkubationsraum des Nationalsozialismus gesprochen. Schwankende wie Arnold Gehlen, Hans Freyer und Gottfried Benn, Anpasser wie Arnolt Bronnen oder auch Richard Strauß und Gerhart Hauptmann, irreführende Rechtslehrer wie Ernst Forsthoff, Ernst Rudolf Huber und Carl Schmitt, Filmleute wie Veit Harlan, Bildhauer wie Arno Breker, Philosophen wie Heidegger, deutschchristliche und deutschkatholische Theologen, schließlich die selbst nach 1945 noch Überzeugten wie Hans Grimm, der Dichter des „Volk ohne Raum": Sie alle dokumentierten die zeitweilige Verführbarkeit des Geistes. Bestechlichkeit durch Karriere und Ruhm, Versuchung des Gedankenmenschen durch irrationalen Aktionskult und seine sonderbare Anfälligkeit für „eindimensionale" Antworten und Erlösungsangebote.

Zu den wichtigsten Hypotheken von 1945 gehörte in der Tat das Phänomen der „totalitären Verführung". Es hat paradoxerweise ganz besonders mit der geistig-intellektuellen Sphäre zu tun. Und zwar in doppelter Hinsicht. Intellektuelle zeigen sich für neue radikale politische Bewegungen besonders empfänglich, eben neu-gierig, und zugleich sind sie von ihren diktatorischen Auswirkungen besonders betroffen: einerseits geht es um eine Entfesselung von Kritik und Freiheit, aber andererseits auch um deren Unterdrückung. Intellektuelle sind es zugleich, die solchen extremen Bewegungen überhaupt erst die ideologische Rechtfertigung, ihre geistige Stoßkraft und ihr revolutionäres Sendungsbewußtsein im Sinne einer vorgeblich neuen Zeit und neuen Moral liefern. Sie waren wahrhaft unentbehrlich für den Prozeß der totalitären Verführung.

Dabei ist eine adäquate gerechte Beurteilung schwierig, kann es nicht um einfache Kausalität oder Aburteilung gehen. Denn wir haben es mit zwei scheinbar gegensätzlichen Erscheinungsformen intellektuellen Verhaltens zu tun. Auf der einen Seite steht eine Neigung zur *Selbstzerstörung* durch masochistische Überkritik, Einseitigkeit des Urteils, Überforderung der Demokratie (so, wenn damals republikanische Politiker von links-intellektueller Seite verhöhnt und Sozialdemokraten als „Sozialfaschisten" oder, wie auch heute, freiheitliche Demokratien als reaktionär, ja faschistisch diffamiert wurden). Auf der anderen Seite steht die Bereitschaft zur *Selbstgleichschaltung* gegenüber der Macht einer diktatorischen Bewegung, eines politischen „Umbruchs" oder nationaler Erneuerung: eine Art antidemokratischer Idealismus oder ein Anempfinden an vermeintlich große geschichtliche Zeiten. Jede nachträgliche Beurteilung wird ferner kompliziert durch das Schwanken zwischen Kollaboration und Widerstand, das unter diktatorischen Verhältnissen der Unterdrückung und zugleich Versuchung in allen vergleichbaren Regimen das Verhalten der meisten bestimmt.

Schon seit der Jahrhundertwende war eine große Polarisierung der Weltanschauungen im Gange: ein Aufstieg links- und rechtsradikaler Ideologien, die im Verlauf und als Folge des Ersten Weltkrieges dann politisch konkretisiert wurden und eine mächtige Gegenfront gegen die gerade erst ins Leben tretende liberale Demokratie bildeten. Die Weimarer Republik stand unter dem doppelten Druck sowohl der intellektuellen Kritiker, denen die reale Demokratie nicht weit genug ging, nicht perfekt genug war, als auch der scharfen Verächter der Demokratie selbst, die als undeutsch und schwächlich diffamiert wurde. Zur NS-Diktatur führte beides: Verkennung oder Fehleinschätzung der Gefahr bei der Linken und Kapitulation vor der Verführung bei der Rechten.

Die damals und jetzt wieder so beliebten Faschismustheorien, die auch die Diskussionen von 1945 beherrschten, vermögen diesen Zusammenhang nicht zu erklären. Sie heben allzu einseitig auf die Komponente einer kapitalistischen oder rechtsradikalen Verschwörung ab und verfallen auf ihre Weise einem Projektionsmechanismus des (kapitalistischen) Sündenbocks, wie er ähnlich auch dem Antisemitismus zugrunde liegt. Wenn Max Horkheimer als Haupt der nach 1945 so einflußreichen „Kritischen Theorie" den Slogan prägte, wer nicht vom Kapitalismus reden wolle, solle vom Faschismus schweigen, so ist dem entgegen zu halten, daß „der Faschismus" im Mutterland „des Kapitalismus", England, gerade nicht aufgestiegen war. Vielmehr ist es geboten, die allgemeinere Form totalitären Denkens im Vorgang der intellektuellen Verführung herauszuheben, auch wenn man dies Insistieren auf dem Totalitären gerne als Antikommunismus abtun möchte. Denn tatsächlich sind es rechte *wie* linke Gedanken, reaktionäre *wie* revolutionäre Antriebe, deren Mischung erst das Faszinierende, Unwiderstehliche an der totalitären Alternative zur Demokratie ausmachen: hier vor allem die betonte Verbindung von Nationalismus und Sozialismus, den beherrschenden Ideenströmungen des 19. und 20. Jahrhunderts, die am konsequentesten der Nationalsozialismus in eins zu setzen und mit allen Mitteln durchzusetzen versprach.

Eine große Versuchung lag in jenem Gedanken einer „Herrschaft des Geistes", einer „Diktatur der Vernunft", des „Intellektuellen als Führer", den selbst ein so erklärt antifaschistischer Kopf wie Heinrich Mann 1931 in einer schwärmerischen Rede über „geistiges Führertum" beschwor. Die kommunistischen Bekehrungen vor 1933 hat Arthur Koestler in seinem Selbstbericht *Pfeil ins Blaue* (1953), die Gleichschaltungen nach 1945 dann Czeslaw Milosz in seinem Buch *Verführtes Denken* (1955) eindrucksvoll dargestellt. Es war *ein Gott, der keiner war* (1950), auf den am Ende der Hitler- und Stalinzeit ernüchterte Intellektuelle zurückblickten — darunter linke Leute von rechts ebenso wie rechte Leute von links.

Gleichzeitig freilich drangen antiintellektuelle Ideologien vor. In den zwanziger Jahren herrschte ein tiefgreifender Pessimismus, ein weitverbreitetes Krisenbewußtsein: kein Wunder angesichts der lamentablen Verhältnisse von Wirtschaft und Gesellschaft zwischen Nachkriegszeit und Weltwirtschaftskrise. Kulturkritik und ideologische Polarisierung ließen die neuen Demokratien nicht zur Ruhe kommen. Im besiegten Deutschland zumal stand *der Untergang des Abendlandes*, Oswald Spenglers schon vor dem Kriege entworfene (1911) und nach der Veröffentlichung (1918) doppelt zeitgemäße Kampfansage an den Fortschrittsgedanken, auf der Tagesordnung. Aber auch im siegreichen Westen verstärkte sich die Zivilisationskritik, je deutlicher wurde, daß der Sieg die alten Probleme nicht gelöst und die Pariser Friedensordnung von 1919/20 selbst den Grund zu neuen Krisen, ökonomischen wie politischen, gelegt hatte.

Die Suche nach politischen Festpunkten und ideellen Utopien zugleich machte anfälliger denn je für die politischen Vereinfacher. Ein erstaunliches Beispiel bot schon die geistige Unterstützung und der prominente Zulauf, den der Faschismus in Italien zu Anfang erfuhr: von den Futuristen über Pirandello, Puccini, Toscanini bis zum großen Benedetto Croce und zu den Sympathien Rilkes oder Freuds. Ein großes Mißverständnis zwar, aber ein bezeichnendes. Es wiederholte sich jedesmal, wenn ein starker Mann oder eine starke Ideologie am Horizont erschienen: Hitlers Machtergreifung konnte sich dann auf Sympathien und Prestige von Kulturrepräsentanten wie eben Gerhart Hauptmann und Richard Strauß, Martin Heidegger und Gottfried Benn berufen. Zwischen 1922 (Mussolini), 1933 (Hitler) und dem prokommunistischen „Antifaschismus" der dreißiger Jahre (Volksfront in Frankreich und Spanischer Bürgerkrieg) verlaufen die Bezugslinien des politischen Denkens, das von antibürgerlicher Demokratiekritik weithin beherrscht war und sich oft im Pro und Contra der Faschismus- und Sozialismusideologien erschöpfte.

Vor allem aber war die Entfaltung des Nationalsozialismus eine Geschichte der Unterschätzung der Politik, der Überschätzung der Ordnung. Es war eine weitverbreitete Meinung in den „gebildeten Schichten", der Nationalsozialismus sei im Grunde eine Bewegung der Ordnung und der staatserhaltenden Kräfte gegen politisches Chaos und Kommunismus. Es gelte nur, diese guten Kräfte zu stärken und von den Schlacken der Tagespolitik zu befreien, sie auf die Höhe der Kultur und der Philosophie zu heben, nachdem einmal der notwendig schmutzige Kampf um die Macht überstanden sei. Politik als ein „schmutziges Geschäft" sollte durch Geist sublimiert werden: darin steckte eine nach dem Scheitern von 1848 entwickelte Auffassung von „Realpolitik", deren moralisches Recht im Erfolg gründete. Sie führte zu der bezeichnend unpolitischen Illusion, man könne den „idealistischen" Gehalt des Nationalsozialismus fördern und im nationalen, staatspolitischen Sinne nutzen, indem man die kruden Äußerungen der Funktionäre bis hin zu den wohlgemeinten, aber noch unbeholfenen Ideen des „Volksmannes" Adolf Hitler verfeinere und ausbaue, indem man also den Nationalsozialisten eigentlich erst zeige, was in ihrem dunklen Drange wirklich stecke, und so einen „besseren" Nationalsozialismus möglich mache. Die einen waren von der Kraft der antikommunistischen, antigewerkschaftlichen „Bewegung" beeindruckt. Andere wieder, die aus dem Lager der „konservativen Revolution" kamen, mochten auf nationalrevolutionäre Komponenten setzen.

Solche Hilfe aus konservativen und bürgerlichen Kreisen ist im nationalsozialistischen Lager als Anmaßung, zuweilen als Gefahr empfunden worden. Seit Ende 1934 setzt denn auch deutlich die Ablehnung, schließlich die Verfemung dieses Salon-Nationalsozialismus ein; mancher fand den Weg in den Widerstand, der aus so verschiedenen Motiven und Richtungen resultierte. Das hinderte nicht, daß die intellektuellen Mitläufer zunächst eine besonders wertvolle Hilfe bedeuteten. Am klarsten hat dies Goebbels, der „Intellektuelle" im NS-Führerkorps, erkannt und genutzt. Der wirkungsvolle Ausbau der Propaganda und die rasche Reglementierung des Kulturlebens im Sinne der Gleichschaltung sind nicht denkbar ohne die entschiedene Mithilfe von außen, zu der sich Schriftsteller und Künstler, Professoren und auch einige Kirchenmänner geradezu drängten.

Opportunismus und Zwang allein erklären nicht den Vorgang, der binnen weniger Monate das deutsche Geistesleben der Reichskulturkammer unterwarf. Die Entfaltung der „goldenen zwanziger Jahre" enthielt, bei Lichte besehen, manchen Keim späterer Selbstgleichschaltung. Dabei hat der Aderlaß der deutschen Intelligenz schon im Jahre 1933 zu Zerstörungen geführt, von denen sich Wissenschaft und Kultur auch nach 1945 nicht mehr erholen konnten.

Gewiß kann man die nationalsozialistische Revolution als eine „Revolte gegen den Westen", ja Kriegserklärung an die geistigen und politischen Traditionen des Westens erklären; die Anknüpfung der nationalsozialistischen Ideologie an eine antiwestliche Eigenentwicklung Deutschlands und die bewußte Gegenstellung gegen die Folgewirkungen zumal der Französischen Revolution war offenkundig. Der Sachverhalt ist aber komplizierter, das Problem hat durchaus gesamteuropäische Wurzeln und Dimensionen. Als Gegenströmung gegen den modernen Rationalismus wirkte eine antiintellektuelle Philosophie der „Tat", die Ideologie vom „schöpferischen", visionsbegabten Willensmenschen, der im Sinne einer von Carlyle bis Stefan George reichenden Tradition charismatische Heldenverehrung genießt, europäische Wurzeln, die weit ins 19. Jahrhundert zurückreichten: Schöpferische Lebenskraft, irrationale Intuition waren die Werte eines vitalistischen Mystizismus, der seit der Kulturkritik Nietzsches und Bergsons, durch die Gewaltlehre Sorels auch ins Politische gewendet, dann in der Psychologie von Ludwig Klages zur Formel vom „Geist als Widersacher der Seele" geprägt und von NS-Ideologen als „Sieg über den bürgerlichen und bolschewistischen Menschen" zugleich (Grunsky) dem klassischen abendländischen Vernunftbegriff mit großer Wirkung entgegengesetzt worden war.

Die nachträglichen Versuche radikaler Kritiker des Nationalsozialismus, von Luther bis Hitler eine Linie gedanklicher Kontinuität durchzuziehen oder Friedrich d.Gr., Bismarck und Hitler gleichzusetzen, entsprechen tatsächlich in gewissem Maße dem Bemühen nationalsozialistischer Ideologen und Mitläufer, Vorläufer und Propheten aus zwei Jahrtausenden deutscher und abendländischer Geschichte für das „Dritte Reich" zu reklamieren; durch Einbeziehung besonders des deutschen Idealismus, aber auch der Reformation, der Mystik, ja der griechischen Kultur suchten NS-Ideologen diese Gedankengänge auch geistesgeschichtlich und philosophisch salonfähig zu machen, nicht ohne freilich den Anspruch auf einen totalen „Umbruch" des Denkens zu erheben und Deutschland zum „Bildungsland der neuen Menschheit" zu erklären. In diesem Sinne ließ sich sowohl die antisemitische Geschichtsphilosophie eines Houston Stewart Chamberlain oder schon seines Schwiegervaters Richard Wagner, wie auch eine auf Staatsverherrlichung angelegte nationalistische Historiographie von Treitschke bis Dietrich Schäfer je nach Bedarf benutzen: mit dem Ergebnis, daß seit dem großen Illusionsereignis des Tages von Potsdam 1933 in einer Fülle von wissenschaftlichen Konstruktionen die „Sehnsucht nach dem Dritten Reich" als verborgenes Grundmotiv der deutschen Geschichte und Literatur auch von den Kathedern der Universitäten und in den Werken kultur- und geisteswissenschaftlicher Autoritäten verkündet wurde.

Vor allem aber war es das Mißtrauen gegenüber dem Liberalismus und Rationalismus des demokratischen Zeitalters, das den Ausgangspunkt bildete und den Autoritarismus der zwanziger und dreißiger Jahre auch in den anderen europäischen Ländern prägte. Er lebte weniger von dem Pro eines Zukunftsentwurfs als von den großen Antipositionen, die gleichsam Erlösung von den Übeln der Modernisierung verhießen. War der rationale Beweis für die Funktionsschwächen und Ungerechtigkeiten von Demokratie, Parlamentarismus und Kapitalismus erbracht, so lagen die irrationalen Folgerungen auf der Hand. Der heroische Nihilismus der „konservativen Revolutionäre" um Spengler, Jünger, Moeller van den Bruck zog diese Konsequenz ebenso wie der beginnende Existenzialismus Heideggers und z.T. auch Jaspers': literarischer Pessimismus stand auf der Tagesordnung, Kritik an der modernen Zivilisation bestimmte das Klima und die Stimmung der „lost generation" in Europa wie in Amerika. Und führende Theoretiker der englischen Labour Party wie Beatrice Webb schwärmten vom Sowjetsystem als „neuer Zivilisation"; sie kommentierte das dortige KZ-Wesen bei einem Besuch 1935 mit der so zynisch-doktrinären Bemerkung: „You can't make an omelette without breaking eggs" – der Zweck heiligt die Mittel.

Gewiß standen der Rassismus und die Lebensraumideologie des Nationalsozialismus an Brutalität dem humanistischen Anspruch der kommunistischen Ideologie diametral gegenüber. Aber in der totalitären Durchsetzung des Herrschaftswillens bis hin zur Zahl der Opfer war manches vergleichbar. Die große intellektuelle Alternative „Faschismus oder Sozialismus", d.h. praktisch Nationalsozialismus oder Kommunismus, worauf man 1933 die politische Entscheidung reduziert sah, bedeutete eine Täuschung, die in jedem der beiden Fälle zur verhängnisvollen Unterschätzung der Diktatur und zur Rechtfertigung ihrer Untaten führte. Beide verhießen die große Lösung aller Probleme in einem neuen sozialistischen Fortschritt durch Rassen- oder durch Klassenkampf: Wechselbäder des Enthusiasmus und der Enttäuschung beherrschten die Szene.

In der Tat kann man die links- und rechts-autoritären Ideologien zunächst durchweg auf diesen Nenner bringen: Gegenposition zur rationalen Demokratietheorie des Liberalismus, wenn auch jeweils auf verschiedene Weise. Den „Faschismus" primär durch einen weitverbreiteten Antikommunismus zu erklären (Nolte), übersieht die jeweils ganz eigenen Wurzeln und Denkmuster.

Aber bei dieser ideologischen Demokratiekritik war nun eben nicht mehr die Substanz und Form der Alternativen, ihr politischer Bezug auf konkrete Bewegung und herrschende Systeme entscheidend. Als Rebellion gegen das Establishment verstanden sich alle die Intellektuellen, die nach einer Revolution von rechts oder von links Ausschau hielten und sich stolz als subversive Macht verstanden, wobei sie antiliberalen Pessimismus und revolutionären Fortschrittsglauben verbanden. Sie projizierten ihre eigenen Entwürfe in die radikalen Ideologien hinein, von denen sie oft nicht mehr wußten – oder stolz wissen wollten –, als daß sie Alternativen, Absagen an die „kapitalistische" Demokratie waren.

Die psychologische Dimension dieses gleichzeitigen Verlangens einerseits nach Kritik und andererseits nach politischer Identifizierung kam in vielbeachteten zeitgenössischen Analysen wie Ortega y Gassets *Aufstand der Massen* und Freuds *Unbehagen in der Kultur* (beide 1930) zur Darstellung; sie trat schließlich in der von Erich Fromm beschriebenen, scheinbar übermächtigen Flucht oder *Furcht vor der Freiheit* (1941) und im Verlangen nach neuen Bindungen hervor.

Die Meister der eklektischen Zusammenfügung widersprüchlicher Ideen zu allumfassenden Ideologien waren nun freilich nicht mehr die Professoren und Literaten, sondern die großen Theoretiker und Demagogen. Daß viele Intellektuelle dies hinnahmen oder sogar sanktionierten, lag sowohl an der Bewunderung für den starken Mann inmitten einer orientierungsschwachen Zivilisation, wie auch an dem Bedürfnis zum engen Kontakt mit dem idealisierten einfachen Volk, mit den „Massen", von denen man weiter denn je entfernt war, mit denen man sich um so dringender identifizieren wollte, je weniger man von ihnen wußte. Es war eine Verbindung von Elitegedanken und Populismus, die man am unmittelbarsten im Zusammengehen der starken Ideologen mit einer gläubigen Massengefolgschaft verkörpert und verwirklicht sah. In der Tat: neben der Neugier für die großen Experimente in Gesellschaft und Staat faszinierte vor allem jener doppelte Anspruch der autoritären Ideologien, sowohl elitäre Revolutionsgewißheit auszustrahlen wie zugleich politische Religion für die Massen zu sein.

Solche Suggestion und Macht der großen Vereinfacher ließ viele Intellektuelle ihre Rolle als Wächter der geistigen Wahrheit und politischen Menschlichkeit vergessen. Der *Verrat der Intellektuellen* (Julien Benda 1928) durch geistige Rechtfertigung der politischen und nationalen Leidenschaften wog schwerer denn je in einer Zeit, in der die moralischen Werte und die politischen Strukturen erschüttert waren. Denn nun bedeutete politische Option der Theoretiker und „Ideenproduzenten" nicht mehr, wie noch vor dem Ersten Weltkrieg, ein Spiel mit Gedanken, sondern die Hinnahme oder gar Legitimierung von geistes- und freiheitsfeindlichen Diktaturen, schließlich von unmenschlichen Gewalt- und Vernichtungsregimen im Zeichen von Klassenkampf- und Rassentheorien.

Daß diese so reibungslos und allumfassend funktionierten, bis hin zur Pervertierung der Moral und zu einer Glorifizierung des Massenmords als „weltgeschichtliche Aufgabe", die heroisch „durchgehalten" werden müsse (Himmler) – das war nicht zuletzt eine Folge der totalitären Verführbarkeit von Intellektuellen, die in Selbstverleugnung und Selbstzerstörung des Geistes endete. Das Ausmaß der Verluste, der Opfer, der Verarmung in allen Bereichen der von Deutschen selbst zerstörten Kultur war unermeßlich, nicht wieder gutzumachen, wohin man 1945 blickte. Dazu nur einige wenige Stichworte und Namen.

Den radikalsten Ansatzpunkt hatte die nationalsozialistische Ideologie in der Verwirklichung der Rassendoktrin gefunden. In der Verfolgung politisch Mißliebiger war der terroristische, in der Judenpolitik der ideologische Charakter des Regimes am frühesten schon mit barbarischer Konsequenz hervorgetreten. Pseudowissenschaftlich und pseudophilosophisch in den Machwerken von Ferdinand Clauß, Hans F.K. Günther und Alfred Rosenberg gerechtfertigt, gewann das Stereotyp des Juden als einer „parasitären Existenz" in der nationalsozialistischen Ideologie die Funktion des Bösen schlechthin. Hier war der absolute Gegner bestimmt, dessen ein totalitäres System zur Antimobilisierung der politischen und sozialen Kräfte, zugleich zur Ablenkung von den eigenen Problemen bedarf. Auch taktische Rücksichten hinderten nicht, daß zuerst die Juden in rascher Folge unter Boykott gestellt, aus dem öffentlichen Leben verdrängt, unter Ausnahmerecht gestellt und schließlich der Vernichtung ausgeliefert wurden. Bis zum April 1934 waren schon Hunderte von Hochschullehrern, über 4 000 Rechtsanwälte, 3 000 Ärzte, 2 000 Beamte und eine ähnliche Zahl von Schauspielern und Musikern jüdischer Herkunft betroffen. Etwa 60 000 flüchteten 1933/34 in die oft nicht gerade aufnahmefreudigen Nachbarländer; bis 1938 konnte sich etwa ein Viertel der 550 000 Juden in Deutschland der Unterdrückung und späteren Vernichtung entziehen.

Allerdings war mit der Vertreibung und Ausbürgerung der Unerwünschten und der Überwachung der anderen der proklamierte Umbruch der Kultur noch nicht gesichert. Es blieb die bereits vorhandene und verbreitete Literatur, Kunst, Musik. Unermüdlich wurden ‚Schwarze Listen' ausgearbeitet und Literaturgeschichten umgeschrieben; eine völkische Germanistik, zu der sich zahlreiche Literaturhistoriker bereit fanden, gab den Ton an. Wohl erwies sich die ‚Säuberung' von Bibliotheken und Buchhandlungen als problematisch. Aber eine Zerstörung der deutschen Literatur, die zugleich Selbstzerstörung war, ist durch die rabiate Ablösung der ersten Schriftsteller durch eine zweit- und drittrangige Garnitur von Schreibern und durch die Unterbindung der übernationalen Kontakte erreicht worden. Sie erstreckte sich im weiteren selbst auf viele zunächst verbündete konservativ-nationale Schriftsteller, die vom Himmlerschen Reichssicherheitshauptamt als „Konjunkturritter" mit falschen Rasse- oder Führergedanken entlarvt wurden.

Aber zunächst stand die Ausschaltung der „linken", demokratischen und jüdischen Literatur im Vordergrund. Ab April 1933 wurden schon die ‚Schwarzen Listen' veröffentlicht; sie reichten von Bebel, Bernstein, Preuß und Rathenau über Einstein und Freud, Brecht, Brod, Döblin, Kaiser, die Brüder Mann, Arnold und Stefan Zweig, Plivier, Ossietzky, Remarque, Schnitzler, Tucholsky hin zu Barlach, Bergengruen, Broch, Hofmannsthal, Kästner, Kasack, Kesten, Kraus, Lasker-Schüler, Unruh, Werfel, Zuckmayer und Hesse. Der Katalog wurde ausreichend zurückverlängert, um auch die Literatur von Heine und Marx bis Kafka zu erfassen. Die Bücherverbrennungen am 10. Mai 1933 auf den Plätzen der Haupt- und Universitätsstädte setzten das äußere Zeichen für das Autodafé eines Jahrhunderts deutscher Kultur. Umrahmt von studentischen Fackelzügen und Feuersprüchen der Professoren, aber inszeniert vom Propagandaministerium, eröffnete dieser barbarische Akt eine Epoche, von der einst Heinrich Heine prophetisch geschrieben hatte: wo man Bücher verbrenne, dort verbrenne man am Ende auch Menschen.

Antisemitismus, Antimodernismus und politische Funktionalisierung bestimmten auch die nationalsozialistische Musikpolitik. Der Diffamierung der atonalen Experimente, aber auch klassisch-romantischer Musik, wenn es sich um jüdische Komponisten handelte (Mendelssohn-Bartholdy, Gustav Mahler), stand die Überbewertung der von der Jugendbewegung ererbten Volksmusikpflege und des Kampflieds gegenüber. Der preußische Kultusminister Rust hatte schon im Juni 1933 eine Kommission (Furtwängler, Schillings, Backhaus, Kulenkampff) mit der Überprüfung der Musikprogramme und Konzertvereine beauftragt. Die weitere Reglementierung ging nicht ohne aufsehenerregende Kontroversen vor sich, wobei etwa Furtwängler und Goebbels aneinandergerieten, als es um Personen wie Hindemith, Reinhardt, Otto Klemperer und Bruno Walter ging. Gegenüber der „entarteten Musik", die in abschreckenden Ausstellungen (1938) demonstriert wurde, förderte das Regime eine so pompöse wie leere „völkische" Musik, freilich mit geringer Wirkung auf konservative Konzertsäle.

Auf dem Gebiet der bildenden Kunst erfolgte der Zugriff besonders über die Personal-
politik der Museen, Ausstellungen, Kunstvereine. Ausgegangen wurde auch hier vom be-
quemen, weil allzeit populären Kampf gegen die modernen Richtungen, die unter der
Rubrik „entartete Kunst" verfemt und als undeutsch, jüdisch verboten wurden. Abschreckende Ausstellungen und Preislisten (mit Preisen aus der Inflationszeit) appellier-
ten an niedrige Instinkte des Bürgers und Steuerzahlers. Dem „Baubolschewismus", unter
den auch die große Bewegung des Bauhauses fiel, wurden die Planungen „nationalsozialistischer Architektur" entgegengestellt, die im Stil eines pompösen Pseudoklassizismus
von Hitler selbst, dem verhinderten Künstler und Architekten, vorangetrieben wurden.
Mit dem Selbstbewußtsein eines Nero hat er die riesigen Bauten des „Dritten Reiches"
inauguriert, zur Förderung einer „arteigenen Kunst" und als Monumente der NS-Herrschaft „auf Jahrtausende hinaus". Schon Hitlers bombastische „Kulturrede" auf dem Parteitag von 1933, die die „rassische Bedingtheit" aller Kunst proklamierte, enthüllte deutlicher denn alle Theorien die äußerste Banalität, aber zugleich Brutalität dieser Ideologisierung und Instrumentalisierung der Kultur. Ihm sekundierten völkische Kunstbarden wie
Paul Schultze-Naumburg und Alfred Rosenberg. Die reaktionären Ressentiments der
Halbgebildeten und das Unbehagen der Traditionalisten kamen ihnen entgegen; oft setzten sich die radikalen Bestrebungen, die Rosenbergs „Kampfbund für deutsche Kultur"
seit Jahren gegen moderne Kunst führte, in einer unheiligen Allianz mit konservativen
Kritikern durch. Sie gipfelte mit dem „Gesetz über die Einziehung von Erzeugnissen entarteter Kunst" vom 31. Mai 1938 in der entschädigungslosen Enteignung der Kunstwerke
einer ganzen Epoche. In der fast endlosen Liste der Selbstzerstörung, die von Beckmann,
Chagall, Klee und Kokoschka bis Kollwitz, Barlach, Kandinsky, Gropius, Mies van der
Rohe und Oskar Schlemmer reicht, fehlte fast kein Künstler von internationaler Bedeutung. Damit ist bezeichnet, was nach 1945 in der Dimension des Geistes und der Künste
aufzuarbeiten war.

3. Posttotalitäre Erfahrungen:
Zwischen Kaltem Krieg und Renaissance der Demokratie

Im Unterschied zur Krisengeschichte politischen Denkens nach dem Ersten Weltkrieg
bestimmten vor allem drei große, warnende Erfahrungen den Wiederaufbau und das Verständnis der veränderten Welt; (1) das Erlebnis der totalitären Diktatur und der Zerbrech-
lichkeit der Demokratie; (2) die Anschauung des modernen Krieges und der ideologischen Menschenvernichtung; (3) schließlich die Ernüchterung und Desillusion in bezug
auf das Verhalten der Sowjetunion und die Spaltung Europas. Und über allem der Gedanke der Menschenrechte, dem auch die Gründung der UNO dienen wollte: ein Postulat,
das künftig trotz aller Rückschläge als Ferment freiheitlicher Politik wirken sollte.
Die Aufbruchstimmung und Aufarbeitung im Blick auf den gewaltigen Nachholbe-
darf, der nach der Abschnürung und Isolierung des politischen und geistigen Lebens seit
1933 bestand, konnte sich unter dem Druck der so rasch sich ändernden Machtverhält-
nisse im Ost-West-Konflikt seit 1947/48 nur teilweise erfüllen. Doch es gab eine große

Welle des Kennenlernens und der Wiederaneignung von Literatur und Kunst der freien
Welt; in dieser noch fernsehlosen Zeit tritt die Rolle des Rundfunks wie der neuen Zeitschriften bei der Entdeckung und Vermittlung über 12 Jahre verfemter Autoren und
Kunstwerke wie auch bei der Erneuerung abgebrochener demokratischer Traditionen
hervor. Freilich zugleich viel Zögern und Apologie, Ressentiments und Mißverständnis-
se; nur eine Minderheit der Exilierten kehrte zurück, und zwischen befreienden wie zugleich reglementierenden Besatzungsregimen, der Anknüpfung an demokratische Ideen
seit 1848 und den Erfahrungen aus Diktatur, Krieg und Gefangenschaft gab es vielfältige
Möglichkeiten, aber auch jene unausgesprochenen Widerstände, die charakteristisch waren für die Spannung zwischen Aufarbeitung der Vergangenheit und Herausforderungen
eines Wiederaufbaus in Deutschland.

Dabei kommt den politischen Rahmenbedingungen große Bedeutung zu. Zunächst er-
fährt die politische Linke auch in Westeuropa eine so erhebliche Stärkung, daß man von
einem allgemeinen Linksrutsch sprechen kann. Das wird zuerst im großen Wahlsieg der
britischen Labour Party (Juli 1945) sichtbar; es erweist sich auch an der Stärke der kommunistischen und sozialistischen Parteien in Frankreich und Italien, an den Versuchen
zur Bildung „antifaschistischer" Linkskoalitionen in den ersten Nachkriegsregierungen
und an der Vorbild-Rolle sozialdemokratischer Regierungen in Skandinavien. Der Links-
ruck führt freilich, im Unterschied zu den Vorgängen unter sowjetischem Einfluß in Osteuropa, nirgends zu einer dauernden Vereinigung oder Verschmelzung sozialistischer mit
kommunistischen Parteien.

Auf der anderen Seite ist die allgemeine Diskreditierung und der Rückgang der politischen Rechten charakteristisch. Zwar kommt es nur in Italien zu einer Ablösung der Mo-
narchie durch die Republik, aber die bestehenden Monarchien werden demokratisch modifiziert und eingeschränkt, soweit sie nicht (wie in Großbritannien oder Skandinavien)
schon vorher völlig konstitutionalisiert und parlamentarisiert waren. Auch wenn die
Rechtsparteien keineswegs einfach mit der Schuld der Kollaboration belastet werden
konnten, so gab ihre zwiespältige Haltung gegenüber den autoritären und faschistischen
Ideologien und Regimen doch Grund genug für die Tatsache, daß die antifaschistische
Welle der Nachkriegszeit vor allem gegen die konservative Rechte gerichtet war. Nach
verbreiteter Ansicht hatte das Versagen konservativ-liberaler Wirtschaftspolitik zwischen
den Kriegen wesentlich zur Krise der Demokratien beigetragen. Eine Restaurierung der
kapitalistischen Ordnung war ebenso umstritten, wie die staats- und zwangswirtschaftli-
chen Maßnahmen der Kriegszeit, die in der Notlage der Folgezeit fortbestanden. Die
Tendenz zu tiefgreifenden politisch-gesellschaftlichen Reformen schien den Sozialismus
als beherrschende Kraft auch in Westeuropa zunächst zu bestätigen: dem Versagen des
Kapitalismus und dem Katastrophenkurs des Faschismus folge notwendig der Sozialismus, so lauteten die Diagnosen und Prognosen.

Aber binnen weniger Jahre kam es zu einem allgemeinen Umschwung der politischen
Stimmungen und der Kräfteverhältnisse in den Demokratien Westeuropas, so verschieden die Umstände im einzelnen sein mochten. Die wichtigsten Kennzeichen dieser Entwicklung waren die Ausschaltung der kommunistischen Parteien von der Regierungsbe-

teiligung, die Stärkung einer gemäßigten Mitte und der rasche Aufstieg christlich-demokratischer Parteien in die Schlüsselpositionen von Staat und Gesellschaft. Sie stellten ein
neues Element in der Parteienstruktur Europas dar; auch wenn sie auf ältere Formen
christlich-konfessioneller Parteien zurückgingen, so sprengte die Bejahung der parlamentarischen Demokratie, die Aufnahme linker christlich-sozialer Impulse und die Zurückdrängung konservativ-klerikaler Traditionen doch entschieden den bisherigen Rahmen
kirchlicher Interessengruppen und eröffnete den Weg zu größeren Volksparteien der Mitte, die zur Koalition nach allen Seiten, zur Versöhnung von Sozialismus und Kapitalismus fähig sein wollten. Diese Emanzipation christlich-demokratischer Sammelbewegun-
gen vermochte einen Großteil der bürgerlichen Schichten zu integrieren. Die Unterstützung der Kirchen, die nach den ideologischen Zusammenbrüchen der Epoche wieder als
stärkere Autoritäten Anerkennung fanden und sich nun der Demokratie annäherten, ja
in Italien und Deutschland die fast einzigen intakten, von den Besatzungsmächten anerkannten Institutionen darstellten, kam ihnen dabei ebenso zustatten wie die Verbindung
mit Gruppen der Résistance nach den abschreckenden Erfahrungen eines blutig gescheiterten Antidemokratismus.

Es war eine Kette von Ursachen, die der raschen Veränderung der innenpolitischen Szenerie in Westeuropa zugrunde lagen. Der tiefgreifende Umschwung, der sich seit 1947
abzeichnete, wurde sowohl durch ökonomische wie durch politische und militärische
Faktoren beschleunigt. Ein eng verflochtener Zusammenhang von Innen- und Außenpo-
litik ist charakteristisch für die entscheidende Entwicklung von 1947/50. Aus der offenen, krisenreichen Nachkriegslage mit der Perspektive einer sozialistisch geprägten Um-
formung von Staat und Gesellschaft führt sie unerwartet rasch zur Verfestigung parla-
mentarischer Mehrparteienregime und zur Stärkung liberaler Wirtschafts- und
Gesellschaftssysteme im Zeichen der politischen Mitte. Mit diesem Umschwung, der in
der deutschen Terminologie als soziale Marktwirtschaft bald weite Ausstrahlungskraft,
als „Wirtschaftswunder" überzeugende Popularität gewann, waren die Weichen für die
politische Entwicklung bis zur Gegenwart gestellt.

Es war eine historische Entscheidung, zu der eine realistische Alternative bald kaum
mehr bestand. Allzu eindeutig erschienen die Tatsachen. Die ökonomische Stabilisierung im Zeichen des Marshall-Plans kontrastierte grell mit den Mißerfolgen der kommunistischen Wirtschaftspolitik in Osteuropa; die Konfrontation der Supermächte USA
und UdSSR wurde in wachsendem Maße als eine Kraftprobe zwischen freiheitlich-offe-
nen und zwangsgelenkten Gesellschaftssystemen empfunden; die Forcierung der stalinistischen Herrschaftspolitik, die ihren Höhepunkt im Umsturz von Prag (Februar 1948)
und in der Blockade Berlins, ihre Antwort in der Verstärkung der amerikanischen *con-
tainment policy* mittels ökonomischer und militärischer Hilfe für Westeuropa fand, wirkte negativ auf die Chancen einer sozialistischen Umgestaltung in Westeuropa zurück und
resultierte in einer Ausschaltung der kommunistischen Parteien aus der politischen Führung.

Die liberal-demokratische Stabilisierung war mithin alles andere als das Resultat einer
finsteren Verschwörung kapitalistischer Imperialisten. Nicht nur der Kommunismus,

sondern zugleich auch die Ideen einer sozialistischen Umgestaltung und einer von den Supermächten unabhängigen europäischen Entwicklung wurden durch die sowjetische Politik der Gleichschaltung in Osteuropa nachhaltig diskreditiert. Das Resultat waren antikommunistisch orientierte Regierungen, nach der Niederlage der Labour Party (1951) auch in Großbritannien, die den Wiederaufbau mit ökonomischer Unterstützung und militärischer Abschirmung durch die USA bestimmten; die wirtschaftliche Erholung und politische Stabilisierung, auch die wachsende europäische und atlantische Zusammenarbeit wurde in diese Richtung orientiert. Am Ende der vierziger Jahre waren die Entscheidungen gefallen, die der weiteren Entwicklung Westeuropas bis zum heutigen Tage den Rahmen gesetzt haben.

Davon war besonders die demokratische Linke betroffen, deren gesellschafts- und außenpolitische Opposition erfolglos blieb, bis sie früher (in Frankreich) oder später (in Westdeutschland und Italien) die vollzogenen Tatsachen anerkennen mußte. Mögliche Alternativen zu der Konfrontation von Ost und West bzw. von liberal-konservativer und sozialistisch-kommunistischer Gesellschaftspolitik sind unter diesen Umständen nie ernsthaft auf ihre Realisierbarkeit getestet worden. Wenn dennoch viele kritische Betrachter von den „verpaßten Chancen" der Nachkriegszeit sprachen, so verkannten sie die Überzeugung einer demokratischen Mehrheit der Bevölkerung angesichts der Bedrohungen des Kalten Krieges sowie des ungleich höheren Freiheits- und Lebensstandards im Westen. Dabei gab es freilich erhebliche Nuancen, starke Gegenströmungen und vor allem deutliche Unterschiede zwischen und innerhalb der beteiligten Staaten Westeuropas. Am stärksten und entschiedensten war die Politik der Stabilität im Zeichen der Konfrontation in Westdeutschland ausgeprägt. Die Anschauung der sowjetischen Zwangspolitik in Ostdeutschland und die Chance der politischen Rehabilitierung und des raschen Wiederaufstiegs aus der Katastrophe wirkten hier als besonders mächtige Antriebskräfte.

Die Entwicklung der neuen westdeutschen Demokratie stand betont unter dem Postulat: Bonn ist nicht Weimar. Anders als 1918 waren die Voraussetzungen, anders auch die Lebensbedingungen und die Form der Bundesrepublik in ihrer weiteren Geschichte. Eine gestärkte Parlamentsdemokratie, ein verändertes Parteiensystem, Wirtschaftserfolg und Westbündnis sicherten Stabilität und Dauer. Der große Unterschied zu Weimar lag aber auch in der Tatsache der Teilung begründet. So schmerzlich sie nationalpolitisch war, so viel trug sie dazu bei, die zweite deutsche Demokratie von der Weimarer Krankheit zu befreien: nämlich durch rechts- und linksradikale Parteien eingekreist und erdrückt zu werden. 1945 war in Deutschland nicht nur die rechte Diktaturbewegung des Nationalsozialismus widerlegt, sondern bald, lange vor dem Verbot der KPD im Jahr 1956, angesichts der Sowjet-Politik, auch die linke des Kommunismus zusammengeschrumpft und diskreditiert. Der Kommunismus und seine Anhänger wanderten in die sowjetische Zone aus, in die nur dem Namen nach „demokratische" Diktatur der DDR, die auf die Westdeutschen so abschreckend wirkte wie die sowjetische Nachkriegspolitik überhaupt, auch wenn Idealismus und Illusionen eines radikalen Neuanfangs, eines „Auferstanden aus Ruinen", den Weg in die DDR begleiteten und als ideologischer Anspruch eines „ersten sozialistischen Staates in Deutschland" eine gewisse Anziehungskraft auf Intellektuelle und Künstler ausübte.

Zwei Politiker der Weimar-Ära präsidierten dieser Neuentwicklung des deutschen Problems: Adenauer und Ulbricht. Adenauer schlug mit seiner erfolgreichen Westpolitik die Brücke zu einer stabileren zweiten Demokratie, die anders als die Weimarer Republik rasch von der Bevölkerung anerkannt wurde. Walter Ulbricht dagegen, Mitbegründer der KPD im Jahr 1919 und ihr Reichstagsabgeordneter bis 1933, unerschütterlicher Stalinist auch in der Emigration, der alle Säuberungen in Moskau stets linientreu überstand, erzwang auf den Trümmern des Hitler-Regimes ein neues Einparteienregime von oben, das in Form und Methoden unmittelbar an autoritäre Traditionen in Deutschland anknüpfen konnte, so antifaschistisch die Aufmachung und so verschieden die Ziele sein mochten. Diese zweite deutsche Diktatur war zwar eine importierte, doch baute sie zugleich auf der Entwöhnung der Deutschen von Demokratie und ihrer Gewöhnung an den Obrigkeitsstaat auf. Gewiß wurde hier die Liquidierung des Nationalsozialismus radikaler betrieben, doch verzichtete man auch hier keineswegs auf die Dienste von NS-Funktionären, und die Alternative war die Herrschaft einer neuen, nun linken Einheitspartei, der sich die Bevölkerung langsam und resignierend beugte. Damit dauerte im Grunde ein Hauptmerkmal jener historischen und psychologischen deutschen Problematik fort, deren Ausdruck der Nationalsozialismus war. Verstaatlichung und Kollektivierung von Industrie und Landwirtschaft sollten zwar dem Faschismus, den die Kommunisten in grober Mißdeutung mit dem privaten Kapitalismus gleichsetzten, die ökonomischen Ausgangspunkte entziehen. Aber die faktische Herrschaft von Obrigkeitsstaat, SED-Regime und totalitärer Ideologie knüpfte aufs neue an die autoritäre Struktur des politischen Verhaltens, an den illiberalen und freiheitsfeindlichen Macht- und Staatskult der neueren deutschen Geschichte an. Denn so tief einschneidend die ,sozialistische Revolution‘ der DDR auch war, sie bedeutete erneut eine Revolution von oben, ohne freie demokratische Zustimmung und Legitimierung.

So wurde die Frage der demokratischen „Bewältigung“ der Vergangenheit, für die westdeutsche Demokratie eine Grundfrage ihrer Existenz, in der DDR von oben gelöst: im Sinne einer Gegendiktatur, die keine Gelegenheit zur Entwicklung und Bewährung einer eigenständigen und verantwortlichen Demokratie gab, weil sie jedes Risiko ihrer Anfechtung scheute und weder am Anfang noch später bereit war, sich dem freien Votum der Bevölkerung zu stellen. Nur in Westdeutschland konnte das politische Denken und Verhalten der Deutschen nach dem Krieg über drei Jahrzehnte hinweg empirisch verfolgt werden, nur dort war die politische Mobilität und Stabilität des oft berufenen Volkswillens in offenen Wahlen, Meinungsbefragungen, publizistischen Zeugnissen aller Art fortdauernd meßbar. In der DDR sind viele der brennenden Fragen, die an eine zweite deutsche Demokratie nach dem Scheitern von Weimar zu stellen waren, durch ein teils autoritäres, teils totalitäres System verdeckt worden.

Die Sonderlage und der oft berufene Wettstreit der Systeme, zumal im Vergleich des Lebensstandards in West und Ost, mögen zur Motivierung der größeren Anstrengungen beigetragen haben, die zunächst Deutschland-West, dann aber auch zunehmend Deutschland-Ost, gemessen an den übrigen Ländern Europas leisteten. Das kann als paradoxe, zugleich als bezeichnende Kompensation für das geschlagene Land und seine Zerspaltung als Nation, seine Doppelrolle als Pfeiler der feindlichen Fronten in West und Ost, erscheinen. Das Hauptmotiv war aber das elementare Bedürfnis nach Rekonstruktion und Verbesserung menschenwürdiger Lebensumstände, nicht eine ideologisch-theoretische Position, die nachträglich hineingedeutet wird.

Die Entstehung der DDR erfolgte in Abhängigkeit von der diktatorisch herrschenden Besatzungsmacht, und sie galt außerhalb der kommunistischen Welt als Zwangsherrschaft von fremden Gnaden, als *Macht ohne Mandat*, wie es der Titel eines grundlegenden Werkes von Ernst Richert über die DDR in den fünfziger Jahren ausdrückte. Diese Illegitimität unterscheidet sie von anderen kommunistischen Staaten, die zwar ebenfalls mittels Zwang von oben und außen errichtet wurden, jedoch als Nationalstaaten mit eigenständiger Tradition eine natürliche Substanz besitzen, während die DDR ein durchaus künstliches Gebilde war. Das unterscheidet sie zudem von anderen Staaten deutscher Sprache wie der Schweiz oder Österreich, die aus einer eigenhistorischen Substanz stammen und nie dem neueren deutschen Nationalstaat angehörten. Die Auffassung vom illegitimen Charakter dieses zweiten deutschen Staates bestimmte das Verfassungsverständnis der Bundesrepublik, und mit Ausnahme der kleinen westdeutschen KPD waren sich darin alle politischen Parteien einig. Im allgemeinen Sprachgebrauch blieb es lange bei den Begriffen „Ostzone" oder „Sowjetzone". Kein Staat außerhalb der kommunistischen Welt erkannte die DDR im ersten Jahrzehnt ihres Bestehens diplomatisch an.

Der „Alleinvertretungsanspruch" der Bundesrepublik beruhte also in erster Linie auf den Merkmalen, die der DDR fehlten: auf freiheitlich-rechtsstaatlichen Qualitäten und demokratischer Struktur. Die russische Besatzungsmacht spielte für den Ostteil Deutschlands die allentscheidende Rolle. Bereits bei Kriegsende war die Gruppe Ulbricht aus Moskau eingeflogen worden, um die Schalthebel der Macht nach sowjetischen Direktiven zu übernehmen. Als die Zwangsvereinigung der SPD mit der KPD der kommunistisch dominierten sozialistischen Einheitspartei (SED) bei den Oktoberwahlen 1946 nicht zu einer Mehrheit verhalf, wurde der Weg über das Blocksystem einer Nationalen Front forciert. Es sicherte künstlich fabrizierten oder eingeschüchterten Scheinparteien und ihren Massenorganisationen, die entsprechend der Theorie Lenins als ‚Transmissionsriemen' der Partei in die Bevölkerung hinein funktionieren sollten, neben der SED eine vorher festgesetzte Quote von Parlamentssitzen und Regierungsposten, der SED aber die absolute Führung in allen Gremien des Staates und der Gesellschaft. Von nun an gab es nur noch jene alternativlosen Akklamationswahlen, deren Ergebnis mit neunundneunzig Prozent so charakteristisch für alle totalitären Regime war.

Die Umstände der Staatsgründung waren ebenfalls bezeichnend für die teils offen erzwungene, teils pseudolegal verschleierte Diktaturform der DDR. Der Volkskongreß in der Sowjetzone, der ursprünglich als gesamtdeutsches Propagandainstrument gedacht war und seit März 1948 eine Verfassung vorbereitete, war so wenig durch Wahlen legitimiert wie der Volksrat, der sie im März 1949 verabschiedete und die Einheitswahlen über Einheitslisten ausarbeitete. Die Volkskammer der DDR schließlich, die über Zwischenstufen 1950 daraus hervorging, war allen äußeren Attributen zum Trotz von Anfang an kein parlamentarisches Gremium, sondern ein Akklamationsorgan nach sowjeti-

schem Muster. Freie Abstimmungen gab es in diesem Scheinparlament künftig so wenig wie freie Wahlen, die eine Artikulation jenes tatsächlichen Willens des Volkes erlaubt hätten, auf den man sich so emphatisch berief, indem man alle Einrichtungen der
DDR mit der Vorsilbe „Volks" versah, und den man doch so deutlich fürchtete, nachdem er sich beim Aufstand von 1953 gegen die kommunistische Herrschaft gewandt
hatte.

Auf die Verfassung der DDR, formell die einer rechtsstaatlichen und parlamentarischen Demokratie, wurde beim Ausbau der zentralisierten Partei- und Bürokratenherr-
schaft wenig Rücksicht genommen, weder auf die politischen Kontrollrechte noch auf
die menschenrechtlichen Schutzbestimmungen. Fünfjahrespläne nach sowjetischem
Muster (ab 1951), Liquidierung des Privateigentums in der Wirtschaft, Gleichschaltung
im Kultur- und Erziehungswesen kennzeichnen die Entwicklung, wenn auch deutlich
gegen den Willen der Mehrheit der Bevölkerung, der zunehmend bedrängten Kirchen
und zumal der Bauern, die getreu dem sowjetischen Vorbild nur vorübergehend von der
Enteignung des Großgrundbesitzes profitierten, dann ab 1958 kollektiviert wurden. Die
bewußte Taktik der gebrochenen Versprechungen gehört seit Lenin zum Programm des
Kommunismus und seiner alles rechtfertigenden Revolution.

Die Forcierung des sozialistischen Einheitsstaates erlebte zahlreiche Rückschläge vor
und nach dem Aufstand von 1953. In den fünfziger Jahren verließen mehr als zwei Millionen Menschen, über ein Zehntel der Bevölkerung, den seiner disziplinierten Sparsamkeit und nationalautoritären Traditionspflege wegen auch als „rotes Preußen" charakterisierten Zwangsstaat, der überdies durch sowjetische Reparationsauflagen ausgepreßt wurde. Den Höhepunkt bildete der Sommer 1961, als ökonomische Krisenerscheinungen
und Gerüchte über eine baldige Abschließung der DDR und West-Berlins den Flüchtlingsstrom noch einmal dramatisch anschwellen ließen. Allein im Juli 1961 verließen
dreißigtausend meist jüngere DDR-Bürger ihren Staat. In den folgenden zwei Wochen
verdoppelte sich die Zahl, bis am 13. August die Grenze nach West-Berlin verriegelt und
mit dem Bau der Mauer die Einschließung der eigenen Bevölkerung in das „sozialistische
Vaterland" begonnen wurde.

Das bedeutete eine Abrundung der Diktatur auch nach außen und zugleich die empha-
tische Manifestation der Eigenstaatlichkeit, die seit 1955 die frühere Wiedervereinigungs-
propaganda der DDR allmählich ablöste. Denn nun blieb der Bevölkerung nichts anderes übrig, als sich mit dem bestehenden System und seiner Einbindung in die kommunistische Welt abzufinden. Die gesamte Westgrenze der DDR wurde durch einen
Todesstreifen hinter Zäunen und Stacheldraht, mit Minen und Schußapparaten herme-
tisch abgeriegelt. (Eine revisionistische Literatur über die DDR verkennt oder verdrängt
in ihrer Polemik gegen die kritische Forschung im Zeichen des Kalten Krieges oft jenen
grundlegenden Unterschied zwischen der westlichen und der kommunistischen Politik,
läßt ihn hinter einer vorgeblich „realistischen" oder wertfreien Betrachtung der Erfolge
der DDR-Politik und einer „Normalisierung" zurücktreten, die doch nichts anderes ist
als die zeitgemäße Version der kommunistischen Diktatur in einer technokratisch und
ökonomisch effizienteren, aber darum kaum minder autoritären Form).

Der damals so nachdrücklichen politischen Erfahrung entsprachen die großen Tendenzen der politischen Orientierung, die seit Ende der vierziger Jahre das Denken und Deuten der Zeitgenossen im Westen prägten: ein starkes Verlangen nach der Rekonstruktion Europas und seiner freiheitlich-menschenrechtlichen Werte. Denn als die progressistische Linkswendung nach dem Ende des Krieges und der Rechtsdiktaturen einer scharfen Reaktion auf die linkstotalitäre Entwicklung in Osteuropa Platz machte, erschien auch für Intellektuelle der Kommunismus nun nicht mehr nur als interessantes Gedankenspiel, sondern als direkte Bedrohung der Freiheit – einer Freiheit zudem, deren existentielle Bedeutung man soeben erst im Kampf gegen Hitler unmittelbarer als je zuvor erfahren hatte. Fast zwingend ergab sich daraus eine Rangordnung der Werte, an der es in der Zwischenkriegszeit so gefehlt hatte.

Der Begriff der „freien Welt", später als Schlagwort verdächtigt, bezeichnete damals etwas sehr Reales, und zwar in doppeltem Sinne: sowohl die Befreiung vom Joch der NS-Herrschaft wie nun auch die Verteidigung gegen neue diktatorische Gefahren.

Erstmals in der Geschichte Europas bildete sich eine einheitliche Meinung über den Wert der freiheitlichen Demokratie und die Gemeinsamkeit europäischer Interessen. Dies stand zwar vor dem Hintergrund einer tiefen Erschöpfung und Krisenstimmung, die den Analysen und Deutungen der Literaten, Schriftsteller und Künstler, Philosophen und Theologen das Gepräge gaben. Aber die Erfahrungen mit der Diktatur schufen zugleich Voraussetzungen für eine demokratische Europapolitik, die von den Denkmöglichkeiten der ersten Nachkriegszeit gänzlich verschieden waren.

Zwar dauerten in Europa die zähen Denktraditionen der nationalistischen und ideologischen Politik als mächtige Petrefakte des politischen Lebens und Glaubens fort, aber die geistigen und normativen Entscheidungen der frühen fünfziger Jahre, die an den Verfassungen, Büchern und Diskussionen, nicht zuletzt an den jähen Trennungen vom Kommunismus ablesbar sind, bezeugen die Entstehung jenes gewandelten, gemeineuropäischen und gemeindemokratischen Politikverständnisses, das ungleich stärker und allgemeiner als das bisherige politische Denken vom Primat der Freiheit und Menschenwürde, von der Bedeutung eines Ausgleichs individueller und sozialer Rechte, vom unverbrüchlichen Wert der pluralistischen Demokratie vor allen monolithischen Ideologien und Systemen durchdrungen wurde.

Wohl bestanden Zweifel und Meinungsverschiedenheiten über die Formen des politischen Lebens fort. Aber ein Grundgedanke galt der „offenen Gesellschaft und ihren Feinden", den der 1938 aus Hitlers Wien geflüchtete Philosoph Karl Popper bereits 1944 aus dem fernen Australien in die große Debatte geworfen hatte: Es war die Kampfansage an die großen ideologischen Dogmen, an die geschlossenen Denksysteme in Vergangenheit und Gegenwart, und für eine im Wortsinne entschiedene, unumstößliche Verteidigung des offenen Denkens – und der (offenen) Gesellschaft, in der dieses allein möglich war. Gewiß gab es über die Gedankenführung Poppers in ihren philosophischen und wissenstheoretischen Details Kontroversen: nicht weniger als über die Entwürfe einer Philosophie der Freiheit, die nun betont und von verschiedenen Seiten entstanden: von Karl Jaspers bis zu Isaiah Berlin. Zwanzig Jahre später wurde zumal ihr Ausgangspunkt, die

Frontstellung gegen das Totalitäre, erneut angefochten von einer nachgeborenen Generation, die nicht mehr unter demselben Erfahrungshorizont und umso mehr nun unter dem Eindruck des Fernsehens als neuem Geschichts- und Kulturfaktor dachte und schrieb. Das ändert jedoch nichts an der prinzipiellen Bedeutung der Tatsache, daß sich in den Jahren nach 1945 erstmals seit der Jahrhundertwende mit der positiven Bewertung der freiheitlichen Demokratie die eindeutige Absage an geschlossene Ideologien intellektuell durchsetzte. Der Entfremdung des Geistes von der politischen Realität nach dem Ersten Weltkrieg trat nun die Überzeugung von der politischen Verantwortung des Intellektuellen gegenüber, und an die Stelle der tiefen Skepsis einer elitär oder marxistisch begründeten Demokratiekritik und ihres Kulturpessimismus trat die konkreter und humaner begründete Skepsis gegen die Versuchungen und Verführungen ideologisch-utopistischen Denkens wie auch gegen die selbstzerstörerische Toleranz der Demokratie ihren Feinden gegenüber.

Die Neuorientierung des politischen Denkens kam freilich nicht unvorbereitet, und sie blieb auch im Westen durchaus umstritten, wie die Fortdauer rechts- und linksradikaler Ideen, die Anziehungskraft eines diktatorischen Nationalismus und Sozialismus auch in den neuen Staaten Afrikas und Asiens, die Ausdehnung des Kommunismus auf ein Drittel der Weltbevölkerung zeigte. Die unerwartete Stärke und Anziehungskraft aber, die der Wiederaufbau und die ungewohnte politische Stabilität des freien Europa bewies, ist nicht zu denken ohne die veränderte geistige Situation, ohne das existentielle Erlebnis der Entscheidung gegen die doppelte Herausforderung und Bedrohung durch Hitlerismus und Stalinismus. Hier war tatsächlich von Entscheidung, von „Krisis" im ursprünglichen Wortsinne zu sprechen, anders als während der zwanziger und dreißiger Jahre, in denen der Kulturbegriff allzu oft und allzu pathetisch zur intellektuellen Selbstbefriedigung gebraucht worden war: von Spenglers „Jahren der Entscheidung" bis zu Tillichs „sozialistischer Entscheidung". Gewiß kam es zwischen prokommunistischen Sympathisanten von Picasso bis Sartre und Verfechtern einer Freiheit der Kultur, darunter nicht wenige ehemalige „fellow travellers" von Koestler und Silone bis T.S. Eliot, zu fundamentalen Konfrontationen. Unter dem Druck der großen Ereignisse und angesichts der Bipolarisierung der Welt durch die Supermächte hatten zwar nicht nur die ehedem mächtigen Staaten Europas, sondern auch seine Intellektuellen eine politisch reduzierte Bedeutung. Aber das zwang auch zu einer politischen Besinnung, an der es vor und nach 1918 gefehlt hatte: Besinnung der Völker Europas auf die Grenzen nationalstaatlicher Machtpolitik und Besinnung der Intellektuellen auf den grundlegenden Unterschied zwischen Demokratie und Diktatur anstelle des Räsonnements über „schlechte" Demokratien und „gute" Diktaturen — und des Liebäugelns mit letzteren, ihrer ideologisch-perfektionistischen Zukunftsvisionen wegen.

4. Die Bedeutung der fünfziger Jahre

Die späten vierziger Jahre beruhten nicht einfach auf einer „Stunde Null", so wichtig der Neuanfang und so unerhört die physischen und moralischen Zerstörungen waren. Sie bedeuteten vor allem eine große Widerlegung von politischen Illusionen und Fiktionen, die im Gefolge der Modernisierung und des links- wie rechtsrevolutionären Fortschrittsglaubens herangewachsen war. Mehr denn je zuvor wurde die Idee des Fortschritts in ihrer tiefen Ambivalenz offenbar: dem Glauben an eine unaufhaltsame und automatische Verbesserung des Menschen in moralischer und kultureller Hinsicht stand die Erfahrung von Auschwitz gegenüber. Doch ebensowenig genügte noch der Kommunismus als Inbegriff des Antifaschismus. Denn auch seine ideologischen Versprechungen beruhten auf dem alten Progressismus, und eben in der Sowjetunion bestanden die menschenfeindlichen Zwangslager fort. Kulturkritik und Pessimismus konnten nun, da sich ihre Dekadenzbefürchtungen anders als erwartet erfüllt hatten, nicht mehr wie ehedem mit starken Männern oder ideologischen Erlösungen rechnen, sondern viel eher mit einer ungeheuren Erschöpfung und Ernüchterung, mit dem Bedürfnis nach Entideologisierung. Es kam die Zeit einer scheinbar „skeptischen Generation", die ihren Halt diesseits oder jenseits der nun schon traditionellen Ideologien suchte, um statt der großen Revolution die mögliche Reform, vor allem aber das physische und moralische Überleben zu sichern.

Zunächst herrschte freilich tiefer Pessimismus. Spätestens in den Vernichtungen des Krieges schien das europäische Zeitalter der Geschichte zu Ende gegangen zu sein. Das galt vor allem für die Deutschen und ihren *Abschied von der bisherigen Geschichte* (Alfred Weber 1945). Aber auch der alte Fortschrittsoptimist H.G. Wells sinnierte nun über ein nahes Ende der Zivilisation des Menschen schlechthin. Unverbesserliche Krisendenker wie Heidegger blieben zwar weiterhin dabei, daß es für die europäische Kultur keinen Unterschied bedeute, ob es Amerika oder Rußland sei, das Europa im Zwang der Technisierung und Massennivellierung erdrücke. Die Hoffnungen auf Befreiung wurden in Osteuropa durch die Sowjetunion in der Tat zunichte gemacht, und auch der zweite Anlauf zu einer internationalen Weltordnung in Gestalt der UNO mündete in Enttäuschung. Die Atombombe erschien als ein Symbol der extremen Möglichkeiten, die von der Wissenschaft einer Politik der Selbstzerstörung verfügbar gemacht wurden: Fortschritt zwar, aber nun zur globalen Vernichtung verwendbar.

Doch die apokalyptischen Perspektiven des vergangenen und eines künftigen Krieges konnten zugleich ein starker Antrieb sein, die Fortsetzung oder Wiederholung jener großen Irrungen des Denkens und Handelns zu vermeiden, die der ersten Hälfte des Jahrhunderts den Stempel aufgedrückt hatten: durch eine Art Grundkonsens der freien Welt, in den unerwartet rasch sogar die total Besiegten, Deutsche und Japaner, voll einbezogen wurden — auch dies ganz anders als nach dem Ersten Weltkrieg.

Der Aufbau eines freien Europa in enger Verbindung zu Amerika; das war die politische Idee, an der es nach 1918 gefehlt hatte, als man über den Untergang des Abendlandes philosophierte, dieses aber in seiner politischen Selbstzerstückelung und ideologischen

Selbstentfremdung noch bestärkt hatte. Jene Idee verlangte nach konkreten Wertsetzungen, die Europa gegenüber dem erlittenen und überstandenen Despotismus stärken und vereinen, die 1945 vor Hitler geretteten demokratischen Freiheiten schützen konnten. Dazu trug freilich nicht zuletzt die von Amerika mit dem Marshall-Plan geleistete Hilfe bei (1947), die binnen weniger Jahre zu einem ökonomischen Aufschwung des westlichen Europa aus tiefster Verelendung zu neuer Wirtschaftsblüte führte.

Das stand in scharfem Kontrast nicht nur zu den sozio-ökonomischen Krisenerfahrungen der zwanziger und dreißiger Jahre, mit der Folge der Zerrüttung der Demokratien, sondern auch zu dem offensichtlichen Unvermögen der kommunistischen Systeme, den verheißenen wirtschaftlichen und sozialen Fortschritt zu verwirklichen. Die Rückwirkungen und Wechselwirkungen von ökonomisch-sozialem und politischem Denken sind wohl nie in der Geschichte so eindrucksvoll hervorgetreten.

Der Idee der Freiheit kam die Gunst der Stunde zu Hilfe, die im Zusammenwirken europäischer und amerikanischer Kräfte den Aufstieg der westlichen Demokratien zu bislang ungekanntem Wohlstand ermöglichte. Daß dabei in der breiten Öffentlichkeit vor allem die Werte ökonomischer, sozialer und militärischer Sicherheit zu Buche schlugen, sollte sich freilich in den sechziger Jahren zeigen. Es war die Kehrseite der Entideologisierung, daß die intellektuellen Bemühungen um eine philosophische und moralische Fundierung der freiheitlich-demokratischen Politik eher zurückblieben hinter einer pragmatischen Orientierung, die auf die Dauer nicht zu genügen schien. Das Neue, Besondere dieser *praktischen Werte* wurde in seiner Bedeutung für die politische Ideengeschichte nur langsam und zögernd wahrgenommen: die intellektuell anspruchsvolle, vertiefende Bewußtseinsbildung hinkte den sozio-ökonomischen Veränderungen nach.

Immerhin kam es schon in den fünfziger Jahren, in einer Mischung von Altem und Neuem, zur Anknüpfung an abgebrochene Gedanken der zwanziger Jahre und zur Neuaufnahme der sozialwissenschaftlichen Demokratie- und Modernisierungsdebatte, nun aber bereichert um die Totalitarismusforschung, die zu einem wichtigen Orientierungspunkt des westlichen Selbstverständnisses wurde. In der Tat bildete die fortschreitende Auseinandersetzung um Formen und Werte von Demokratie und Diktatur, um die „Bewältigung" von Faschismus und Nationalsozialismus wie die Kritik am Kommunismus, gewissermaßen als negative Abgrenzung der freiheitlich-demokratischen Position, den politisch-ideellen Horizont einer eigenen *Ortsbestimmung der Gegenwart*, wie sie Alexander Rüstow schon 1950 in seinem gleichnamigen Werk umrissen hatte (3 Bände 1950–57).

Eine Fülle von politischer und historischer Literatur steckte die beiden Pole der Diskussion ab: einerseits die Erfahrung der Verführungs- und Manipulationskraft autoritärer und totalitärer Diktatur-Ideologien unter den Bedingungen des Modernisierungsdrucks, und andererseits die Debatte um die Erschöpfung und das „Ende der Ideologie", um die Möglichkeit eines wertbetonten, doch möglichst ideologiefreien Politikbegriffs in der pluralistischen Demokratie. Diese Orientierungsdebatte änderte sich freilich seit Mitte der sechziger Jahre und mit dem Generationswechsel, der den Erfahrungshorizont der Jugend in die spätere Nachkriegszeit verschob; er machte Re-Ideologisierungen Platz, die zeitweilig auf eine Aufwärmung der alten Kultur- und Gesellschaftskritiktheorien im „neomarxistischen" Gewande hinausliefen.

Das politische Denken der fünfziger Jahre kreiste vor allem um die Beispiele und Erklärungen des Scheiterns der Demokratien, es war wesentlich der Versuch einer Vergangenheitsbewältigung mit dem Ziel, nicht nur die Katastrophe des Zweiten Weltkriegs zu verstehen, sondern auch für die Auseinandersetzung mit den Gegenwartsproblemen gerüstet zu sein, ob dies nun den aktuellen Kommunismus, einen möglichen Neofaschismus oder die Strukturprobleme der Demokratie betraf. Nicht nur in Deutschland galt das Schicksal der Weimarer Republik als ein klassisches Beispiel für die politischen und ideellen Fragen, denen sich Bürger und Staat unter den Bedingungen der modernen Industriegesellschaft gegenüber sahen. Meine *Auflösung der Weimarer Republik*, entstanden 1950 bis 1954, gehörte in diesen ideen- und zeitgeschichtlichen Zusammenhang.

Aber neben dem Postulat, eine Wiederholung der Selbstzerstörung der Demokratie zu verhindern, indem diese an den empfindlichsten Punkten gestärkt wurde, ging es in den fünfziger Jahren zugleich um die neue „Grenzsituation", in der sich die menschliche Zivilisation seit dem Anbruch des atomaren Zeitalters befand. Damit war auch die Fortschrittsfrage neu gestellt. In der politisch-moralischen Auseinandersetzung der Physiker selbst und in Büchern wie Karl Jaspers' *Die Atombombe und die Zukunft des Menschen* (1958) wurde die Diskussion über den wissenschaftspolitischen Bereich hinaus in ihrer existentiellen Bedeutung erfaßt: Die Möglichkeit, mit dem ungeheuren wissenschaftlichen Fortschritt schließlich die Menschheit zu vernichten, gab dem Begriff der politischen Verantwortung eine neue Dimension und stellte an die Strukturen und Institutionen der Friedenssicherung höchste Anforderungen. Über den politischen Entzweiungen und ideologischen Glaubensfragen stand jetzt mehr denn je zuvor die Notwendigkeit der friedlichen Konfliktbewältigung. Die Frage war nur, wieweit dieser Aspekt zu einer weiteren Entideologisierung beitragen konnte oder ob nicht vielmehr die Fortdauer der kommunistischen Herausforderung mit ihrem absoluten Glaubensanspruch solche Tendenzen nach wie vor durchkreuzen würde — auch nach dem Ende der Stalinära.

Die Hoffnungen der fünfziger Jahre waren noch sehr viel klarer und prinzipieller auf die Abgrenzung gegenüber dem Kommunismus gerichtet. Als intellektuelle und ideologische Potenz war der Stalinismus auf dem Tiefpunkt angelangt, als die brutalen Gleichschaltungen und blutigen Säuberungen in Osteuropa, der Abfall Titos, die millionenfache Verbannung unliebsamer Sowjetbürger in ein System der Arbeits- und Zwangslager — den „Archipel Gulag" Solschenizyns — die letzten Illusionen aus den dreißiger und vierziger Jahren zerstörte. Aus der revolutionären Zukunftsverheißung war der bürokratische Kommunismus geworden, aus der intellektuellen Strahlkraft des Marxismus die machtpolitische, militärische Drohkraft einer Despotie.

Diese erste Phase einer intellektuellen und moralischen Entzauberung des Kommunismus war in der Tat ein Faktor, ohne den das grundverschiedene geistige Klima der zweiten Nachkriegszeit und die größere Stabilität der westlichen Demokratien kaum zu denken wären. Die Demonstrationen sowjetischer Machtpolitik in Prag (1948), Korea (1950), Ostberlin (1953), Budapest (1956) — wie dann wieder in Prag (1968), schließlich in Afghanistan (1979) –, bedeuteten zugleich Niederlagen der kommunistischen Ideologie, erinnerten immer aufs neue an die trügerische Substanz totalitären Denkens und Glaubens, verhinderten einen völligen Rückfall in die Illusionen der Zwischenkriegszeit. Dies um so mehr, als die durchaus imperialistische Gewaltpolitik der Sowjetunion vor allem auch in den zuerst von Hitler besetzten Ländern (Tschechoslowakei und Polen) vor sich ging, zu deren Befreiung ja gerade der Zweite Weltkrieg geführt worden war. Aber auch das innere System des Kommunismus, zumal die Tyrannei und der Terror des Stalinismus, wurde in den fünfziger Jahren so gründlich enthüllt, daß jedenfalls der humanistische Anspruch und die Zukunftsverheißung dieser Ideologie gebrochen schien. Es waren die Negativutopien einer totalitären Zukunft, die nun auf die Sowjetunion bezogen wurden: am eindrucksvollsten George Orwells, des ehemaligen Kommunisten, Visionen einer total kontrollierten, entgeistigten Welt – verbotene Lektüre in den kommunistischen Staaten.

Freilich brachte die Erschöpfung und Entzauberung der Ideologien zugleich eine Entpolitisierung, den Rückzug auf das Individuelle, die „Ohne-mich"-Haltung der Nachkriegsjahre mit sich. Diese neue Skepsis gegenüber der Politik war jedoch durchaus verschieden von der ideologisch polarisierten Distanzierung der ersten Nachkriegszeit und von dem damaligen „Nihilismus" der Krisendenker. Wenngleich die Popularität des Existentialismus um Sartre und seine Philosophie des *Sein und Nichts* (1943) zur großen Modeströmung wurde, so wollte sie nun doch sehr viel deutlicher zugleich als Philosophie der individuellen Freiheit in einer Welt der kollektiven Apparate und Ideologien verstanden werden, als Rettung der Person in der Massen- und Organisationswelt und als Befähigung zur eigenen Werteschöpfung inmitten der zerstörten Glaubens- und Ideenwelt.

Überdies war die Berührung des existentialistischen Personalismus mit christlichen Erneuerungsbewegungen auch im politischen Bereich sehr viel konkreter als zwischen den Kriegen. Sie beruhte auf einer veränderten Einstellung auch der Kirchen, die von ihrer ambivalenten Haltung gegenüber der säkularen Demokratie nach den Erfahrungen der Diktaturzeit zu einer Bejahung des (weltanschaulichen) Pluralismus gelangten. Die konkret politische Bedeutung, die einer Anwendung christlicher Ethik auf die moralischen und sozialen Bedürfnisse des Menschen in der Industriegesellschaft zukam, ist in der positiven Schlüsselrolle christlich-demokratischer Parteien beim Wiederaufbau der Demokratie zumal in den ehemaligen Diktaturländern Italien (de Gasperi) und Deutschland (Adenauer), aber auch für die Europapolitik nicht zuletzt Frankreich (Robert Schuman) hervorgetreten. Doch im Zusammenhang mit der Konsolidierung der beiden Staaten in Deutschland kam es auch in den fünfziger Jahren zu erbitterten Auseinandersetzungen um die Ost-West- und die Bündnispolitik. Auf der rechten wie auf der linken Seite entwickelten sich neutralistische und antiamerikanische Stimmungen, die Höhepunkte beim Kampf um die Westverträge, um die deutsche Wiederbewaffnung und um die weitere Entwicklung der Atomwaffen erreichten. Aber nie gewannen sie die intellektuelle und psychologische Stoßkraft der antidemokratischen Bewegungen in den zwanziger und dreißiger Jahren.

Im geistigen Raum war die pessimistische Kulturkritik gewiß nach wie vor am Werk: man denke an die erneuerte Bedeutung der „Frankfurter Schule" auf der Linken. Und auf der Rechten gab die Verkleinerung und Entmachtung Europas, seine Abhängigkeit vom Verhältnis der Supermächte, auch die „Amerikanisierung" der Zivilisation dem Dekadenzgedanken neue Nahrung: man zog Parallelen zur Antike, zum Schicksal des alten Griechenland gegenüber der neuen römischen Supermacht, und die Untergangstheorien von Spengler bis Toynbee erlebten neue Beachtung. Aber zugleich erinnerte man sich an Tocqueville, der vor mehr als einem Jahrhundert den Aufstieg der Demokratie und die Konfrontation zwischen den Vormächten der Freiheit (Amerika) und der Knechtschaft (Rußland) vorhergesagt hatte. Sein liberal-konservatives Demokratieverständnis im Blick auf Amerika und die Probleme der Massendemokratie konnte als eine konstruktive Alternative zu dem reaktionären und autoritären National-Konservatismus der Zwischenkriegszeit begriffen werden. Und aus den düsteren Vergleichen mit der Antike und mit dem Untergang der Griechen wie der Römer konnte man damals auch durchaus schon (wie der Althistoriker mit christlich-demokratischer Orientierung H.E. Stier 1946) die positive Folgerung ziehen, daß nun die Einigung Europas die Forderung der Stunde sei, wollte es nicht das Schicksal des zersplitterten Griechenland erleiden.

Der Gedanke einer engen Verbindung mit Amerika, der in den machtpolitischen Verhältnissen der Kriegs- und Nachkriegszeit, zumal in der Gefahr des sowjetischen Imperialismus und in der Spaltung Europas begründet war, wurde bekräftigt durch die geistige Auseinandersetzung des „Kalten Krieges", aber auch durch die Erinnerung an den verhängnisvollen Rückzug der USA nach dem Ersten Weltkrieg (den es ja zuvor entschieden hatte). Auch nationaleuropäische Strömungen mit antiamerikanischem Unterton, die auf die alten Argumente der konservativen Zivilisationskritik zurückgreifen mochten, erreichten nie mehr die Stärke der Zwischenkriegszeit: selbst der Gaullismus, der konservative Demokratiekritik und Anspruch Frankreichs auf eine europäische Führungsrolle verband, lief letztlich, wie sich nach 1958 zeigte, auf eine Bejahung der neuen Europapolitik hinaus, wenngleich nicht in ihrer integrationspolitischen Form.

So war die Bilanz der fünfziger Jahre nicht nur in materieller Hinsicht unerwartet positiv. Auch die Entwicklung der politischen Denkformen zeigte ein größeres Maß an Konsensbereitschaft, das wohl durch die Schärfe der Ost-West-Konfrontation, aber auch durch eine bislang versperrte Einsicht in die Möglichkeiten freiheitlicher Politik und konstruktiver Reform bestimmt war. Die Herausforderungen der sechziger Jahre waren dann freilich anderer Art. Sie führten zu einer Renaissance des Krisenbewußtseins, das die erfolgreiche Politik des Wiederaufbaus erneut in Frage stellte — nun im globalen Maßstab der Weltzivilisation, des Nord-Süd-Konflikts und einer weltweiten Erneuerung der Ideologien. Auch der Glaube an die Revolution, der den harten Ernüchterungen der dreißiger Jahre und vierziger Jahre gewichen war, kehrte wieder, Fortschrittsgedanken und Untergangsvisionen wurden, nun im Zeichen der Dritte-Welt- und Ökologieprobleme, erneut zu Kriterien des politischen Kampfes: bis endlich mit dem Herannahen der 40. Jahresrückblicke die tiefgreifenden Veränderungen zumal in Osteuropa mit überraschender Beschleunigung und Eindringlichkeit auch wieder die politischen, ökonomischen und geistigen Entscheidungen des Jahrzehnts von 1945–1955 in neues, helleres Licht rückten. Denn sie haben schon mit dem übergreifenden Gedanken der Menschenrechte zugleich die freiheitliche Demokratie und die Europaidee als unzerstörbare geistige Orientierungspunkte der Nachkriegszeit in einem kaum erwarteten Maße bestätigt. Sie gilt es zu wahren, wenn im Wechsel der Generationen und ihrer Erfahrungen um alte und neue Wertvorstellungen gerungen wird und menschen- und kulturwidrige Ideologien einer perfekten Ordnung oder eines vollkommenen Staates immer wieder ihre Verführungskraft gegen die offene Gesellschaft entfalten.

Hermann Glaser

INVENTUR UND INNOVATION
Kulturpolitik nach 1945

I.

„Wenn ich zum Fenster hinausblicke, starren mich auf der anderen Straßenseite die leeren Löcher und zerbrochenen Fassaden der ausgebrannten Häuser an: ein Anblick, der dem Rückwanderer in den ersten zwei Wochen das Herz stillstehen läßt, an den er sich aber bald wie alle anderen so sehr gewöhnt, daß sein Auge darüber hinweggeht, als wäre alles in bester Ordnung. Was will man machen, wenn die Zerstörung das Normale, die Unversehrtheit das Anormale ist? Übertragt getrost dieses Bild des äußeren Zerfalls und die Gewöhnung daran auf den seelisch-sittlichen Zustand der Mehrheit der Bevölkerung, dann habt ihr einen ungefähren Begriff von den Aufgaben, die sich mit den Worten ‚Wiederaufbau‘, ‚Erneuerung‘, ‚geistige Gesundung‘ und so weiter verbinden". Diese Psychotopographie der Trümmerzeit findet sich in einem Deutschland-Brief von Wolfgang Langhoff, den die von der amerikanischen Militärregierung herausgegebene *Neue Zeitung* am 18. Februar 1946 veröffentlichte; im Vorspann des Abdrucks hieß es: „Langhoff, der lange Jahre in der Emigration, und zwar als Schauspieler in Zürich, gelebt hatte, war der erste, der nach der Besetzung Deutschlands bei uns wieder auftauchte. Es trieb ihn heim. Jetzt wirkt er als Generalintendant der Städtischen Theater Düsseldorfs. Den Brief, den wir dem *St. Galler Tagblatt* entnehmen, richtet er an die in Zürich verbliebenen Freunde und Kollegen des dortigen Schauspielhauses"[1]. (1946 ging Langhoff nach Ost-Berlin, wo er die Intendanz des Deutschen Theaters übernahm; dort ist er 1966 gestorben).

Der Text charakterisiert kulturelle und gesellschaftliche Befindlichkeit, wie sie in den Jahren 1945–1948/49 bei denjenigen anzutreffen ist, die diese transitorische Epoche kritisch wahrzunehmen in der Lage sind. Der furchtbaren äußeren Zerstörung entspricht eine abgründige innere Zerrüttung; beides ist überlagert von der Normalität eines tristen Alltags. Die Unfähigkeit zu trauern grassiert; nur wenige erkennen die traumatische Belastung des individuellen wie kollektiven Unterbewußtseins, die somit unverarbeitet bleibt. Der überwiegende Teil der Bevölkerung erlebt das Kriegsende rein physisch; dem Aufatmen angesichts versiegender Schrecken wird später die Aura der „Stunde Null" zuerkannt; oder aber man leugnet den Wandel und sieht fatale Kontinuität am Werk. Was war stärker: die Wiederkehr von Daseinsverfehlung oder der Bruch mit affirmativen Traditionen, die Fortdauer sittlicher Verwahrlosung (von den Agenturen der Gesellschaft durch jahrzehntelange ideologische Indoktrination bewirkt) oder die Erneuerung aus dem Geiste der Demokratie? Langhoff erkannte jedenfalls sehr früh die Aufgaben, die sich aus der Forderung nach Wiederaufbau, Erneuerung, geistiger Gesundung ergaben.

1 Köln, Ritterstraße, um 1947

Die Trümmerzeit, die als Inkubationszeit der Geburt der Republik vorausging, steckt voller Widersprüche; die Formulierung „So viel Anfang war nie" verweist auf die inspirierende Kraft, die den Lebenswillen, mit dem Abgrund im Rücken, beseelte. Doch muß ein Fragezeichen dazugedacht werden — den Antinomien entsprechen die Aporien des Neubeginns. Im kulturellen Leben freilich, wie es in „jenen Tagen", vor allem in den Städten aufblühte, wird man einen wichtigen Wurzelgrund für die Heranbildung demokratischer Identität sehen können. Mit der totalen Niederlage ging eine kulturelle Befreiung einher, die von den (West)Deutschen auf eine Weise genutzt wurde, wie man es angesichts der von den Nationalsozialisten bewirkten ethischen und ästhetischen Verwahrlosung gar nicht mehr hatte erhoffen können. Die Kultur, die aus den Trümmern aufstieg, die sich nicht nur mit zerstörten Stadtlandschaften, sondern vor allem mit zertrümmerten, fragwürdig gewordenen Traditionen konfrontiert sah, mag die Erwartung, die Thomas Mann in einer Rundfunksendung der BBC am 10. Mai 1945 aussprach, zwar nicht voll erfüllt haben; der Werdegang bundesrepublikanischer Kultur hat aber auch nicht diesem ermutigend-heuristischen Diktum widersprochen: „Ich sage: es ist trotz allem eine große Stunde, die Rückkehr Deutschlands zur Menschlichkeit. Sie ist hart und traurig, weil Deutschland sie nicht aus eigener Kraft herbeiführen konnte. Furchtbarer, schwer zu tilgender Schaden ist dem deutschen Namen zugefügt worden, und die Macht ist verspielt. Aber Macht ist nicht alles, sie ist nicht einmal die Hauptsache, und nie war deutsche Würde eine bloße Sache der Macht. Deutsch war es einmal und mag es wieder werden, der Macht Achtung, Bewunderung abzugewinnen durch den menschlichen Beitrag, den freien Geist"[2].

Der Rückblick auf die kulturelle Grundlegung der Bundesrepublik, der sich durch solche Sätze ermutigt und aufgemuntert fühlt, verlöre freilich jede Glaubwürdigkeit, wenn er sich bei aller „Stolzarbeit" nicht ständig an Auschwitz erinnert fühlte. Die tiefe Ratlosigkeit, die dieser furchtbare Topos bei jedem hervorruft, der noch nach einem Sinn menschlicher Entwicklung und Geschichte sucht, hat Theodor W. Adorno bereits im Herbst 1944, „weit vom Schuß" (also aus der Distanz des Emigranten, was Reflexion ermöglichte), auf den Begriff gebracht und auf die aktuelle Situation bezogen: „Der Gedanke, daß nach diesem Krieg das Leben ‚normal' weitergehen oder gar die Kultur ‚wiederaufgebaut' werden könnte – als wäre nicht der Wiederaufbau von Kultur allein schon deren Negation –, ist idiotisch. Millionen Juden sind ermordet worden, und das soll ein Zwischenspiel sein und nicht die Katastrophe selbst. Worauf wartet diese Kultur eigentlich noch?" Selbst wenn Ungezählten Wartezeit bliebe, könnte man sich nicht vorstellen, daß das, was in Europa geschah, keine Konsequenz hätte, daß nicht die Quantität der Opfer in eine neue Qualität der gesamten Gesellschaft, die Barbarei, umschlüge. „Solange es Zug um Zug weitergeht, ist die Katastrophe perpetuiert. Man muß nur an die Rache für die Ermordeten denken. Werden ebenso viele von den anderen umgebracht, so wird das Grauen zur Einrichtung und das vorkapitalistische Schema der Blutrache, das seit undenklichen Zeiten bloß noch in abgelegenen Gebirgsgegenden waltete, erweitert wieder eingeführt, mit ganzen Nationen als subjektlosem Subjekt. Werden jedoch die Toten nicht gerächt und Gnade geübt, so hat der ungestrafte Faschismus trotz allem seinen Sieg weg, und nachdem er einmal zeigte, wie leicht es geht, wird es an anderen Stellen sich fortsetzen"[3].

Noch viel stärker hatte kurz zuvor ein anderer, aller bürgerlichen Sicherheit beraubter, in die gesellschaftliche und individuelle Einsamkeit verstoßener Denker in einem allgemeinen Sinne (aber geprägt von der bitteren Erfahrung des Emigranten) Geschichte als Apokalypse beschworen. In seiner wohl letzten Arbeit (*Über den Begriff der Geschichte*), ehe er sich 1940 auf der Flucht vor den Nationalsozialisten in Spanien das Leben nahm, entwarf Walter Benjamin, anknüpfend an ein Bild von Paul Klee (*Angelus Novus*), ein Bild vom Engel der Geschichte – ein Text, der zum Größten gehört, „was unser Jahrhundert an deutschsprachiger Prosa hervorgebracht hat"[4]. Er scheint im Begriff, sich von etwas zu entfernen, worauf er starrt. Seine Augen sind aufgerissen, sein Mund steht offen und seine Flügel sind ausgespannt. „Er hat das Antlitz der Vergangenheit zugewendet. Wo eine Kette von Begebenheiten vor *uns* erscheint, da sieht *er* eine einzige Katastrophe, die unablässig Trümmer auf Trümmer häuft und sie ihm vor die Füße schleudert. Er möchte wohl verweilen, die Toten wecken und das Zerschlagene zusammenfügen. Aber ein Sturm weht vom Paradiese her, der sich in seinen Flügeln verfangen hat und so stark ist, daß der Engel sie nicht mehr schließen kann. Dieser Sturm treibt ihn unaufhaltsam in die Zukunft, der er den Rücken kehrt, während der Trümmerhaufen vor ihm zum Himmel wächst. Das, was wir Fortschritt nennen, ist *dieser* Sturm"[5].

Die dunkle Vision vom „Ende der Geschichte" (wie sie Benjamin bedrückt) war freilich trotz des völligen Zusammenbruchs 1945 weniger präsent als ein bei aller Konfrontation mit dem „Dunklen" sich bald wieder einstellender „abendländischer Frohmut", wie
er zum Beispiel aus den „Betrachtungen und Erinnerungen" spricht, die der Historiker
Friedrich Meinecke 1946 unter dem Titel *Die deutsche Katastrophe* veröffentlichte. Indem
man, und zwar mit Recht, die bisherige deutsche Geschichte Grau in Grau male, ihre
Irrwege, Holzwege, Sackgassen aufzeige, ergebe sich bei Einkehr und Umkehr die Möglichkeit, ein „neues, zwar gebeugtes, aber seelisch reineres Dasein zu beginnen und den
Entschluß zu stärken, für die Rettung des uns verbliebenen Restes deutscher Volk- und
Kultursubstanz den uns verbliebenen Rest der eigenen Kraft einzusetzen". Dem hätte
auch die Verwirklichung eines Wunschbildes zu dienen, das dem Autor „in den furchtbaren Wochen nach dem Zusammenbruch in den Sinn kam": In jeder deutschen Stadt und
größeren Ortschaft sollten sich gleichgerichtete Kulturfreunde zu einer Gemeinschaft im
Namen Goethes zusammenfinden; diesen „Goethegemeinden" würde die Aufgabe zufal-
len, „die lebendigsten Zeugnisse des großen deutschen Geistes durch den Klang der Stimme den Hörern ins Herz zu tragen — edelste deutsche Musik und Poesie zugleich ihnen
immer zu bieten"[6].

Meineckes Vorschlag macht deutlich, wie wenig offensichtlich der totale Zusammenbruch das bürgerliche Kulturbewußtsein verändert hatte, nicht einmal bei einem Autor
von liberal-aufgeklärtem Standpunkt. Das Unfaßbar-Furchtbare wird mit Hilfe affirmativer Kultur „aufgefangen"; auf die Not des nach der totalen Niederlage isolierten Indivi-
duums antwortet diese wie eh und je mit idealistischem Illusionismus, mit dem Gebot
allgemeiner Menschlichkeit; dem leiblichen Elend wird die Schönheit der Seele entgegengesetzt, brutalem Egoismus mit dem Hinweis auf das Tugendreich der Pflicht begegnet.

Zwischen diesen beiden Polen kultureller Befindlichkeit — symbolisiert im scheitern-
den Engel der Geschichte und in Goethes alles versöhnender Menschlichkeit — entwickelte sich der Spannungsbogen eines Kulturbewußtseins, das sich seinen Standort
zwischen Desolation und Biedersinn, Überlieferung und Neuanfang, Provinzialismus
und Urbanität erst suchen mußte. Immer wieder Bekenntnis zu den Klassikern, die, in
ihrem Ideenhimmel angesiedelt, gepriesen werden — als Vermittler zeitloser, ewig gültiger
Werte fungierend, Lebenshilfe spendend. Daneben besinnliche Feuilletons aus literarischen Cafés, die es schon lange nicht mehr gab. Es rührt aus heutiger Sicht die Beflissen-
heit, mit der man daran ging, Kultur nach einer barbarischen Zeit wieder zu etablieren.
Die Neurezeption von Goethes *Iphigenie* war signifikant; viele Bühnen eröffneten mit
diesem Drama ihre erste Spielzeit nach dem Krieg oder begriffen das Stück (neben Les-
sings *Nathan*) als Kern ihres Trümmerzeit-Spielplans. Daß jeder die Stimme der Wahrheit
und Menschlichkeit höre, hatte das Dritte Reich zwar auf ungeheuerliche Weise widerlegt; man wollte diesen Sachverhalt als „Kulturwesen" jedoch nicht zur Kenntnis nehmen. Selbst die Emigranten, zumindest in ihrer Mehrzahl, überwölbten den Kahlschlag,
den sie antrafen, mit dem Glauben an die unzerstörbaren Werte deutscher Geist- und Ge-
müthaftigkeit.

2 Karl Hofer, Am Fenster, 1947

Auch am Ende des Briefes von Wolfgang Langhoff erfolgt der „Aufschwung" in den Überbau affirmativer Kultur, die der Autor bei den anderen, schuldverdrängend, am Werk sieht: „Es ist herrlich, wieder in der Heimat zu sein. Was liebe ich also? Die Landschaft? Die Sprache? Die Literatur? Den Rhein? Einen Traum? Ich habe einmal in der Schweiz in einem Interniertenheim für Mädchen Gedichte gesprochen. Es waren Mädchen aller Nationen. Nach dem Vortrag waren wir noch lustig zusammen. Die Mädchen sangen Lieder in allen Sprachen, weniger schön, aber frisch und laut. Sie nickten den Takt mit den Köpfen. Dann sangen sie ein paar allein: Schlager, Spottverse, auch revolutionäre Lieder. Schließlich sang eine Fünfzehnjährige hell, dünn, glockenrein, ohne jede Sentimentalität, Dehnung oder Färbung: ‚Sah ein Knab' ein Röslein stehn . . .‘ Das ist es, glaube ich, was ich liebe und was mir den Glauben an Deutschlands Auferstehung erhält".

II.

Auferstehung Deutschlands aus dem Geiste einer Tradition, die verschüttet gewesen war und nun wieder aus der Tiefe emporstieg. Verwüstete Gefilde, doch erste grünende Hoffnung. Freilich Zweifel an dem, was da blieb. „Horch hinein in den Tumult deiner Abgründe. Erschrickst du? Hörst du den Chaos-Choral aus Mozartmelodien und Herms-Niel-Kantaten? Hörst du Hölderlin noch? Kennst du ihn wieder, blutberauscht, kostümiert und Arm in Arm mit Baldur von Schirach? Hörst du das Landserlied? Hörst du den Jazz und den Luthergesang?"[7]

Wolfgang Borchert, 1921 geboren, schwerkrank aus dem Krieg heimgekehrt und 1947 verstorben, stellte solche „Anfragen" an ein fragwürdig gewordenes Kulturbewußtsein mit der Expressivität eines Vertreters der verlorenen Generation. In seinem Stationen-Drama *Draußen vor der Tür* (1947) kommt der frühere Unteroffizier Beckmann, nachdem er vergeblich versucht hat, seinem früheren Oberst die „Verantwortung" zurückzubringen, zum Direktor eines Kabaretts. „Sehen Sie", sagt dieser, „gerade in der Kunst brauchen wir wieder eine Jugend, die zu allen Problemen aktiv Stellung nimmt. Eine mutige, nüchtern-revolutionäre Jugend. Wir brauchen einen Geist wie Schiller, der mit zwanzig seine *Räuber* machte. Wir brauchen einen Grabbe, einen Heinrich Heine! So einen genial angreifenden Geist haben wir nötig! Eine unromantische, wirklichkeitsnahe und handfeste Jugend, die den dunklen Zeiten des Lebens gefaßt ins Auge sieht, unsentimental, objektiv, überlegen. Junge Menschen brauchen wir, eine Generation, die die Welt sieht und liebt wie sie ist. Die die Wahrheit hochhält, Pläne hat, Ideen hat . . . Jung muß diese Jugend sein, leidenschaftlich und mutig. Gerade in der Kunst"[8].

Was der Dichter in ironischer Berechnung dem Kabarettdirektor in den Mund legt und dann durch die „Vogelscheuchengestalt" des geschundenen, ekstatisch zerissenen, verzweifelten Kriegsheimkehrers mit der Gasmaskenbrille ad absurdum führen läßt, trifft in der Stimmungslage den Oberflächenglanz des damaligen Kulturbewußtseins, das oft genug in ein idealistisches Imponiergehabe pervertierte — unterstützt von den alliierten

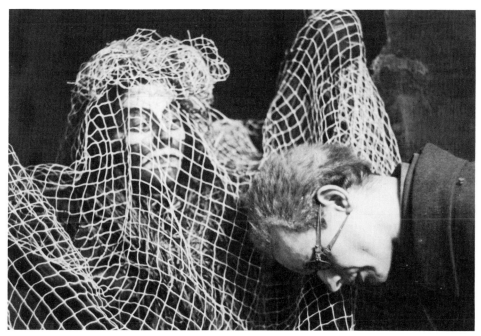

3 Szenenfoto zu W. Borcherts „Draußen vor der Tür", Hamburger Kammerspiele 1947

Umerziehungsmaßnahmen, die den Opportunismus mit seinen „Mundbekenntnissen" förderten. In den Worten des Kabarettdirektors: „Positiv! Positiv, mein Lieber! Denken Sie an Goethe! Denken Sie an Mozart! Die Jungfrau von Orléans, Richard Wagner, Schmeling, Shirley Temple!"

Unterhalb der Ebene kulturellen Gartenlaubenglücks entwickelte sich freilich auch ein unromantischer und handfester Wirklichkeitssinn. Den dunklen Seiten des Lebens sah man gefaßt ins Auge, naiv-staunend oder überlegen-abgebrüht oder mit einer Mischung aus beidem. Helmut Schelsky hat rückblickend 1957 die Nachkriegsjugend als „skeptische Generation" bezeichnet: nüchtern, ideologiefern und propagandaresistent. Die in Kriegs- und Nachkriegszeit erfahrene Not und Gefährdung der eigenen Familie durch Flucht, Ausbombung, Deklassierung, Besitzverlust, Wohnungsschwierigkeiten, Schul- und Ausbildungsmängel oder gar durch den Verlust der Eltern oder eines Elternteils hätten einen sehr großen Teil dieser Jugend frühzeitig gezwungen, für den Aufbau und die Stabilisierung ihres eigenen Daseins Verantwortung oder Mitverantwortung zu übernehmen. Die Gefährdung der vitalen materiellen Daseinsgrundlagen und die damit verbundenen Erschütterungen der Personenbeziehungen innerhalb der Familie, im Bereich der Schule und beruflichen Ausbildung hätten eine den anderen Jugendgenerationen in diesem Ausmaß und dieser Eindringlichkeit nicht zugängliche neue Bedürfnisgrundlage (als Streben nach sozialer Verhaltenssicherheit) geschaffen: „Sie sah und sieht sich heute vor die Notwendigkeit und die Aufgabe gestellt, diese persönliche und private

Welt des Alltags, vom Materiellen her angefangen, selbst stabilisieren und sichern zu müssen". Für Schelsky bedeutete der jugendliche Skeptizismus bzw. Konkretismus eine Absage an romantische Freiheits- und Naturschwärmereien, an einen vagen Idealismus, aber auch an intellektuelle Planungs- und Ordnungsschemata, die das Ganze in einem Griff zu erfassen und zu erklären glaubten[9].

Die pragmatisch sich entwickelnde Skepsis korrespondierte mit einer wirklichkeitsbezogenen, das Realitätsprinzip jedoch auch transzendierenden Kultur der Ernüchterung. Günter Eich etwa war ein Dichter, der „Inventur" machte: der affirmativer Sprache den Stuck abschlug und mit seiner lyrischen Reduktionstechnik die „Lage" blank und schmucklos, tapfer und schutzlos beschrieb.

Dies ist meine Mütze,   Konservenbüchse   Geritzt hier mit diesem
dies ist mein Mantel,   Mein Teller, mein Becher,   kostbaren Nagel,
hier mein Rasierzeug   ich hab in das Weißblech   den vor begehrlichen
im Beutel aus Leinen.   den Namen geritzt.   Augen ich berge ...[10].

Die schöpferische Kraft war zwar verdorrt, aber nicht erstorben. Die Bleistiftmine wird dem im Gefangenenlager isolierten Dichter zum Instrument der Hoffnung; sie liebt er am meisten – „Tags schreibt sie mir Verse,/ die nachts ich erdacht". Als die Welt endete, fing sie auch wieder an. Später wurde klar, daß die „Stunde Null" gar kein wirklicher neuer Anfang gewesen war; aber angesichts des totalen Zusammenbruchs empfand man sie so: Formel der Hoffnung, Synonym für Erwartung. Eich gehörte zur „Gruppe '47", die 1947 im Haus der Schriftstellerin Ilse Schneider-Lengyl im Allgäu zum ersten Mal zusammengekommen war und einen neuen Sprach- und Schreibstil zu kreieren suchte, der sich im finsteren Deutschland den Verlockungen des inneren Deutschland – also dem eskapistischen Innerlichkeitskult – entzog. „Der Ton der kritischen Äußerungen ist rauh, die Sätze kurz, knapp, unmißverständlich. Niemand nimmt ein Blatt vor den Mund. Jedes vorgelesene Wort wird gewogen, ob es noch verwendbar ist, oder vielleicht veraltet, verbraucht in den Jahren der Diktatur, der Zeit der großen Sprachabnutzung. Jeder Satz wird, wie man sagt, abgeklopft. Jeder unnötige Schnörkel wird gerügt. Verworfen werden die großen Worte, die nichts besagen und nach Ansicht der Kritisierenden ihren Inhalt verloren haben: Herz, Schmerz, Lust, Leid. Was Bestand hat vor den Ohren der Teilnehmer sind die knappen Aussagesätze. Gertrude Stein und Ernest Hemingway sind gleichsam unbemerkt im Raum. Der Dialog, der Sprechstil dominiert. ‚Ja', sagt er, oder auch ‚nein', und das ‚Nein' und ‚Ja' hat Bestand, aber schon die nächste Wortzusammensetzung ‚Ja, du Gute' wird hohnlachend verworfen. Wer sagt schon noch ‚du Gute', und wenn er es sagt, kann er es noch lange nicht schreiben, es sei denn ironisch, aber die Ironie ist abwesend in dieser ersten Zeit des Neubeginns"[11].

Wolfgang Weyrauch nannte wenige Monate später in einem Kurzgeschichtenband neuer Erzähler (*Tausend Gramm*) die Literatur, die bei diesem so privaten und intimen Treffen am Bannwaldsee sichtbar geworden war, „Kahlschlagliteratur". Verpönt war die gepflegte, zur „Schönschreibkunst" stilisierte bürgerliche Sprache in allen ihren Varianten; sie erschien veraltet, verrostet, verlogen. „Nichts hatte mehr Bestand vor der Wirklich-

4 Berlin, Bücher im Antiquariat Rosen, 1947 (Foto: Friedrich Seidenstücker)

keit, in der wir lebten. Eine neue Sprache war notwendig, um diese Wirklichkeit transparent zu machen, eine Sprache der direkten Aussage, klar, eindeutig, präzise"[12].
Den physisch darbenden, mental depravierten und kulturell orientierungslos gewordenen Menschen bot sich „Kultur" als „Überlebensmittel" an, das begierig, aber auch pathetisch, ergriffen wurde. Der dumpfe Provinzialismus, der das „Dritte Reich" bestimmt hatte, konnte nun, nachdem die westlichen Alliierten die kulturellen Fenster für den Blick nach draußen wieder öffneten, schrittweise überwunden werden.

III.

Der Blick nach draußen wurde vor allem von Personen ermöglicht, die „von draußen" (aus der Emigration) nach Deutschland zurückkamen, oder zu der (kleinen) Gruppe derjenigen gehörte, die in der „inneren Emigration", unangefochten vom Nationalsozialismus, ausgeharrt hatten. Dazu kam die „Neugier" der Künstler und Intellektuellen, die nach der „Stunde Null" sich rasch umstellten und als entlassene Soldaten bzw. Kriegsgefangene oder aus der „Provinz", in der sie „überwintert" hatten, in die Städte als mögliche „Spielorte" zurückdrängten.

„Is' wahr, Frau, die weißen Semmin gibt's beim Bürgermoasta z'kaffa?"
„Jawoi, bloß bei die Semmin macht er a Ausnahm', sonst hat er's mit die Schwarzen!"

5 Lückenhafte Überzeugung,
Simplizissimus 4/1946, S. 39

„Wir sind gestern leider nicht abgeholt worden. Stundenlang saßen wir gestiefelt und
gespornt vorm Haus und warteten, daß der Jeep einböge. Hoffentlich kommt er heute",
schrieb Erich Kästner am 22. Juni 1945 in sein Tagebuch[13]. Von Mayrhofen (Tirol) ist
er nach P. in Bayern zurückgekehrt, hat Unterschlupf auf einem schönen Gutshof gefunden. Kästner ist bereits mehrfach in München gewesen; dort regt sich wieder kulturelles
Leben. Die für Theater, Film und Presse zuständigen amerikanischen Besatzungsoffiziere
brauchen sich über Mangel an Zulauf nicht zu beklagen. In ihren Büros wimmelt es
von deutschen Schauspielern, Regisseuren, Journalisten und Filmleuten. Man will
Auskunft. Man sucht Anschluß. Man hat Pläne. Man fällt alten Kollegen vor Wiederse-
hensfreude um den Hals. Man wohnt noch auf dem Lande. Man will nach München
ziehen. Wer erteilt die Genehmigung? Wird Falckenberg die Kammerspiele behalten?
Womit wird er eröffnen? Mit Thornton Wilders ‚Our Town'? Wann? Erst im September?
Kästner trifft Wolfgang Koeppen und später, im Hof der Kammerspiele, Rudi Schündler
und Arthur Maria Rabenalt. Die beiden wollen hier am Theater, mit Genehmigung der
Stadt, ein Kabarettprogramm starten. Sie probieren schon; sind Feuer und Flamme. Vorgesehen sind Texte von Villon, Ringelnatz und Baudelaire, Blackouts, Tanzszenen, hübsche Mädchen (hübsche Mädchen seien weniger rar als gute Texte, und Chansons fehlten

ihnen völlig). „Mich schicke der Himmel. Ich müsse mitmachen. Daß ich nichts Neues
geschrieben hätte, sei bedauerlich, aber reparabel. Sie würden mir ein paar Tage Zeit lassen". Das Gespräch wird fortgesetzt in der Ruine des Nationaltheaters; die Kantine ist
dort intakt und wird notdürftig bewirtschaftet. Robert A. Stemmle gesellt sich dazu; er
bereitet einen bunten Abend vor, mit dem er die amerikanischen Truppen amüsieren
will; eine Art Wehrmachtstournee. „Ein handfester Plan, Arien gegen Zigaretten, Tänze
gegen Konserven, Humor gegen Schnaps, Zauberkunststücke gegen Benzin. Im Augenblick hat er freilich Probenverbot. Warum? Er weiß es nicht. Hat man gegen das eine oder
andere Mitglied seines Ensembles politische Bedenken? Oder gegen mehrere Mitglieder?
Feststeht, daß er die Proben unterbrechen mußte". Am 25. Juni 1945 sitzt Kästner immer
noch in P. „Es ist, um aus der Haut zu fahren. Der Jeep kommt nicht. Am Donnerstag
wollte man uns abholen, und heute ist es Montag". Endlich kommt er. Nach kurzem Aufenthalt in München kehrt Kästner nochmals nach Mayrhofen zurück, ehe er dann, nach
einer Zwischenstation in Schliersee, an der von den Amerikanern herausgegebenen *Neuen
Zeitung* die Leitung des Feuilletons übernimmt.

Warten auf den Jeep! Szenen von realer wie symbolischer Bedeutung. Die Vertreter des
kulturellen Lebens werden aus ihren Refugien, im Frühjahr und Sommer des Jahres 1945,
vorwiegend von den Amerikanern, abgeholt und zu ihren neuen Wirkungsstätten gebracht. Jeeps transportieren wichtige Persönlichkeiten auch vom Ausland zurück ins zerstörte Deutschland. In seinen Erinnerungen *Ein Deutscher auf Widerruf* berichtet Hans
Mayer (in dem Kapitel „Der Jeep"), wie er von Basel nach Frankfurt gebracht wurde:
„Zwei lange Amerikaner in Uniform traten ein, begrüßten uns summarisch nach ihrer Art
und mahnten zum Aufbruch; ich glaube mich zu erinnern, daß sie etwas von Schwierigkeiten mit den Franzosen murmelten, falls wir zu spät die Grenze nach Frankreich überschritten. Denn man mußte in jedem Fall durch das französische Gebiet, um nach Frankfurt
zu gelangen. Von Frankfurt wurde gesprochen. Das aber lag in der amerikanischen Besatzungszone . . . Draußen wartete der amerikanische Jeep. Wir stiegen auf, eine Frau und
drei Männer, ein mäßig großer Koffer, ein Mantel, denn es war Herbst. Haben wir uns
in Basel verabschiedet? Ich weiß es nicht mehr. Alles ging so rasch und planvoll vor sich"[14].
Mayer wird Chefredakteur für Politik und Nachrichten bei Radio Frankfurt; im Neben-
zimmer fungiert Golo Mann als amerikanischer Kontrolloffizier.

Von seiner Rückkehr berichtet Carl Zuckmayer, dessen Stück *Des Teufels General*
von den amerikanischen Kontrollbehörden zunächst für eine Aufführung auf deutschen
Bühnen gesperrt war (1947 hatte es dann auf einer Behelfsbühne in Frankfurt Premiere):
„Vom ersten Augenblick an, in dem ich deutschen Boden betreten hatte — seit der ersten
Wiederbegegnung mit Menschen, die deutsch sprachen, von der ersten Stunde ab, in
der ich durch eine zerbombte deutsche Stadt gegangen war, wußte ich, daß ich kein
Amerikaner bin, obwohl ich in Amerika ein Heim und, draußen in Vermont, eine
echte Zugehörigkeit gefunden hatte. Ich empfand immer stärker, daß ich nicht zu denen
gehörte, die mich hierher berufen hatten und mich als einen der Ihren betrachteten,
sondern zu dem Volk, dessen Sprache und Art die meine war, in dem ich geboren wurde,
aufgewachsen bin. Aber auch in Deutschland waren wir nicht mehr wirklich zu Hause.

Da war ein Schatten eines grauenhaften Verbrechens, das auch bei anderen Völkern denkbar und möglich gewesen wäre – aber bei dem unseren war es geschehen, und gerade bei
diesem, wie wir es liebten und weiterlieben, hätte es nicht geschehen dürfen. Ich gehörte
nicht zu den ‚Siegermächten‘, aber auch nicht zu den Besiegten. Jetzt, nach der Wiederkehr,
war ich erst wirklich heimatlos geworden und wußte nicht, wie ich je wieder Heimat
finden sollte"[15].

IV.

Die kulturellen Anfänge orientierten sich vielfach, bewußt oder unbewußt, an den „goldenen" zwanziger Jahren; die Häßlichkeit der Weimarer Glamour-Welt, ihre auf Sensation
ausgerichtete Hektik, schien vergessen. „Welche Aufregung –! Welcher Eifer –! Welcher
Trubel –! Horch: sie leben"[16]. Die Berliner Luft war freilich dünner geworden. Doch
konnte man gerade am Beispiel der nun unter Vier-Mächte-Kontrolle stehenden ehemaligen deutschen Hauptstadt, die zu den am stärksten zerstörten deutschen Großstädten gehörte, erleben, daß die „Vorstellung von einer überwiegend apathischen, resignierten und
nur mit dem Kampf ums tägliche Überleben beschäftigten Großstadtbevölkerung nur eine
Teilwahrheit wiedergibt"[17]. Bereits wenige Tage nach der Kapitulation trafen sich Berliner
Künstler (unter ihnen Gustav Gründgens und Paul Wegener) auf Einladung des sowjetischen Stadtkommandanten, um über Möglichkeiten zum Wiederaufbau des Kulturlebens
in Berlin zu beraten. Die ersten öffentlichen Konzerte und Theaterpremieren gab es bereits
im Mai. Das ehemals von Max Reinhardt geleitete „Deutsche Theater" und die Staatsoper
hatten ihren Betrieb aufgenommen, noch ehe die westalliierten Truppen in ihren Sektoren
einrückten. „Wenn man die große Zerstörung und andere Faktoren bedenkt", stellt der erste
Bericht der amerikanischen „Information Control Section" (ICS) vom 8. Juli 1945 fest,
„so gibt es in Berlin noch erstaunlich viele Theater und Filmleute. Fast täglich werden neue
Theater eröffnet, und an der Volksoper in der Kantstraße sind die Proben für Opernauf-
führungen in vollem Gange. Vorbehaltlich einer genaueren Überprüfung dieser Aktivitäten kann festgestellt werden, daß die Künstler – als Folge der russischen Praktiken – die
Erlaubnis zu arbeiten als selbstverständlich ansehen und beträchtliche Anstrengungen unternehmen, manchmal nehmen sie Fußmärsche bis zu drei Stunden zu ihrem Arbeitsplatz
in Kauf . . . Allgemein kann über das Personal gesagt werden, daß aufgrund der geringen
russischen Intervention und vielleicht aufgrund der Temperamentsunterschiede die Berliner Bevölkerung eher zur Mitarbeit bereit und viel weniger unterwürfig ist, weniger die-
nert, schmeichelt und zu gefallen sucht, als beispielsweise unsere Münchner Klienten"[18].
„Was sagen Sie zu Berlin?" In seinem Tagebuch notiert Max Frisch (Berlin, November
1947), daß das lobende Wort eines Ausländers hoch im Kurs stehe; der Bedarf an Anerkennung sei riesengroß. Wer jetzt versichere, Berlin sei ungebrochen in seinem Geistesleben,
gelte als bedeutender Kopf[19].
Kam sie noch einmal wieder, die schöne Metropolenzeit, deren Glanz den dumpfen
nationalsozialistischen Provinzialismus hinwegzuscheuchen oder zumindest zu überla-

gern vermochte? Würde die „verspätete Nation" noch einmal an westlicher Zivilisation partizipieren können? Daß Gottfried Benn zunehmend an Bedeutung gewann, lag gerade auch daran, daß er den Weg ins gelobte Land großstädtisch-urbaner Sensibilität wies. „Dranbleiben" hieß die Parole. „Der Lyriker kann gar nicht genug wissen, er kann gar nicht genug arbeiten, er muß an allem nahe dran sein, er muß sich orientieren, wo die Welt heute hält, welche Stunde an diesem Mittag über der Erde steht . . . Er muß Nüstern haben — mein Genie sitzt in meinen Nüstern, sagte Nietzsche —, Nüstern auf allen Start- und Sattelplätzen, auf dem intellektuellen, da wo die materielle und die ideelle Dialektik sich voneinander fortbewegen wie zwei Seeungeheuer, sich bespeiend mit Geist und Gift, mit Büchern und Streiks — und da, wo die neueste Schöpfung von Schiaparelli einen Kurswechsel in der Mode andeutet mit dem Modell aus aschgrauem Leinen und mit ananasgelbem Organdy. Aus allem kommen die Farben, die unwägbaren Nuancen, die Valeurs — aus allem kommt das Gedicht"[20].

Mit Benns Ambivalenz identifizierten sich viele der jungen Generation, die nicht so recht wußten, ob sie aus der Not eine Tugend machen und „innerlich" bleiben sollten, oder ob sie die Trutzburg der Seele verlassen, die Mauern metaphorischen Hochmuts schleifen und sich in den Strudel großstädtischer Modernität stürzen sollten.

> „Meinen Sie Zürich zum Beispiel
> sei eine tiefere Stadt,
> wo man Wunder und Weihen
> immer als Inhalt hat?
>
> Bahnhofstraßen und Ruen,
> Boulevards, Lidos, Laan —
> Selbst auf den Fifth Avenuen
> fällt Sie die Leere an —

> „Meinen Sie, aus Habana,
> weiß und hibiskusrot
> bräche ein ewiges Manna
> für Ihre Wüstennot?
>
> Ach, vergeblich das Fahren!
> Spät erst erfahren Sie sich:
> bleiben und stille bewahren
> das sich umgrenzende Ich"[21].

Als Erich Kästner im Juni 1947 erstmals nach dem Krieg wieder nach Zürich kommt, ist er fasziniert von der „Großstadtmelodie", von der man annahm, daß sie in den deutschen Städten nicht mehr erklingen werde. Über den Asphalt rollen, von hafersatten glatten Pferden gezogen, offene Equipagen mit rotbäckigen Brautpaaren; die Kutscher tragen glänzende Zylinder und haben bunte flatternde Bänder am Rock. In den Bars stehen Teller mit Mandeln und Kaffeebohnen an der Theke; die Gäste greifen achtlos zu. Volle Schuhgeschäfte; in den Auslagen Nylonstrümpfe. Überall kann man englische, amerikanische, türkische, griechische Zigaretten kaufen. Streichhölzer gibt's; die Schachteln haben, es kommt Kästner wie Sünde vor, zwei Reibflächen. Die Verkäufer sind sanft wie Samt. Der Friseur fragt besorgt, ob das Rasiermesser auch ganz gewiß scharf ist. Die Erdbeeren stehen in gestaffelten Spankorbreihen vor den Läden bis zum Rinnstein; das Gemüse türmt sich hinter den Schaufenstern zu Bergen. Vor dem Mittagessen wird ein üppiger Wagen mit Vorspeisen herangefahren. Glitzernde Juwelierläden, üppige Konditoreien; seriöse Banken; Buchhandlungen, wo man unbegrenzt Bücher kaufen kann; Reisebüros; Kauf- und Konfektionshäuser mit persischen Teppichen, Uhren, Photoapparaten; Parfüms; volle Zeitungsstände. „Das war früher auch einmal unsere Welt gewesen,

6 Wettbewerb im Berliner Strandbad Wannsee, 1949 (Foto: Friedrich Seidenstücker)

und nun machten wir Augen wie über einem Märchenbuch. Wie Kinder, die nicht lesen können und nur die Bilder bestaunen"[22].

Bei aller Bedeutung Berlins – vor allem auch als eines Topos der zumindest noch einige Zeit existierenden deutsch-deutschen kulturellen Einheit –, mit der Zerschlagung des Deutschen Reiches wie Preußens, der Isolierung der Stadt und ihrer Aufteilung in vier Besatzungszonen vollzog sich ein entscheidender Paradigmenwechsel. Das „Neue", der kulturelle Aufbruch, trat vielerorten zutage. Mit zunehmendem Selbstbewußtsein meldeten sich z.B. die Kleinstädte zu Wort. Man wünsche nicht mehr, so formulierte es Otto Flake als von französischen Kulturoffizieren eingesetzter Redakteur am *Badener Tagblatt*, April 1946, daß das, was außer Berlin übrig bleibe, „abgefertigt" werde. „Das Deutschland von morgen baut sich unter dem Gesetz der Aufteilung in Zonen, nicht mehr vom Zentrum, sondern vom Rande, von den das bisherige Zentrum umlagernden Ländern auf . . . eine föderalistische Bewegung liegt vor. Das ist durchaus natürlich. Die Hauptstadt des Königreich Preußens wurde nach 1870 auch die des deutschen Bundesstaates. Vor lauter Kaiserreich haben sehr viele dessen bundesstaatlichen Charakter vergessen. Wir bauen nur logisch auf den Grundlagen weiter, wenn wir die zwei Worte Bund und Staat erneut auf die Möglichkeit der Verbindung prüfen . . .

Die Berliner mögen ihre Anstrengungen machen, wir machen die unseren. In München, Tübingen, Freiburg, Baden-Baden, Mainz, Frankfurt, Wiesbaden, Koblenz, Hamburg entstanden seit dem Sommer des vorigen Jahres geradezu automatisch Ansatzpunkte eines neuen Lebens – in Stuttgart, Augsburg, Kassel und anderswo . . . Keine künstlichen Programme waren nötig, keine Anrufe des gefährlichen Totalismus, dieses hitlerischen Erbes. Totale Lenkung durch die Berliner – nein. Sie übernehmen sich, ihre Stadt liegt in Trümmern . . . Wir sind föderalistisch . . . die Wiederherstellung kann nur ausgehen . . . von der Region"[23].

V.

Die (west-)deutsche „Kulturpolitik" im engeren Wortsinne beginnt mit der Verabschiedung des „Grundgesetzes der Bundesrepublik Deutschland". 1949 wurde damit die Entwicklung der vorangegangenen vier Jahre „festgeschrieben": Der konstitutive Kulturföderalismus sollte die Monopolisierung von Zuständigkeiten im kulturellen Bereich ausschließen. Die Kulturhoheit wurde ausschließlich den Ländern zugewiesen, während der Bund nur die Pflege der kulturellen Beziehung zu auswärtigen Staaten wahrzunehmen hatte. Die anfangs meist nur zaghaften Bemühungen des Bundes, trotz dieser generellen Einschränkung gewisse übergreifende kulturpolitische Zuständigkeiten an sich zu ziehen, riefen von Beginn an den Widerstand der Länder hervor und führten schließlich zu dem für die Kulturpolitik in der Bundesrepublik charakteristischen „föderativen Spannungszustand".

Die Länder brachten schon im Vorwort des „Königsteiner Abkommens" vom 31.3.1949 gegenüber dem Bund zum Ausdruck, daß sie auch „die Förderung der wissenschaftlichen Forschung grundsätzlich als eine Aufgabe der Länder betrachten". Die Ständige Kultusministerkonferenz der Länder wies anläßlich der Gründung des Bundestagsausschusses für Kulturpolitik darauf hin, daß kulturpolitische Fragen zur Zuständigkeit der Länder gehörten. „Der Bund", erklärt Manfred Abelein, „ließ sich durch diese Stimmen nicht davon abhalten, auf kulturpolitischem Gebiet tätig zu werden. Für kulturelle Zwecke finden sich im Bundesetat zahlreiche ständige Titel. Der Entwurf eines Bundesgesetzes zur Förderung der wissenschaftlichen Forschung, den der Bundesminister des Innern am 5. Mai 1952 vorlegte, ging in seiner Begründung davon aus, daß die Förderung der wissenschaftlichen Forschung durch staatliche Maßnahmen Aufgabe des Bundes und der Länder sei; das Gesetz sollte dem Bund über die bloße Finanzierung der wissenschaftlichen Forschung hinaus die Befugnis sichern, Forschungsinstitute zu errichten und zu übernehmen. Diese Beispiele sind für die Bestrebungen von Bund und Ländern kennzeichnend"[24].

Ein kurzer Überblick zeigt den Umfang dieser Anstrengungen. Im Februar 1948 war bereits als Rechtsnachfolgerin der Kaiser-Wilhelm-Gesellschaft die Max-Planck-Gesellschaft zur Förderung der Wissenschaften als gemeinnütziger Verein privaten Rechts gegründet worden. Im April 1949 schlossen sich die wissenschaftlichen Hochschulen in

der Westdeutschen Rektorenkonferenz zusammen. Im August 1950 entstand der Deutsche Akademische Austauschdienst, ein Jahr später die Deutsche Forschungsgemein-
schaft. Im November 1952 wurde in Bonn die Bundeszentrale für Heimatdienst errichtet.
Dezember 1953 entstand die Alexander-von-Humboldt-Stiftung, im Juli 1957 die Stiftung Preußischer Kulturbesitz als bundesunmittelbare Körperschaft des öffentlichen
Rechts. Der 1953 eingesetzte Deutsche Ausschuß für das Erziehungs- und Bildungswesen
legte 1959 den „Rahmenplan zur Umgestaltung und zur Vereinheitlichung des allgemein-
bildenden öffentlichen Schulwesens" vor.

Von Einfluß war der Bundesverband der Deutschen Industrie, der 1951 den „Kulturkreis" geschaffen hatte. Der Deutsche Gewerkschaftsbund betätigte sich vor allem als
Betreiber der 1946 eingerichteten Ruhrfestspiele. Das Auswärtige Amt erhielt 1951 eine
eigene Kulturabteilung. Als großer Fortschritt erwies sich dabei, daß die für die Aus-
landskulturarbeit zur Verfügung gestellten Mittel vor allem auch Institutionen zugute kamen, die eine eigene Rechtsform besaßen und somit vom direkten staatlichen Einfluß
abgekoppelt waren (Goethe-Institut, Inter-Nationes, Alexander-von-Humboldt-Stiftung,
Deutscher Akademischer Austauschdienst, Institut für Auslandsbeziehungen).

Das Grundgesetz geht auf die Rolle von Kunst und Kultur in der demokratischen Gesellschaft kaum ein. Während ansonsten durchaus Details aufgenommen wurden (in Artikel 48 etwa wird festgelegt, daß die Abgeordneten das Recht der freien Benutzung aller
staatlichen Verkehrsmittel haben), verzichtete man auf eine genauere Standortbestim-
mung im kulturellen Bereich. Dennoch erwies sich das Grundgesetz von fundamentaler
Bedeutung für die kulturpolitische Entwicklung — wurden doch mit ihm die Grundrech-
te, und damit auch Meinungsfreiheit, Informationsfreiheit und Vereinigungsfreiheit,
garantiert. Die Kunst- wie Wissenschaftsfreiheit kann durch Allgemeingesetze nicht eingeschränkt werden. Allen repressiven Tendenzen, die in der deutschen Geschichte eine
fatale Tradition haben, steht Artikel 5 Absatz 1 Satz 3 entgegen: „Eine Zensur findet
nicht statt". Was die mit dem Grundgesetz fundierten kulturpolitischen Optionen betraf,
so war das Verhalten des ersten Bundeskanzlers Konrad Adenauer und seiner Regierung
zwar nicht kunstfeindlich, wohl aber kunstfremd. In der *Welt* vom 15.2.1964 bemerkte
Hans Schwab-Felisch: „Der Kanzler stand nicht über den Künsten und der Wissenschaft.
Er stand neben ihnen. Sie wurden verwaltet, so wie das Grundgesetz es befahl, mehr
nicht. Die Kultur war kein Partner der Politik, nicht einmal Juniorpartner. Patriarcha-
lisch wurden ihr Gelder zugeschanzt, nicht unfreundlichen Sinnes, aber als ein Hoheits-
akt, etwa wie man einem fremden Kinde ein Plastikauto schenkt, mit dem es partout
spielen will"[25].

Im Gegensatz zu der amusischen Art Adenauers personifizierte der erste Bundespräsi-
dent Theodor Heuss die Maxime „Politik durch Kultur". Zum Amt und seiner Rolle als
kulturelle und politische Identifikationsfigur „brachte er eine Vielzahl von Voraussetzungen und Erfahrungen mit: als Reichstagsabgeordneter in der Weimarer Zeit und als
Landtagsabgeordneter nach 1945, als Kultusminister für Württemberg-Baden, als Dozent
und Honorarprofessor für Politische Geschichte, als organisatorischer Leiter im Schutz-
verband Deutscher Schriftsteller, als Autor und Herausgeber zahlreicher Bücher zur Ge-

7 Fritz Kortner mit Curt Bois auf der Probe zum „Eingebildeten Kranken", 1964

schichte, Politik und Wissenschaft und als versierter Publizist. Kulturpolitische Themen
waren Heuss, seit er zu schreiben begonnen hatte, vertraut"[26]. Nicht nur fachlich war
Heuss qualifiziert; die Fülle seiner persönlichen Begegnungen mit Politikern, Künstlern
und Gelehrten prädestinierten ihn, ein kultureller Vermittler zu sein.

Viele seiner Reden zeigen die Fähigkeit, das Bewußtsein für Kultur auf volkstümliche
Weise, ohne Anbiederung, zu wecken und zu stärken. Freilich ging ihm jeder radikale,
„zu den Wurzeln" reichende Änderungswille ab; sein Ideal war das einer Kulturelite.
Dementsprechend unternahm er wenig, um durch kulturpolitische Maßnahmen den
Anteil der 95 Prozent Kulturabstinenten in der Bevölkerung der fünfziger Jahre zu sen-
ken. „Hierin ganz Bildungsbürger und in einem harmonistischen liberalen Gesellschafts-
bild befangen, galt ihm die Bildungselite als repräsentativ für die Kultur des ganzen Volkes. Kulturelles Vorbild der ‚Würdigsten' statt Kultur für alle, repräsentative Kultur statt
Kultur von unten, Kultur eher über kulturelle Institutionen anstatt außerhalb von ihnen
– durch solche Gegensätze lassen sich die Kräfte und Grenzen der Heussschen Kulturpolitik grob umreißen, auch wenn man konzediert, daß in der Wiederaufbauphase die Priori-
täten anders verteilt waren", schreiben Michael Kienzle und Dirk Mende im Katalog einer Heuss-Ausstellung[27].

Als die wichtigste Kraft, die den von Theodor Heuss geschaffenen kulturellen Good-
will für den Staat in eine programmatische, institutionelle und fiskalische Wirklichkeit
umzusetzen trachtete, erwies sich der Deutsche Städtetag (1946/47 entstanden). Aller-

8 Sikorski, „Bundeshaupt-
stadt" Bonn (zeitgenössi-
sche Karikatur)

dings wirkte er zunächst fast ausschließlich „konkretistisch" – mehr reagierend als initi-
ierend, das kulturpolitische Vakuum bei den jeweiligen Landesregierungen kompensie-
rend. Der Mangel an einer übergreifenden Konzeption, die sich erst Ende der sechziger
und dann in den siebziger Jahren herausbildete, wird allein schon dadurch deutlich, daß
die Stellungnahmen, Empfehlungen, Hinweise, Richtlinien zur kommunalen Kulturpolitik, wie sie vom Deutschen Städtetag seit 1950 erarbeitet und veröffentlicht wurden,
sich meist sektoralen Themen zuwandten (etwa Archiv, Werkkunstschulen, Büchereiwe-
sen, Ostdeutsche Kulturwerte, Jugendmusikschulen, Puppenspiel, Konzerte junger
Künstler, Jugendschrifttum, Wertvoller Film, Theaterbesucher-Organisationen, Volks-
hochschule). Immerhin entstanden 1952 „Leitsätze zur kommunalen Kulturarbeit"
(„Stuttgarter Richtlinien"), die um Zusammenschau bzw. um einen allgemeinen Begrün-
dungszusammenhang sich bemühten. Außerdem thematisierte die 10. Hauptversammlung des Deutschen Städtetags in Hannover bereits im Juni 1958 das Freizeitproblem
(„Die Städte und die Fünf-Tage-Woche")[28].
    Als die *Neue Literarische Welt* 1953 einer Reihe von Persönlichkeiten des öffentlichen
Lebens die Frage stellte: „Was ist Kulturpolitik?" antwortete Max Horkheimer, daß eine
Kultur, die zu einem Sonderbereich neutralisiert werde, bereits keine mehr sei, sondern
bloßes „Gut". Was an der Kultur in Unordnung oder vielleicht allzusehr in Ordnung
sei, könne recht werden nur, wenn die Welt in Ordnung käme, in der Kultur heute eine
zweideutige Rolle spiele. „Der eigentümliche Widerspruch, den das Wort ,Kulturpolitik'
in sich enthält und der den Gedanken aufruft, als solle die Produktion von Eichendorff
oder Verlaine auf Arbeitstagungen oder durch Sachbearbeiter bestimmt werden, ist nur
Ausdruck der Antinomie, in die Kultur selbst hineingeraten ist". Durch bloßes Laisser-

faire freilich, ein blindes Vertrauen auf den Geist, ließe die Antinomie sich ebensowenig lösen wie durch Verordnungen nationalsozialistischer oder sowjetischer Banausen. Richtige Kulturpolitik wäre richtige Politik ohne jeden Zusatz[29].

Der dialektisch formulierten soziologischen Unschlüssigkeit, die aus einer solchen Formulierung spricht, entsprach die politische Unsicherheit, mit der zum Beispiel profilierte Kulturpolitiker der SPD wie Carlo Schmid, Adolf Arndt, Willi Eichler, Waldemar von Knoeringen eine Antwort versuchten. Der Staat habe keine Kultur zu machen, denn er habe niemandem zu sagen, was schön und nicht schön, was wahr und was nicht wahr sei. Der Staat sollte sich in erster Linie enthalten, die Dichter, die Künstler und die Gelehrten zu stören, forderte Schmid[30].

Der Glaube an die sich selbst regulierenden Kräfte des Marktes hatte offensichtlich auch das kulturelle Denken erfaßt; die (marxistische) These, daß das Sein das Bewußtsein bestimme, der Überbau sich als Produkt des Unterbaus erweise und der herrschende Geschmack der Geschmack der Herrschenden sei, blieb völlig unbeachtet. Der „Mensch" als magische affirmative Formel (daß der Mensch im Mittelpunkt allen Denkens und Handelns zu stehen habe) ersetzte kultursoziologische Analyse wie kulturkritische Reflexion. Man glaubte offenbar, daß die appellative Beschwörung des Guten, Schönen und Wahren genüge, um die Humanisierung der Gesellschaft zu bewirken.

Während die CDU/CSU im Schulbereich mit Hilfe einer machtbewußten Strategie ihre Ziele sehr konkret-inhaltlich durchgesetzt hatte (zum Beispiel die Konfessionalisierung der Schule), begnügte auch sie sich kulturpolitisch (im engeren Sinne) mit der Artikulation christlich-abendländischer Sonntagsworte. Für die CDU, so heißt es im Protokoll des Parteitages von 1951, sei und bleibe die Kultur niemals ein politischer Bereich neben anderen, sondern der wirkende Mittelpunkt, von dem erst alle anderen Bereiche in Gesellschaft, Wirtschaft und Staat ihre Gestaltung gewönnen. Die geistige Kraft des christlichen Glaubens müsse alle Lebensgebiete durchdringen[31].

VI.

Kurz nach seiner Rückkehr aus dem amerikanischen Exil veröffentlichte Theodor W. Adorno einen Artikel in den *Frankfurter Heften*, der nach der „Auferstehung der Kultur in Deutschland" fragte (1950)[32]. Das Resümee seiner zwar skeptischen, aber keineswegs hoffnungs-losen Überlegungen sollen zugleich diese Betrachtungen über die kulturelle wie kulturpolitische Entwicklung der unmittelbaren Nachkriegszeit resümieren – einer Zeit, in der radikale „Inventur" oft fehlte und „Innovation" sich dementsprechend vielfach nur frag-würdig entwickeln konnte. Adornos Text diagnostiziert die kulturelle Befindlichkeit, wie sie sich aus der Trümmerzeit ergeben hatte und antizipiert, was in der Adenauer-Ära Stagnation und Restauration ausmachte. Der Intellektuelle, der nach langen Jahren der Emigration Deutschland wiedersehe, sei zunächst von dem geistigen Klima überrascht. Man erwarte, daß der nackte Zwang zur Selbsterhaltung während des Krieges und der ersten Jahre danach dem Bewußtsein das Gleiche angetan habe, was den

Städten durch die Bomben widerfuhr. Man setzte Stumpfheit, Unbildung, zynisches
Mißtrauen gegen jegliches Geistige voraus; man rechnete mit dem Abbau von Kultur,
dem Verschwinden der Teilnahme an dem, was über die tägliche Sorge hinausgehe. Davon könne aber keine Rede sein. Die Beziehung zu den geistigen Dingen sei stark. Die
Menschen „sind auf sich selbst und die eigene Überlegung zurückgeworfen. Sie stehen
gleichsam unter dem Zwang zur Verinnerlichung. Daher die intellektuelle Leidenschaft".

Adorno ist vor allem überrascht, daß die Studenten eine leidenschaftliche Teilnahme
an den sachlichen Fragen zeigten. Die Desorientierung nach dem totalen Zusammenbruch der totalen Herrschaft weckte das Bedürfnis, sich durch Besinnung und Nachdenken wieder zurechtzufinden, nachdem das bloße Nachdenken bereits als Volksfremdheit
und Eigenbrötelei unter Strafe gestellt worden war. Als der Druck der anbefohlenen
Kollektivierung von den Menschen genommen war, erzeugte er die Gegentendenz, für
sich allein zu sein oder sich auf eine selbst gewählte intime Gemeinschaft zu beschränken.
Das Glück des sich selbst genießenden Geistes, dem gerade der Zurückkehrende sich nur
allzu willig überlasse, dem Glück im Gewinkel altertümlicher Städtchen vergleichbar,
sei jedoch auch von dem gefährlichen und zweideutigen Trost der Geborgenheit im Pro-
vinziellen geprägt. Die deutsche Situation gebiete unabweisbar die geistige Neuorientierung; die vorhandene geistige Leidenschaft kümmere sich jedoch wenig um die eigentlichen Fragen, an denen eine Neuorientierung sich bewähren könne. „Man zelebriert einen Heroismus an sich als Ideal richtigen Menschentums". In der unmittelbaren
Nachkriegszeit habe man in einem Rausch des Wiederentdeckens vor allem Schutz beim
Herkömmlichen und Gewesenen gesucht. Den überlieferten ästhetischen Formeln der
traditionellen Sprache, dem überlieferten Material der Musik, ja selbst der philosophischen Begriffswelt aus der Zeit zwischen den beiden Kriegen wohne jedoch keine rechte
Kraft inne; sie würden Lügen gestraft von der Katastrophe jener Gesellschaft, aus der sie
hervorgingen. Die Neutralisierung der Kultur, die man beförderte, indem man sie blind
bewahrte, hat Max Frisch „Kultur als Alibi" genannt. Befreit vom nationalsozialistischen
kulturellen Zwangskonsum (wesentliches Merkmal der Ästhetisierung der Barbarei),
übernahm man freiwillig ein ganzes Lager von Begriffen und Bildern aus dem autoritären
Bereich. „Die Welt ist aus den Fugen, aber die Fugen sind mit träger Masse ausgefüllt;
die Kultur ist in Trümmern, aber die Trümmer sind weggeräumt, — wo sie noch stehen,
sehen sie aus, als wären sie ehrwürdige Ruinen".

In einem Augenblick, da die neugegründete „Bundesrepublik Deutschland" den Versuch unternahm, wieder zum politischen Subjekt zu werden, konstatierte Adorno, daß
der Begriff der Nation angesichts der geistigen und materiellen Produktivität der
Menschheit sich überlebt habe. „Der Geist wird lebendig sein in dem Augenblick, in
dem er nicht länger bei sich selber verhärtet, sondern der Härte der Welt widersteht".

Man kann diesen Satz geradezu auch als Postulat für das nun wiedervereinte Deutschland begreifen, von dem man hofft, daß seine *neue* Identität — auf der Basis des „alten"
Grundgesetzes — eine solche des „Verfassungspatriotismus" sein wird. In Übernahme des
von Dolf Sternberger geprägten Begriffs stellt Jürgen Habermas fest: „Der einzige Patrio-
tismus, der uns dem Westen nicht entfremdet, ist ein Verfassungspatriotismus. Eine in

Überzeugungen verankerte Bindung an universalistische Verfassungsprinzipien hat sich leider in der Kulturnation der Deutschen erst nach – und durch – Auschwitz bilden können. Wer uns mit einer Floskel wie ‚Schuldbesessenheit' … die Schamröte über dieses Faktum austreiben will, wer die Deutschen zu einer konventionellen Form ihrer nationalen Identität zurückrufen will, zerstört die einzig verläßliche Basis unserer Bindung an den Westen"[33].

ANMERKUNGEN

Diesem Überblick liegt folgende Darstellung des Verfassers zugrunde:
Kulturgeschichte der Bundesrepublik Deutschland.
Band 1: Zwischen Kapitulation und Währungsreform 1945–1948;
Band 2: Zwischen Grundgesetz und Großer Koalition 1949–1967;
Band 3: Zwischen Protest und Anpassung 1968–1989;
München 1985, 1986, 1989.
Als Taschenbuchkassette Frankfurt 1990.

1. Wolfgang Langhoff, Ein Deutschland-Brief. In: *Neue Zeitung,* 18.2.1946.
2. Thomas Mann, *Deutsche Hörer! Radiosendungen nach Deutschland aus den Jahren 1940 bis 1945.* Frankfurt a.M. 1986, S. 151.
3. Theodor W. Adorno, *Minima Moralia. Reflexionen aus dem beschädigten Leben.* Frankfurt a.M. 1984, S. 65.
4. Matthias Rüb; Aber ein Sturm weht vom Paradiese her. Eine Gedenkausstellung zum Leben und Werk Walter Benjamins in Marbach am Neckar. In: *Frankfurter Allgemeine Zeitung,* 26.9.1990.
5. Walter Benjamin, *Gesammelte Schriften,* I.2., hrsg. von Rolf Tiedemann und Hermann Schweppenhäuser. Werkausgabe, Band 2. Frankfurt a.M. 1980, S. 697 f.
6. Friedrich Meinecke, *Die deutsche Katastrophe. Betrachtungen und Erinnerungen.* Wiesbaden 1946, S. 174 ff.
7. Wolfgang Borchert, Das ist unser Manifest. Zit. nach Klaus Wagenbach (Hrsg.), *Lesebuch. Deutsche Literatur zwischen 1945 und 1959.* Berlin 1980, S. 13.
8. Wolfgang Borchert, *Draußen vor der Tür und Ausgewählte Erzählungen.* Hamburg 1956, S. 31 ff.
9. Helmut Schelsky, *Die skeptische Generation. Eine Soziologie der deutschen Jugend* (1958). Düsseldorf, Köln 1963, S. 74 ff.
10. Günter Eich, Inventur. In: *Gesammelte Werke,* Band 1. Frankfurt a.M. 1973, S. 35.
11. Hans Werner Richter, Wie entstand und was war die Gruppe 47? In: Hans A. Neunzig (Hrsg.), *Hans Werner Richter und die Gruppe 47.* Frankfurt a.M. 1981, S. 52 ff.
12. Hans Werner Richter, a.a.O., S. 54.

13. Erich Kästner, Notabene 45. Ein Tagebuch. In: *Gesammelte Schriften für Erwachsene*. Band 6. München, Zürich o.J., S. 203, 200 ff., 204.

14. Hans Mayer, *Ein Deutscher auf Wiederruf. Erinnerungen* (I). Frankfurt a.M. 1982, S. 313.

15. Carl Zuckmayer, Als wär's ein Stück von mir. Frankfurt a.M. 1966. Zit. nach Günter Sieber (Hrsg.), *Die Schatten fallen tief in uns hinein*. Dortmund 1985, S. 80 f.

16. Vgl. Kurt Tucholsky, *Panter, Tiger & Co. Eine Auswahl aus seinen Schriften und Gedichten*. Hrsg. von Mary Gerold-Tucholsky. Hamburg 1954, S. 13.

17. Christoph Kleßmann, *Die doppelte Staatsgründung. Deutsche Geschichte 1945–1955*. Bonn 1982, S. 158.

18. Zit. nach Kleßmann, a.a.O., S. 159.

19. Max Frisch, *Tagebuch. 1946–1949*. München, Zürich 1965, S. 157.

20. Gottfried Benn, Probleme der Lyrik. In: *Gesammelte Werke in acht Bänden*. Hrsg. von Dieter Wellershoff. Band 4: Reden und Vorträge. Wiesbaden 1968, S. 1087 f.

21. Gottfried Benn, Reisen. In: *Gesammelte Werke in acht Bänden*. Band 1: Gedichte; a.a.O., S. 327.

22. Erich Kästner, Reise in die Vergangenheit. Wiedersehen mit Dingen und Menschen. In: *Neue Zeitung*, 27.6.1947.

23. Otto Flake, Die geistige Hauptstadt. In: *Badener Tagblatt*, 20.4.1946.

24. Manfred Abelein, *Die Kulturpolitik des Deutschen Reiches und der Bundesrepublik Deutschland*. Köln, Opladen 1968, S. 257.

25. Zit. nach Frank Trommler, Kulturpolitik der Bundesrepublik Deutschland. In: Wolfgang R. Langebucher/ Ralf Rytlewski/ Bernd Weyergraf, *Kulturpolitisches Wörterbuch. Bundesrepublik Deutschland/ DDR im Vergleich*. Stuttgart 1983, S. 380.

26. Michael Kienzle/ Dirk Mende, *Theodor Heuss. Politik durch Kultur. 1949–1959*. Katalog und Ausstellung. Bonn o.J., S. 9.

27. Michael Kienzle/ Dirk Mende; a.a.O., S. 13.

28. Vgl. Städtische Kulturpolitik, Empfehlungen, Richtlinien und Hinweise des Deutschen Städtetages zur Praxis städtischer Kulturpolitik 1946–1970. Stuttgart 1971.

29. Zit. nach Michael Kienzle/ Dirk Mende; a.a.O., S. 69.

30. Zit. nach Frank Trommler; a.a.O., S. 381.

31. Zit. nach Frank Trommler; a.a.O., S. 382.

32. Theodor W. Adorno, Auferstehung der Kultur in Deutschland? In: *Frankfurter Hefte*, 5/1950, S. 169 ff.

33. Jürgen Habermas, Eine Art Schadensabwicklung. Die apologetischen Tendenzen in der deutschen Zeitgeschichtsschreibung. In: *Die Zeit*, 11.7.1986.

Manfred Sack

SEHNSUCHT NACH IDYLLEN
Städtebau und Nachkriegsarchitektur

Zunächst Persönliches: '45 und die Folgen — ich kam mir bei dieser mich bisweilen verwirrenden Expedition vor wie beim Besuch in einem Museum, in dem ich mich selber ausgestellt fand, irgendwo, in einer Ecke, oder besser: überall ein kleines bißchen. Es waren wichtige Jahre.

Als der Krieg zu Ende war, war ich, eben noch mit einem (allerdings nicht mehr zu befolgenden) Einberufungsbefehl versehen, gerade siebzehn Jahre alt geworden. Als die Periode, die wir Wiederaufbauzeit oder, die letzten vierziger mit einschließend, die fünfziger Jahre nennen, zu Ende war, 1959, kam ich als Redakteur zu meiner Zeitung. Insofern war die Zeit des Aufbruchs auch die des eigenen.

Die ersten Trümmer, deren ich mich genau entsinne, standen am Prager Platz in Berlin. Ich war damals das, was man einen Pimpf hieß, einer also, den die Etymologie von Pump und Pumpernickel ableitet und als „kleinen Furz" übersetzt, und bekam nun die Ruinen auf einer Kulturfahrt in die herzklopfend erwartete Reichshauptstadt vorgeführt wie eine Sehenswürdigkeit. Ich erinnere mich nicht, daß mich die malerische, etwas unwirkliche Erscheinung ebenso aufgeregt hätte wie die zum erstenmal erlebte Großstadt. Und so war dann die Bombe, die ein Flugzeug am Rande der kleinen Stadt Coswig in Anhalt, in der ich aufwuchs, verloren hatte, nichts weiter als eine exotische Drohung, eine nicht verstandene Botschaft. Es war auch niemand zu Schaden gekommen.

Als ich aber im Herbst 1948, in der Blockadezeit, nach Berlin kam, um zu studieren, überfiel mich nicht das, was meinen beunruhigten Eltern an Großstadtsünden und -gefahren vorschwebte, sondern das so unheimlich geschundene Bild der Stadt. So hatte ich sie mir nicht vorstellen können, auch nicht nach den spärlichen Bildern, die mich in der zwar hungernden, aber in sich heil gebliebenen, von einem unvergleichlich lebendigen und so niemals wieder erlebten Bildungs-Aufbruch aufgewühlten Kleinstadt erreichten. Dort hatte ich zwar eine alte Dame gefunden, eine Balletttänzerin, die mir die Greuel der Nazis zum erstenmal eindrucksvoll geschildert und mich erschüttert hatte; aber der Zustand des Landes war für mich in nebelhafter Ferne geblieben. Es ging ja jedermann so, und deshalb gewöhnten sich alle daran. Nein, so gräßlich hatte ich mir die Folgen des Krieges in Berlin nicht vorstellen können: Ruinen, klaffende Lücken, Berge von Schutt, aufgeräumte Trümmer. Auch der Schrecken war beiseite gekehrt, die Toten lagen längst auf dem Friedhof. Man blieb nicht mehr stehen.

Ich erschrak erst viel später — merkwürdigerweise bei der Lektüre einschlägiger Schriften und noch viel später beim Betrachten von Photographien, deren Sujet das Elend von 1945 war. Die erschütterndste Szenerie bildete die alte Innenstadt von Dresden zwischen dem Rathaus und dem Hauptbahnhof. Sie werden diese Bilder wahrscheinlich kennen,

1 Spreeufer, Berlin 1946 (Foto: Friedrich Seidenstücker)

aufgenommen von der Rathauskuppel hinab, samt der Figur, die aussieht wie ein riesiger trauernder Engel. Das erste Bild zeigte eine dichte, quirlige, offenbar lebensprühende Alt-stadt. Das zweite nach den Bomben: Ruinen, Trümmer, Häuser wie eine Versammlung hohler, bis in die Wurzel zerstörter, brüchiger brauner Zähne. Auf dem dritten Bild sieht man: dasselbe Terrain – nunmehr enttrümmert, schrecklich gründlich abgeräumt, men-schenleer, eine vollständig kahle Fläche, eine Wüstenei, bar jeglicher Erinnerung an das, was vorher war, ein deprimierendes Faktum und auch ein Bild deprimierender Erwar-tung: Was nun? Was bloß tun?

Was zum Beispiel, dachte ich manchmal, was hätte mich, wäre ich ein Architekt oder ein Stadtplaner, bei dieser entsetzlichen Leere bewegt? Wozu hätte ich mich auf-gerafft, mich wozu entschlossen? Was wäre mir in den Sinn gekommen: Die Chance der Katastrophe, eine im doppelten Wortsinn ungeheure Chance zu nutzen und mit bestem Wissen eine gänzlich neue, moderne Zeiten erwartende Stadt planen, Irrtum inklusive? Oder: eine möglichst vollständige Rekonstruktion des Vorhandenen ein-schließlich des Gewesenen, so wie es die Polen in Warschau sehr rasch beschlossen hatten, eine optimistische Verzweiflungstat für die ausgelöschte Erinnerung, mehr: für die nationale Selbstbehauptung, die sichtbar gemachte Identität, eine geradezu de-miurgenhafte Unternehmung für ein Land, das viermal von der Landkarte entfernt worden war?

2 Dresden nach dem Bombenangriff 1945: Engel über zerstörter Stadt (aus: Ruth Seydewitz, Dresden. Geliebte Stadt, Sachsenverlag Dresden, 1960, S. 32)

Das ist es aber auch, das uns daran hindern sollte, uns bei unseren Rekonstruktionen leichtfertig auf Warschau zu berufen, etwa so, wie es unlängst in Hildesheim wieder versucht worden ist, um den Neubau des mittelalterlichen Knochenhaueramtshauses, ja des ganzen Rathaus-Marktes „im alten Stil" zu rechtfertigen, oder Hannover, das seine Traditionsinsel aus translozierten und rekonstruierten Fachwerkgebäuden unweit der Marktkirche mit dem Hinweis auf Warschau begründet hat. Oder Frankfurt am Main mit seiner Mittelalter spiegelnden Häuserzeile vis-à-vis dem Römer. Hätten diese drei Städte –

3 Frankfurt, Römerberg nach Rekonstruktion und Wiederaufbau

und gewiß viele andere – diese Entschlüsse sofort, im Angesicht der fürchterlichen Zerstörung gefaßt, hätte man die Tat mit einem Übermaß an Schmerz erklären und rechtfertigen können. Nun aber, Jahrzehnte danach, waren diese Taten nur noch das Eingeständnis eines nicht ganz geglückten Wiederaufbaus, nur noch Ausbesserungsarbeiten am ramponierten Stadtbild, mit dem man sich nicht anzufreunden vermochte: Gemüts-Dekorationen, mit denen die Unzufriedenheit mit den Hervorbringungen der Nachkriegszeit beiseitegeräumt wurde, durch Abbruch der neuen und Wieder-Aufbau der alten Gebäude, die doch allesamt fast ein halbes Jahrhundert lang von der Bildfläche verschwunden waren.

Von Wiederaufbau ist damals ungern gesprochen worden, obwohl es eine populäre Vokabel war und in der Umgangssprache erhalten blieb – damals, nach dem Ereignis, welches manchmal bedingungslose Kapitulation, lieber aber so neutral, als sei es unverschuldet über uns hereingebrochen, Zusammenbruch genannt wird: das Ende eines großen Verbrechens, unendlicher Greueltaten, eines durch Beschreibung schwerlich darzustellenden Elends bei uns und in ganz Europa. Um begreifen zu können, was war und was danach in einer abenteuerlichen Geschwindigkeit neu emporwuchs, muß man es immer wieder skizzieren: Millionen von umgebrachten Menschen, Millionen von Unglücklichen, die der Krieg um ihre Gesundheit, um ihre Verwandten oder auch um ihr Gewissen gebracht hat. Selbst denen, die es, wie und wo auch immer, erlebt haben, fällt es schwer, heute noch das Ausmaß der Verwüstungen in den Städten und all die Gefühle, die Traurigkeit, die Teilnahmslosigkeit, die von Zweifeln geschüttelte Hoffnung, die Resignation, aber auch die Schlauheit nachzuempfinden, mit denen das Land, die Länder durchtränkt waren — gar nicht erst zu reden von den Mühen um das tägliche Brot und das Dach über'm Kopf und von der Ungewißheit, wie das Leben, der Alltag, die Welt wieder ins Lot kommen könnten. Trotzdem war dieses Ende der Anfang unserer Gegenwart, und es ging damit schneller, als es sich irgendwer vorzustellen getraut hätte. Was anderes blieb schon als der Fleiß — schon weil er von depressiven und selbstquälerischen Anwandlungen ablenkte. Schwer zu glauben, aber viele Trümmer wurden freiwillig und ohne Entgelt beiseite geräumt. Man konnte ihren Anblick nicht ertragen. Welche Trümmerstätten aber natürlich auch, welche Chancen, eine neue, in jeder Hinsicht bessere Welt zu bauen — die Zukunft.

Also: Wiederaufbau? Im ersten Exemplar der von Eugen Kogon und Walter Dirks herausgegebenen *Frankfurter Hefte* im April 1946 war ein fiktiver Dialog abgedruckt, in dem der Architekt Otto Bartning darüber nachgedacht hat: „Wiederaufbau? Technisch, geldlich nicht möglich, sage ich Ihnen; was sage ich? — seelisch unmöglich! . . . Wiederaufbau? Schon das Wörtchen ‚wieder‘ gefällt mir nicht. Es klingt nach Wiederholung, wieder herbeiholen". Er fragt sich, was sich hinter den Verwüstungen verberge, möchte „aus der Not eine befreiende Tugend" machen.

Bartning, der einer der allzu schnell in Vergessenheit geratenen Initiatoren des Weimarer Bauhauses war und sich auch einen Namen mit seinen eindrucksvoll kargen, hölzernen Notkirchen gemacht hatte, sieht in seiner Vorstellung „schlichte, helle Räume", die sich „auf den bestehenden Grundmauern und aus den brauchbaren Trümmerstoffen errichten" ließen, „schlichte, helle Räume . . . Räume von eindeutiger Klarheit und einfältiger Kraft". Nein, nichts rekonstruieren! Um die inneren Trümmer beiseite räumen zu können, brauche man neue Hüllen, „denn Kulisse und Lüge" blieben „ohne Saft und Geist jener Zeit . . ." Er verlangt radikale Ehrlichkeit. „Denken Sie", schreibt er, „denken Sie an den Zwinger in Dresden. Kann er, darf er als museale Lüge auferstehen, als riesenhafte Totenmaske? Verloren. Und daß wir's verloren gehen ließen, müssen wir unseren Enkeln eingestehen. Die Ruinen . . . werden eine starke Sprache sprechen — je echter, desto schlimmer".

Karl Gruber, ein Architekt des Traditionalismus, von den Nationalsozialisten seines Hauptgebäudes für die Universität Heidelberg wegen absonderlicherweise der „Neuen Sachlichkeit" und somit des „Kulturbolschewismus" gescholten, berühmt geworden aber als ein großer Kenner des Mittelalters, fürchtete, die Rekonstruktion könnte „Filmstädte" hervorbringen. Er wollte „beim Wiederaufbau die typische Struktur einer alten Stadt nicht nur . . . erhalten, sondern sie aus Überlegungen späterer Zeiten, namentlich des 19. Jahrhunderts herausschälen" und möglichst reiner zur Geltung bringen als vor der Zerstörung.

Ganz anders der Hamburger Architekt Christian Curt Stein in einem 1947 erschienenen Büchlein über *Neue Städte in einem Neuen Deutschland*. „Wollen wir unsere Städte so wieder aufbauen, wie sie waren", fragte er da, „wenn auch nicht in allen Einzelheiten, so aber doch in den wichtigsten Umrissen, Gebäudetypen und -gruppen, Straßenzü-

gen und Industrieanlagen und so weiter? Oder wollen wir den Versuch machen, erkannte
Mängel in ihrem Organismus, seien sie sozialer, wirtschaftlicher oder verkehrsmäßiger
Art, zu verbessern, so gut es geht? Oder aber wollen wir den Grund legen zu neuen Städten, in denen Fehler und Fehlanlagen bis auf das äußerst denkbare Maß erforscht und
vermieden werden und die einen in jeder Hinsicht höchsterreichbaren Grad an Vollkommenheit erhalten?" Für ihn waren „unsere dahingegangenen Städte die getreuesten Spie-
gelbilder ... für gestrige und vorgestrige Geistesverfassungen". Und „so sollten wir",
fährt er fort, „denn auch den Mut haben ..., uns von dem Begriff des ‚Wiederaufbaus'
mit dem fatalen Anklang an das Wort ‚Wiederholen' völlig freimachen – und nur und
ausschließlich an einen Neubau denken". Solche neuen Städte könnten, hoffte er, das
Fundament für den „Neubau unseres Lebens" sein.

Was half's. Gruber und Stein und Bartning zum Trotz beschloß der Frankfurter Magistrat 1947, das vollständig vernichtete Goethehaus neuerlich aufzuführen als eine Replik.
Wer heute über die knarrenden Treppenstufen und Dielen schurrt und insgeheim denkt,
„echt Goethezeit, uralt", wird die Verwirrung spüren, die derlei täuschende Wiederho-
lungstaten hervorrufen. Tatsächlich hatte die Unternehmung laute Entrüstung hervorgerufen, und interessanterweise gehörten zu den Entrüsteten nicht nur die Anhänger der
Moderne, sondern auch die Traditionalisten, Egon Eiermann ebenso wie Paul Schmitthenner. Und so ist denn der Dresdner Zwinger längst wieder aufgebaut, die Semper-Oper
desgleichen, das Knochenhaueramtshaus, die Römerbergzeile. Und nun steht zu fürch-
ten, daß auch die Dresdner Frauenkirche – heute als Ruine wohl das eindrucksvollste,
bewegendste Mahnmal der Welt – neuerlich gebaut wird, ein Werk des Hochbarocks an
der Wende zum dritten Jahrtausend. Nicht genug, wollen Traditionalisten nun auch die
preußischen Stadtschlösser von Potsdam und sogar von Berlin nachgebaut sehen – und
so erstens die alten Stadt-Bilder wieder herbeizaubern, zweitens damit den Nachkriegs-
Städtebau revidieren.

Lange Zeit hatte die flüchtige Erinnerung die Fiktion einer „Stunde Null" auch im
Städtebau, auch in der Architektur geprägt. Das heißt: das Alte zu großen Teilen zerstört
und beseitigt, das Neue unbekannt. Der Startschuß war gefallen. Längst weiß man, daß
der Start so einfach und prägnant nicht gewesen ist, daß es aber manchen wohl so gefallen
hätte. Karl Jaspers fühlte sich damals außerstande, „jubelnd vom Aufbruch" zu reden,
nein, „nicht noch einmal dem falschen Pathos verfallen, daß es nun gut und herrlich
werden und daß vortreffliche Menschen in vortrefflichen Umständen sein werden". Alexander Mitscherlich war der „psychische Immobilismus" seiner Landsleute aufgefallen,
der ihnen beim Verdrängen von Vergangenheitsschuld so behilflich war. Das betraf nicht
zuletzt das Gros der Architekten und Stadtplaner, die „Fachleute", die Macher, die immer
gebraucht werden, die nun ans Werk gingen wie schon immer „nach 14 Tagen Urlaub",
wie einer sagte, und überhaupt keine Zeit hatten, sich mit ihren Ansichten und den
Ursachen ihrer Ansichten auseinanderzusetzen. Keine Zeit – die Not war ja auch groß,
und die Ratlosigkeit und die Verzweiflung waren es auch.

Ratlosigkeit? Wenn man sich durch die vielen mittlerweile darüber erschienenen Erör-
terungen zurück bis ans Kriegsende liest, fühlt man sich fast erdrückt. Wann je hatte es

einen solchen tiefen Einschnitt in der Geschichte gegeben? Eine zerstörerische Katastrophe von diesem Ausmaß? Noch einmal (aber das Bedürfnis unterdrückend, hinter jede Anmerkung ein Ausrufungszeichen zu setzen): das Land unter den Siegermächten aufgeteilt und streng geführt; aufs Ganze gerechnet ein Viertel sämtlicher Wohnungen zerstört; manche Städte, vor allem die großen, zur Hälfte dahin, zu drei Vierteln, ja, in den Zentren etwa Hannovers, Kölns, Hamburgs gar zu neunzig Prozent und mehr vernichtet, nahezu ausgelöscht, unbewohnbar geworden, mit ihren Trümmerbergen und Schutthalden unbewohntem Hochland nicht unähnlich, und zu alledem zwölf Millionen Flüchtlinge und Vertriebene im Lande. Unausgesprochen mag da die Devise gelautet haben: Augen zu und durch, reden wir nicht lange über das, was gewesen ist, sondern tun, was wir hier und jetzt tun müssen! Das Übermaß an Arbeit, die getan werden mußte, half, die Schuldgefühle einzuschläfern oder in verbissenem Fleiß abzureagieren. Es schien, als seien Trümmer und Hunger Buße genug — wer dachte da schon an Coventry, an Warschau, an das Elend der anderen? Hans Schwippert, der der Bundesrepublik in Bonn ihren ersten Bundestag gebaut hatte, erinnerte sich später leicht deprimiert an die Zeit des neuen Anfangs. Wohl seien die Deutschen zunächst wie „erstarrt" gewesen und „warteten in festgewachsener Gewöhnung auf die einschlägigen Aufbauordnungen und Aktionen, und daß es nun besser" werden würde. Doch bald sei ihr Pragmatismus erwacht, und ihr Eigennutz.

Die frühere Kölner Denkmalpflegerin Hiltrud Kier zitierte einmal den ersten Hauptgeschäftsführer der Industrie- und Handelskammer, Bernhard Hilgermann, der gegen Kriegsende gesagt habe, die meisten Deutschen hätten geglaubt, „mit der Einstellung der Feindseligkeiten" sei alles Vergangene vergeben und vergessen: wie nach einem Boxkampf reiche man sich zu einem Freundschaftspakt die Hände und treffe nunmehr „die Vorbereitungen für einen friedlichen Aufbau ..." Auch die Unternehmer hätten sich völlig unbelastet gefühlt, „da sie", wie Hilgermann sagt, doch „nur Mitglieder einer Partei gewesen waren, die zufällig NSDAP" geheißen habe.

Tatsächlich gab es nach dem Zweiten Weltkrieg keinen Anfang von ähnlicher innerer Nervosität und Ungeduld wie nach dem Ersten. Wie denn aber auch anders: keine Utopie wie damals, kein Streben nach einer neuen Gesellschaft, auch nicht die Behauptung, es müsse und werde einen neuen Menschen geben, für welchen nun ganz andere Städte, ganz andere Wohnungen gebaut (und durch sie erzogen) werden müßten, eine vollständig neue, kühne, einfache, von überflüssigem Zierat freie, unbelastete, strahlende, selbstverständlich gesunde, sozial begründete Architektur.

Nicht um die Zwanziger Jahre nun neuerlich zu glorifizieren — sie waren turbulent, von weltstädtischem Temperament, aber auch ziemlich anstrengend und, aufs Ganze gesehen, samt Inflation und Weltwirtschaftskrise sehr arm, viel eher grau als golden. Aber — sie waren urban, so, wie es 1960 Edgar Salin in seinem Vortrag über „Urbanität" verstanden wissen wollte, der so berühmt geworden ist wie wenige Jahre später der von Adolf Arndt über „Demokratie als Bauherr". Er dachte an eine weltoffene, anregende, geistige und humanistisch geprägte Humanität. „So", sagte er da, „so bezeichnet das Jahr 1933 das Ende der deutschen Urbanität, das Ende jener späten Epoche der deutschen

Kultur . . ." Und: „Wenn man nach jenem ewigen Schandtag des 1. April 1933 durch die deutschen Städte fuhr, so packte einen das Grauen, wie schnell und wie gründlich der Geist daraus entwichen war. Leere Fassaden sind geblieben. In die sind die Bomben des Krieges gefallen und haben die leeren Mauern zerstört . . ." Er war sich sicher, daß „die Tradition . . . unwiderruflich abgebrochen" sei. Die Stadt, sagte er, müsse als Stadt geformt, neu gegründet und neu begründet werden, erst dann gebäre und nähre und berge sie wieder, was ehedem als Krone der Schöpfung erschien: „den runden, freien, lebendigen Menschen". Nein, so inhaltsreich, so tiefsinnig, so gebildet hatte kein Oberbürgermeister, kein Stadtbaurat, keiner der vielbeschäftigten Architekten die neu zu gründende und zu begründende Stadt in seinem Kopf bewegt.

Indessen war der so oft proklamierte Neubau der Stadt heimlich natürlich immer eher ein Wiederaufbau, nichts anderes — allerdings bezieht sich das „wieder" nicht nur auf das, was vorher existiert hatte, sondern auch auf das, was vorher, noch mitten in der bösen Zeit, gedacht und geplant worden war, rein fachlich. Die neuen Architekten und Stadtplaner waren fast ohne Ausnahme die alten. Nur wenige von ihnen waren emigriert — und nur wenige Emigranten kehrten heim: manche, wie der großartige Berliner Stadtbaurat Martin Wagner, der sich den Hamburgern angeboten hatte, wurde nicht gewollt, andere wie Walter Gropius und Ludwig Mies van der Rohe kamen nur dann und wann als Gäste zurück und wurden, wie diese beiden, zu architektonischen Heimspielen befeuert — auch um das schlechte Gewissen zu besänftigen.

Die allermeisten jedoch waren im Lande geblieben, hatten sich den Machthabern teils an den Hals geworfen, waren teils bloß den Verheißungen ihres Berufes unter neuen Umständen verfallen, haben sich teils mehr, teils weniger gedankenlos mit ihnen arrangiert und sich in das Riesenheer der Mitlaufenden eingeordnet — so wie alle Fachleute, wie die Anwälte, die Ingenieure, die Ärzte, die Clowns; wenigen gelang es zu bleiben und sich — vor sich selbst und gegen die Nationalsozialisten — zu behaupten, also, ihrem Gewissen und ihrem Niveau treu zu bleiben.

Es war ja doch interessant für sie! Der Stand der Architekten war unter Adolf Hitler, der doch selber einer hatte werden wollen, und bei Albert Speer, der sich wie kein anderer hatte entfalten können, sehr angesehen. Es gab für sie mehr als genug zu bauen und zu planen — und es gab immer mehr Arbeit, bald schon in den „Ostgebieten", bald im Lande daheim, das von den alliierten Bombern immer heftiger, immer verzweifelter, schließlich rücksichtslos in Schutt und Asche gelegt wurde. Stadtplaner und Architekten bildeten, wie Werner Durth, der mit Nils Gutschow einer der intensivsten Kenner dieser Epoche ist, schreibt, ein „Ghetto der Experten". Sie kannten sich untereinander, hatten ja zum Teil schon zusammen studiert, fanden sich in der gemeinsamen Verehrung ihrer außerordentlichen Lehrer, unter denen manche große Namen der zwanziger Jahre zu finden waren, charismatische Gestalten darunter wie Paul Bonatz, der emigriert war und dann zurückkehrte, und Paul Schmitthenner, der mit den Nazis zuerst sympathisiert, ihnen dann aber getrotzt hatte, die beiden großen Stuttgarter Traditionalisten; oder wie Hans Poelzig, wie Heinrich Tessenow, etliche von ihnen schon seit der Gründung des Deutschen Werkbundes 1907 aktiv. Dieses dichte Beziehungsgefüge von Schülerschaft und Bekanntschaft war so fest, daß es nicht einmal in der großen Katastrophe des Jahres 1945 zerriß. Im Gegenteil, es schien, als sei es in Bombenhagel und Feuersbrünsten und in der vollkommenen Niederlage gefestigt worden. Kaum war der Krieg zu Ende, waren sie, wenn auch durch das Tohuwabohu durcheinandergewirbelt, alle wieder da und setzten beinahe nur fort, was sie trainiert hatten. Schon 1940 hatte es ja einen „Erlaß des Führers zur Vorbereitung des deutschen Wohnungsbaues nach dem Kriege" gegeben, im gleichen Jahr waren Institutionen und Projektgruppen eingerichtet worden, die sich mit dem Wiederaufbau zu beschäftigen hatten. 1943 war beim „Generalinspekteur für die Neugestaltung Berlins" ein Arbeitsstab für den Wiederaufbau zerstörter Städte gegründet worden. Die Namen seiner Mitglieder sind die Namen der Wiederaufbauplaner und -architekten der Nachkriegszeit: Dierksmeier, Dustmann, Reichow, Wolters, Wortmann, Schulte-Frohlinde, Hentrich, Rimpl, Konstantin Gutschow und viele, viele andere. Auch der Bauhäusler Hubert Hoffmann und der Wiener Roland Rainer. Und auch Friedrich Tamms, an den der Architekturpublizist Gert Kähler in einem Aufsatz so erinnert: „Erbauer zahlreicher, noch heute stehender Flaktürme und ,Beauftragter Architekt des Generalinspekteurs für die Reichshauptstadt', nachmaliger Stadtbaurat und Beigeordneter von Düsseldorf, Träger des großen Verdienstkreuzes des Verdienstordens der Bundesrepublik Deutschland, einer der einflußreichsten Stadtplaner der fünfziger und sechziger Jahre ... schrieb 1963 bereits wieder über ,Moderne Kampfmittel – ziviler Bevölkerungsschutz' und definierte darin die ,Normalzeit' als Zeit eines ,gemäßigten Kalten Krieges', die ,der Vorbereitung auf den Ernstfall' diene". Kähler setzte hinzu: Es war alles ganz normal.

Gegen Ende 1944 war in Listen festgehalten, wer von ihnen, den Fachleuten, in welcher Stadt hätte zu Werke gehen sollen. Auch wenn die Liste von der Wirklichkeit korrigiert worden ist, war es so. Nun bauten sie alle für die angekündigte Demokratie.

Sie waren, wie Wiltrud und Joachim Petsch in ihrem Aufsatz über „Neuaufbau statt Wiederaufbau" berichten, für die Zeit nach dem „Endsieg" reichlich vorbereitet worden. Hier und da habe man zwar über radikalen Abriß und radikalen Neuaufbau von Städten diskutiert, dann sich aber für einen „vorsichtigen Stadtumbau" entschieden, bei dem die Planungssünden namentlich aus der zweiten Hälfte des 19. Jahrhunderts, die Mietskasernenviertel, beseitigt werden sollten. Angesichts von Reichsautobahnen und Volkswagen, deren etliche von vielen doch schon angezahlt worden waren, war es selbstverständlich, daß jetzt an den modernen Stadtverkehr gedacht wurde, mit Straßendurchbrüchen, -verbreiterungen, -begradigungen. Das Ideal der Nationalsozialisten war eindeutig die aufgelockerte, die gegliederte Stadt, deren Vorbilder bis zur „Garden City" des Engländers Ebenezer Howard von 1899 reichten, also auch zu den Mustersiedlungen, die die Meister des Neuen Bauens in den zwanziger und den frühen dreißiger Jahren errichtet hatten, die Modernisten ebenso wie die Traditionalisten, manchmal dicht beieinander und in gepflegter Gegnerschaft. Die aufgelockerte Stadt hatte ihren Höhepunkt schließlich 1957 zur Interbau in Berlin erreicht, im Hansaviertel am nördlichen Rande des Tiergartens: einer weitläufigen Siedlung inmitten der Großstadt.

Den Hamburger Bauhistoriker Hartmut Frank hat alles dies sogar zu dem Schluß geführt, daß das Kontinuum der deutschen Stadtbaugeschichte in der ersten Hälfte unseres

4 Berlin, Hansaviertel: U-Bahnhof mit Ladenzentrum und Grips-Theater

Jahrhunderts, genauer vom Ende des Ersten Weltkrieges bis in die Aufbauzeit nach dem Zweiten, überhaupt keine Unterbrechung erfahren habe, daß Architektur und Stadtplanung ebenso wie das Personal, das beides betrieb, im wesentlichen gleich geblieben seien, fortwährend. Nicht einmal der Monumentalismus, an dem sich Hitler und sein Leibarchitekt Albert Speer berauscht hatten, nicht einmal die Reichskanzlei und Nürnberg seien etwas absolut Neues und anderes gewesen, sondern nur Steigerungen des 'Neoklassizismus', der doch heimlich auch in der klassischen Moderne gehaust habe. Frank glaubt, es habe überhaupt keine eigene Naziarchitektur und keinen Nazistädtebau gegeben, sondern nur fortlaufende Varianten in einer gleichmäßigen Entwicklung. Die Nationalsozialisten hätten nur — weil sie bevorzugten, was mit ihrer Ideologie harmonierte — „das Bewußtsein dieser Kontinuität" untergraben. Die These von der „Nazi-Architektur" sei infolgedessen „eine reine Fiktion". In einem Gespräch mit der Stadtbauwelt sagte der vorher und nachher in Hannover und Bremen tätig gewesene Städtebauer Wilhelm Wortmann: „Einen Bruch, wie Sie es wohl annehmen, kann ich nicht feststellen, auch nicht nach 1945 und in den Jahren, die darauf folgten".

Es hatte sich für das Auge prinzipiell wenig geändert. Selbst die Ideologie im Hintergrund schien nebensächlich zu sein: Die nationalsozialistische aufgelockerte Stadt gehorchte doch auch dem Organisationsschema der NSDAP mit Ortsgruppe, Block und Zelle, infolgedessen auch mit Ortsgruppenleiter, Block- und Zellenwart als Kontrollper-

5 Bremen, Großsiedlung Neue Vahr, 1957/1962

sonal, sie war durchgrünt, also gesund und infolgedessen der sehr erwünschten rassereinen Fortpflanzung dienlich. Später wurden die Auflockerungsbestrebungen durch den Luftkrieg bekräftigt: eine weitläufige Ansiedlung ist schwerlich mit nur einer Bombe zu treffen.

Die aufgelockerte Stadt der Nachkriegszeit war, wenn nun auch nicht mehr alles dies, wenigstens der Gesundheit nicht abträglich und dem erwarteten privaten Autoverkehr auch nicht. Doch vorher wie nachher plante man gegen das alte Feindbild von der steinernen Stadt, wie es die Industrialisierung und die Bau- und Bodenspekulation der Gründerzeit geprägt hatten.

So erzählte der hannoversche Stadtbaurat Rudolf Hillebrecht, der vordem als Bürochef zur Equipe Konstantin Gutschows gehört und an der Planung für die nationalsozialistische Monumentalisierung Hamburgs mitgewirkt hatte und der nun Hannover zu seiner neuen, weltweit gepriesenen Gestalt verhalf: Er und seinesgleichen hätten „die zweite Hälfte des 19. Jahrhunderts, die Zeit der ‚Gründerjahre‘, abgrundtief verachtet", die Stadt der Spekulanten, der Mietskasernen, die sich um zwei, drei und mehr Hinterhöfe dicht an dicht gruppierten, die Stadt, in der die Tuberkulose grassierte, die gnadenlos ausgebeutete Stadt, in deren Fabriken man die Leute vom Land gelockt hatte. „Für uns", sagte Hillebrecht, „war das damals fast ein Glaubensbekenntnis, daß das nicht (wieder) passieren darf, daß solche dichten, stumpfen Blöcke und Viertel wiederhergestellt werden oder gar in ähnlicher Weise neu gebaut wurden". Seit den zwanziger Jahren war der großstädti-

sche, von vier Straßen eingefaßte und solchermaßen formulierte Block in Verruf gekommen und durch die Zeile ersetzt worden. Mit dem nun so vordergründig verteufelten
Block, den das soeben vergangene Jahrzehnt als menschenfreundlich gerade wieder zu
entdecken begonnen hat, war also eine Stadtraum bildende Urform der modernen Großstadt ersetzt worden durch eine den Stadtraum auflösende Neuform, durch die Zeile. Sie
verspricht viel Licht und Luft und Sonne, und der Wind wirbelt durch die ungefaßten,
in steter Auflösung scheinenden, locker, ja oft mit verzweiflungsvoller Willkür angeordneten Wohnriegel-Versammlungen. Die Gebäude waren nicht mehr dazu da, einen Raum
zu formulieren, das heißt aber auch: psychisch einen Halt zu geben. Rätselhafterweise
hatte nicht einmal Ernst May, der Stadtbau-Held des Neuen Frankfurts in den zwanziger
Jahren, den alten Erfolg zu wiederholen, geschweige weiter zu entwickeln vermocht, als
er für die Neue Heimat die riesige Siedlung der Bremer Vahr anlegte: ein lockeres, nirgendwo eine Fassung findendes Riesen-Ensemble von einfältigen Wohnungsbauten, deren architektonische Belanglosigkeit jeden, der die alten Frankfurter Siedlungen kennt,
ratlos macht. Ein Aaltosches Hochhaus darin als Pointe genügt nicht.

Aber so ungefähr hatte es — die lärmende, stinkende, gefährliche, unablässig und unge-
bremst Störungen verbreitende, dicht gehäufte Stadt des 19. Jahrhunderts vor Augen —
ja auch der Internationale Kongreß für Moderne Architektur (CIAM) mit seiner 1941
publik gemachten „Charta von Athen" vorgeschlagen: die funktionale Gliederung der
Stadt in ein Zentrum, in Wohngebiete, Fabrikareale, Erholungsgebiete und, fein säuber-
lich davon getrennt, die Verkehrswege. Lieber wollte man — von den zwanziger bis in
die fünfziger Jahre — auf Lebendigkeit verzichten, wenn damit Hygiene, also ein saube-
res, gesundes, ruhiges, nach Kräften ungestörtes Leben erkauft werden könnte. Selbst
wenn diese später heftig verunglimpfte, inzwischen immer einmal wieder entdeckte
Charta fast nirgendwo je in bitterer Konsequenz angewendet worden ist, das heißt wohl
nur in Chandigarh, der durch Le Corbusier neu errichteten Hauptstadt des Pandschabs,
so wirkte sie doch sporadisch mit dieser oder jener ihrer Empfehlungen. Freilich oft genug enttäuschend — nicht zuletzt deswegen, weil etliche im Grunde vernünftige Lehrsät-
ze ungenau gelesen, gröblich mißverstanden und banal interpretiert worden sind und
weil darüber die doch auch in ihnen enthaltene Kritik an der „Rücksichtslosigkeit privater Interessen" vergessen wurde.

Beinahe unnötig zu sagen, daß die Nachkriegszeit zunächst, wie auch anders, mit
Flickwerk begann, mit Aufräumungsarbeiten, mit Notunterkünften, Nissenhütten.
Stadtbauräte brauchten vor allem improvisatorisches Geschick und einen großen Mut zu
Entscheidungen. Kräftig genug erscheinende Ruinen wurden repariert und ganz allmählich wieder zu Gebäuden komplettiert. Im übrigen war der Umgang mit den stehengebliebenen Resten der Stadt nicht zimperlich. Was die Bomben nicht geschafft hatten, gelang den Aufbauern: viel Abriß. Das war zwar nicht klüger als das Erhalten; aber es
schien schneller zu gehen und billiger zu sein, auf den leergeräumten Grundstücken Neubauten aufzuführen. Es gab in den ersten Jahren offenbar nicht viele unter den Fachleuten und den Bürgern, die an den Bestandteilen des alten Stadtbildes hingen und die
Geduld aufbrachten, die Anschaulichkeit der Geschichte auch jetzt in ihren Bauwerken

6 Hannover, Waterlooplatz von der Marktkirche aus, 1984

zu pflegen. Und so beflissene Traditionsvereine wie der mit dem Namen „Alt-Ulm", mit dem der integre Max Guther zu schaffen hatte, gab es wohl vorwiegend im restaurativ gestimmten Süden. Hinzu kam die aus alten Werkbundtagen stammende tiefe Verachtung für die Architektur des späten 19. Jahrhunderts, für die Zeugnisse des Eklektizismus, die ornamentstrotzenden Fassaden, die sich auch in dem Berliner Nachkriegs-Ausruf spiegelt: „Runta mit det Jemüse un Kratzputz druff!" Bis sich endlich in den späten fünfziger Jahren so jemand wie der ruppige Senatsbaudirektor Werner Düttmann und der Berliner Stadtkonservator Kurt Seelecke erdreisteten, die wilhelminische Ausdruckswelt für erhaltenswert zu erklären. Unterdessen hatte der Stadtbaurat Hillebrecht auch die hannoversche Wasserkunst entfernen lassen, ein eklektisches Bauwerk von einigem

Reiz, weil er es häßlich fand und es seiner Idee von einem neuen, schwingenden, geweiteten, einem repräsentativen Leineufer am Rande der Innenstadt im Wege war.

Man rätselt lange, warum die Aufbauhelden der Nachkriegszeit so wenig an den übriggebliebenen Zeugnissen der Stadtgeschichte hingen — manchmal scheint es, als sei mit der nationalsozialistischen Vergangenheit gleich die ganze Geschichte in Mitleidenschaft gezogen worden — trotz all der unermeßlichen Verluste, von denen man sich nun in zwei reichhaltigen, 1978 und 1989 erschienenen Werken (mit den Titeln *Schicksale deutscher Baukunst im Zweiten Weltkrieg* [DDR] und *Kriegsschicksale deutscher Architektur* [BRD]) erschüttern lassen kann. Der Denkmalschutz konzentrierte sich zunächst einmal auf die wenigen, als wertvoll verbrieften Baudenkmale, und hatte schon damit genug zu schaffen.

In der Stadtplanung hatte, neben Reparatur, Notbehelf und den ersten Neubauten aus dem Material der Trümmer, der merkwürdig zielstrebig erwartete Verkehr die meiste Aufmerksamkeit erhalten, genauer, der prognostizierte Verkehr. Ihm waren jetzt, wie man lesen konnte, „neue Wege zu eröffnen", waren Straßen zu verbreitern, Baulinien zurückzuverlegen, waren Schneisen durch ganze Baublöcke zu brechen. Einer der Leitgedanken war, „in der Kernstadt ein leistungsfähiges Wirtschafts- und Verwaltungszentrum, ein ‚urbanes' Zentrum", zu schaffen, das zu gewährleisten Schnellstraßen, Ringstraßen und Umgehungsstraßen notwendig waren. Die Bereitschaft, Teile der Stadt dafür niederzulegen, lassen sich wohl zum Teil mit der auf Reisen in die USA geförderten Vorhersage erklären: Auch hierzulande würde eines Tages jedermann sein Automobil fahren, also müsse die Stadt darauf vorbereitet werden.

Prinzipiell war man sich einig, daß trotz alledem der historische, nun einmal existierende Stadtgrundriß beherzigt bleiben müsse, Neuaufbau hin, Wiederaufbau her. Das hatte nicht nur historische oder sentimentale, sondern ganz praktische Beweggründe: Unter den Straßen lagen die Wasser- und die Gasrohre, die Strom- und Telefonleitungen, die ganze Kanalisation. Wer hätte sich da erkühnen wollen, in dieser Notzeit *tabula rasa* zu machen und die Stadtverordneten zum Griff nach den Sternen zu ermuntern und eine tatsächlich neue Stadt zu entwerfen? In unendlichen Diskussionen hatte sich zudem der Respekt vor der Stadt, so, wie sie nun einmal existierte, gegen die wüstesten Verkehrsmodernisten durchgesetzt.

In nicht wenigen Städten wurde das von Bomben zerstörte und verstümmelte alte Bild sogar ausdrücklich imitiert und in Gestalt des Stadtraumes wiederhergestellt. So machte Münster sich berühmt und zugleich umstritten durch die lange gekrümmte Front der Giebelhäuser am Prinzipalmarkt, die Fassaden nicht nachgeahmt, sondern allesamt den alten in Grundzügen nachempfunden, später mit sehr interessanten zeitgenössischen Interpretationen komplettiert. In Freudenstadt wurde nach langen, quälenden, immer wieder neu unternommenen Versuchen und Entwürfen endlich das alte Karree der Stadtmitte mit dem Rathaus leicht modifiziert wieder errichtet; es ist nicht das getreue Abbild des alten, das mit 670 Häusern noch im April 1945 zerstört worden war, aber es gehorcht den alten Raumvorstellungen. In Lübeck hatte es anfangs unmöglich geschienen, „in Anlehnung an Altes neu aufzubauen", man wollte deshalb „neue Formen für neues Leben"

7 Münster, Prinzipalmarkt vor dem Krieg

8 Münster, Prinzipalmarkt nach der Wiederherstellung

9 Freudenstadt, Wiederaufbau auf überkommenen Baulinien

bauen, gab zeitweilig die stadtprägende Parzellenstruktur auf, die alle Jahrhunderte ge-
duldig und maßstabbildend, maßstabzwingend durchgestanden hatte, und versuchte sich
mit der Blockstruktur; man tat es auch in einigen Partien, und außerdem plante man
die Verkehrswege als „Arterien der Wirtschaft". Heinrich Tessenow hinwiederum empfahl damals zur Verstörung vieler, die zerstörten Teile der Lübecker Altstadt einfach un-
bebaut zu lassen und zu bepflanzen.

Die extreme Art des Auflockerns hatte sogar Berlin ergriffen, wo Hans Scharoun jetzt
von der „Stadtlandschaft" träumte und sie Berlin wünschte; er wollte die Stadt des 19.
Jahrhunderts gegen eine mit der Landschaft sich versöhnende Stadt vertauschen. Hamburg hatte vor, sein Urstromtal wieder erlebbar zu machen, doch es blieb bei allgemeinen
Auflockerungsprojekten, so wie im verwüsteten Barmbek, wo mitten in der Stadt Siedlungsbau betrieben wurde, bis man in den späten sechziger Jahren das Bedürfnis nicht
mehr zügeln konnte, hier mit einem gewaltigen, langgestreckten Einkaufs- und Verwaltungszentrum die Großstadt wieder anzusiedeln.

Auffallend eigenständige Gedanken hatte indessen Rudolf Schwarz für Köln entwickelt. Er hielt sich nicht mehr an die Idee der zentralen Stadt, wie sie der von Hamburg
ausgeliehene Fritz Schumacher Anfang der zwanziger Jahre für die Domstadt formuliert hat, gefaßt durch ein System von Grüngürteln und versehen mit weit in die Umge-

bung greifenden „Zacken". Ihm schwebte stattdessen ein dezentral gegliedertes, „föderalistisches" Gebilde aus teils größeren, teils kleineren, relativ eigenständigen Gemeinwesen vor, die zusammen die (neue) Stadt Köln bilden sollten. Das war also keine Schumachersche „Sternstadt" mehr, sondern eher ein „Sternbild": die Stadt als eine lockere, aber gefaßte Versammlung von Städten.

Hannover wiederum machte mit dem Ringstraßenkonzept seines Stadtbaurates Hillebrecht so rühmlich von sich reden, daß der „Spiegel" ihm als bisher einzigem Architekten eine Titelgeschichte verehrte. Aber man sprach auch von einem locker bebauten Areal mitten in der Kernstadt, vom Viertel rings um die als Ruine erhaltene Kreuzkirche, ein heute etwas einfältig wirkendes, gleichwohl oft bestauntes, unterdessen tief eingewachsenes Siedleridyll mit zwei- und dreigeschossigen Satteldach-Mietshäusern und Gärten. Damit hatte Hillebrecht etwas getan, was anderswo, vor allem in Großstädten, bald verpönt war: das Wohnen mitten in der City, die doch nun so freigiebig dem Handel und dem Wandel zugedacht war, dem wirtschaftlichen und kulturellen Zentrum mit seinen astronomischen Bodenpreisen. Der Ruf nach einer Bodenreform, die das private Grundeigentum eingeschränkt, wenn nicht überhaupt aufgehoben hatte, war ziemlich schnell verhallt.

Auch Paul Schmitthenner hatte 1946 beim Wiederaufbau Stuttgarts geklagt, daß alles „vergeblich" ist, „solange nicht das Eigentum an Grund und Boden für die Lösung dieser Aufgabe aufgehoben wird". Hier und da wurde letztlich aber nur das praktiziert, was man als Umlegung bezeichnet und was man teils sehr engagiert in Hannover und teils beispielhaft in Rotterdam getan hat, vor allem hier. Deutsche Bomber hatten 1940 die gesamte Innenstadt verwüstet, eine riesige, 260 Hektar messende Fläche mit Wohnungen, Büros und Fabriken, Schulen, Krankenhäusern, mit Kirchen und Geschäften. Aus dem unmittelbar danach entworfenen Wiederaufbauplan wurde 1946 ein von amerikanischen Vorbildern geprägter „Basisplan" für die „Stadterneuerung" entwickelt, dessen Essenz die vorübergehende Enteignung der Grundstücksbesitzer war. „Mit Neid", sagte 1955 der Essener Beigeordnete J.W. Hollatz auf der Kasseler Tagung der Deutschen Akademie für Städtebau und Landesplanung, „sieht man auf Rotterdam, dessen vorbildlicher Aufbau . . . in erster Linie auf die konsequente Ordnung des Grund und Bodens zurückzuführen ist". Hier, auf dem Terrain der Lijnbaan, einem langen Straßenzug unterhalb des Rathauses, entzog der Stadtrat den Grundeigentümern die Verfügungsgewalt, baute sodann die neue, Fußgängern vorbehaltene, von Verkehrsstraßen vorsichtig durchquerte neue Geschäftsstraße mit einer modernen Architektur, alles aus einem Guß, und verteilte die Grundstücke danach unter den Eigentümern neu und ganz anders. Ein rauschender Erfolg war die Lijnbaan nur als Neuheit, nur ein paar Jahre lang — bis sie als zu breit, zu „nackt", zu eintönig, vor allem als „verpaupert" empfunden wurde. Dabei war ihre Konzeption weit städtischer als das deutsche Gegenstück, die Kasseler Treppenstraße, auch sie die erste Fußgängerzone im Lande — aber mangelhaft proportioniert, stadtstrategisch ungeschickt plaziert, bald verödet, nahezu vergessen.

Die aufgelockerte Stadt jedenfalls — rührend gemeint, doch auf eine merkwürdig provinzielle Weise hier und da mitten in Großstädten verwirklicht — lenkte vielmehr

10 Rotterdam, Lijnbaan – Hauptgeschäftsstraße

ein wenig ab von der eigentlichen Strategie: der Aussiedlung der Städter an die Ränder der Stadt. Oft weitab von den Zentren entstanden auf Äckern und Wiesen, auch mitten in gefälligen Landschaften, die bisweilen rücksichtslos eingeebnet wurden, jene locker gegliederten Siedlungen, die hier, auf der „Grünen Wiese", alsbald die „Grüne Witwe" hervorbrachten und ihre unbewältigte Abgeschiedenheit. Die Baukörper waren nach unerfindlichen Konzepten irgendwie arrangiert, dazwischen gab es offene Räume, die ineinanderfließen und nach außen zerfließen, die keinen räumlichen Halt bieten, aber mit dem allen gehörenden, jedoch niemandem zugänglichen, anonym gepflegten, eher Hunden als Kindern erlaubten, dem sogenannten „Öffentlichen Grün", verziert mit den Hervorbringungen, deren die bildende Kunst für zwei Prozent der Bausumme so fähig war. Im Grunde war die Stadt selber schon wieder ein teuflisch lauter, unruhiger Strudel, eine Verdruß verbreitende, nur für den Geschäfts- und Kulturverkehr taugliche Institution, die Siedlung hingegen das so entsetzlich gesunde, seiner Monotonie wegen bald verschriene, das eigentliche Lebensgebiet, das die Sehnsucht nach dem Idyll auf die langweiligste Art befriedigte.

Die erste und sicherlich damals bekannteste neue Siedlung dieses Typs – noch ohne die als visuelle Haltepunkte, als Dominanten gedachten Wohnhochhäuser –, hatte der im Dritten Reich trainierte Hans Bernhard Reichow bei Bielefeld angelegt, die Sennestadt, eine nun auch ausdrücklich autogerechte Stadt mit einem „organischen" System von Straßen ohne Kreuzungen und ohne jeden sich einprägenden architektonischen Reiz

11 Mainz, Neubausiedlung der fünfziger Jahre

— leblos wie ein vom Baum herabgewehtes, trockenes Blatt, dessen Geäder die Anregung für den Straßenplan abgegeben hatte. Reichow war auch der Verfasser der ersten Bau- und Planungslehrbücher; ihre Titel haben sich rasch wie Slogans eingeprägt: *Organische Baukunst, Organische Stadtbaukunst, Die autogerechte Stadt*. Man kennt alle die Nachfolger dieser eigenartigen Siedlungskultur. Das Hansa-Viertel der Interbau von 1957 in Berlin war das späteste und edelste Produkt, schon weil eine ganze Elite internationaler Architekten daran mitgewirkt hat, darunter viele betagte Meister der sonst wirkungslos gewordenen klassischen Moderne. Das Hansa-Viertel sanktionierte zugleich das dominante Wohnhochhaus in der aufgelockerten Stadt. Das Märkische Viertel, ebenfalls in Berlin, wurde dann, obwohl unter allen Schlafstädten die danach ehrgeizigste architektonische Anstrengung, die verrufenste – aber sie gehört schon nicht mehr in unser Thema, sondern in seine Fortsetzung.

Die Monofunktionalität wurde auf die Spitze getrieben. Allmählich beklagte man nun auch die eifernde Bevorzugung der ungefügen, viel zu breiten, der begradigten Schnell-, Ring-, Umgehungsstraßen – und auch den Verlust von Straße und Platz als Raum, das heißt auch: als Lebensraum. Das Automobil, anfangs ein traumhaftes Mittel der individuellen Beweglichkeit, wurde nun zum Marterinstrument. So war nun – nach der Zerstörung durch den Krieg – die zweite Zerstörung der Städte durch den Aufbau so gut wie vollendet. Und was nicht minder bedrückend ist: die neuen Siedlungen erzeugten bei ihren Bewohnern kein Heimatgefühl – etwa eines, wie es einst die Hamburger Backsteinviertel Fritz Schumachers und die Wiener Superblocks der zwanziger Jahre wie selbstverständlich hervorgerufen hatten: Man war dort – und ist heute noch – stolz auf seine Adresse.

Vielleicht wäre das alles weniger arg, wäre wenigstens die Architektur der Aufbauzeit von allererster Güte. Sie ist es aber nicht, wenngleich sie bei näherem Betrachten ganz erstaunliche Sympathien hervorruft: mit der Bescheidenheit des Aufwandes und der Erscheinung. Diese aus Armut entwickelte, maßgerechte, ausgewogene Einfachheit, diese verblüffend selbstverständliche Proportionierung! Auf der Döntje in Kassel, einem Stadtrandgebiet, wo die *documenta urbana* mit dem Bau von musterhaften Stadthäusern der verschiedensten Art von sehr verschiedenen Architekten in die Zukunft weisen wollte, findet man nicht weit davon entfernt solch eine Siedlung aus den frühen fünfziger Jahren: absolut unsensationell, von mauerblümchenhaftem Charme, allereinfachste Architektur, eine harmlose, aber eine verhältnismäßig anmutige Anordnung: menschliche Dimensionen. Den Gestaltungslärm der Neuheiten noch im Kopf, beginnt man, sich hier umblickend, davon zu erholen.

Aber: helle Begeisterung beim Betrachten von Bauwerken der vierziger und fünfziger Jahre? Sie stellt sich selten ein – vielleicht auch deswegen, weil überall die Ideologie der eben überwundenen Vergangenheit hier durchscheint. Wolfgang Koeppen schrieb darüber 1953 in seinem Roman *Treibhaus*: „Es war Nazistil“. Unterdessen hatten die Modernen und die Traditionalisten eine Art von Burgfrieden geschlossen, die Kontroverse „Flachdach gegen Spitzdach“ ging geschwächt weiter, das flache Dach setzte sich durch, das spitze blieb. Aber eine Beobachtung hat mich lange Zeit ratlos gemacht, nämlich: diese, gemessen an den so erstaunlichen Bauten der zwanziger Jahre, nicht zuletzt im Siedlungsbau, oft kleinmütig wirkende Architektur mit ihrer etwas muffigen Harmlosigkeit. Und bald wurde die alte Botschaft des Funktionalismus' banalisiert zu „Bauwirtschaftsfunktionalismus“, zu vulgarisierter Moderne. Nun war ihr Ruf ramponiert. Kannte denn keiner der Planer die Siedlungen Ernst Mays in Frankfurt am Main? Bruno Tauts Siedlungen in Berlin? Dessau-Törten von Gropius? Kein Architekt, mit dem ich darüber sprach, sagte: Doch, ja, da habe ich angeknüpft, da habe ich endlich weiter gemacht nach der Zwangspause. Das Bauhaus war ihnen fremd geworden, eine offenbar in die Historie entrückte Periode. Selbst in Hamburg wurden die wunderbaren, moderaten Schumacherschen Backsteinbauten für die einfachen Leute nicht zur Kenntnis genommen, obwohl sie alle noch so rüstig existieren und so beliebt sind wie je. Nur echte Meister des

12 München, Landesversorgungsamt nach Plänen der Gebr. Luckhart (1957),
1989 abgerissen

Neuen Bauens wie die Brüder Luckhardt zeigten weiter, was sie konnten, zum Beispiel
mit dem Landesversorgungsamt in München, einem Bauwerk von klarer, klassischer,
moderner Art, selbstbewußt, spannungsvoll proportioniert. Und nun hat das Land Bayern den Bau, obwohl es ihn als Denkmal zu schützen auf sich genommen hatte, abbre-
chen lassen, gegen alle Einsprüche, gegen jede Vernunft; es war ein Skandal, in dem der
Staat als Rowdy erschien.

Doch wie steht es um die nächste Architekten-Generation? Auch Friedrich Wilhelm
Krämer, nach dem Kriege Entwurfs-Professor in Braunschweig, dort sehr bekannt geworden durch seine ironisch als „Freitags-Andachten" gefeierten öffentlichen Vorlesungen
über allgemeine und bildende Themen der Architektur, hatte sich nach 1945 keineswegs
getrieben gefühlt, die Architektur der zwanziger Jahre zu studieren. Manche seiner Kollegen führte es bald in die Vereinigten Staaten von Amerika, wo der „internationale Stil"
durch Emigranten wie Gropius, Konrad Wachsmann, Mies van der Rohe weiterentwickelt
und verfeinert worden war; Krämer hingegen hielt sich, wie viele andere, an die Fortsetzung der Moderne, wie sie in den skandinavischen Ländern seit zwanzig Jahren praktiziert
wurde. Wieder andere schauten sich in den Niederlanden um, in der Schweiz, später auch
in England. Und so wundert einen ein Satz des Münchner Architekturhistorikers Win-
fried Nerdinger auch nicht: „Das Vokabular der Fünfziger-Jahre-Architektur entsteht weitgehend in den Dreißigern", abgelesen an Bauwerken von Architekten wie Arne Jacobsen,
Alvar Aalto, Kay Fisker, Kaj Gottlob. Und dies sind die Merkmale, die er an der Architektur der fünfziger Jahre ausgemacht hat: „Dünne, weit auskragende Dächer, strenger Beton-

Rasterbau mit kontrastierenden Ausfachungen, abgesetzte, aufgeglaste Dachgeschosse, Fassadenornamentierung mit Beton-Fertigteilen oder dünne Holzlamellen an Wänden und Betonbrüstungen, all die typischen Elemente der fünfziger Jahre finden sich insbesondere in der skandinavischen und der Schweizer Architektur der dreißiger Jahre".

Auch Hans Bernhard Reichow kannte sich, wie man seinen Büchern entnehmen kann, darin aus. Schwedische Beispiele interessierten nicht zuletzt die Städtebauer, vor allem in der Umgebung Stockholms, wo man sich — wie bei uns — auf die englische Erfahrung mit den Nachbarschaften stützte, das sind Siedlungseinheiten für drei- bis sechstausend Menschen, versehen mit den notwendigsten Dienstleistungen, kleine „überschaubare" Vorstädte, aus denen dann die vielbesuchten Trabanten wurden, ausdrücklich selbständig funktionierende Städte, die ungefähr dem Vorbild Ebenezer Howards folgten. Das waren zuerst Vällingby, danach Farsta. Beide „Städte" haben dann aber doch nicht so funktioniert, wie man es sich gedacht hatte; denn die Leute, die da wohnten, fuhren dennoch anderswohin zur Arbeit, wohingegen Leute von ganz anderswoher die eigentlich ihnen zugedacht gewesenen Arbeitsplätze aufsuchten. Wenige Jahre später machten sich dann große Einkaufszentren in der Landschaft breit, zogen alsbald neue Ansiedlungen nach sich, erzwangen infolgedessen viele neue Straßen, welche zu neuerlichen Ansiedlungen anregten. Es war die Zeit, in der auch in der Bundesrepublik die Zersiedlung der Landschaft rings um die Städte begann, gefördert, ja geradezu angetrieben durch die rigorose Eigentums- und Eigenheimpolitik Konrad Adenauers und Ludwig Erhards; ein folgenreiches Drama, an dem wir nach wie vor kranken, auch wenn die Aufmerksamkeit sich nun darauf konzentriert, die Großstadt selber wieder bewohnbar zu machen.

In der DDR war die Entwicklung nur zu Anfang ähnlich verlaufen wie in der Bundesrepublik, doch dann nahm sie sehr plötzlich eine andere Richtung. Erstens war die Großstadt — besonders Ost-Berlin — von vornherein und ausdrücklich zugleich Haupt- und Wohnstadt; an oft unmäßig breiten, den alten Stadtgrundriß rücksichtslos ignorierenden Straßen entstanden ausgedehnte Wohnviertel unmittelbar im Zentrum. Kein Problem, denn der Boden war Allgemeineigentum, die Wohnung keine Ware. Zweitens gab es den Vorsatz des „komplexen Wohnungsbaues", der dafür sorgte, daß jedes Viertel unverzüglich mit Zusatzeinrichtungen versehen wurde, mit Kaufhalle, Kindergarten, Schule, Gaststätten, aber auch mit kulturellen Einrichtungen. Der dritte Unterschied liegt in der Architektur, und ihre Gestaltungspolitik wurde nicht unwesentlich durch die UdSSR bestimmt. Den entscheidenden Einschnitt hatte es nach den ersten vier Jahren, die dort die „antifaschistische Umwälzung" genannt wurden, gegeben. Die Diskussion darüber, ob der Sozialistische Staat der Tradition des Neuen Bauens oder dem Traditionalismus folgen solle, entschied die SED rigoros: Sie beschwor eine „Architektur der nationalen Bautradition". Hermann Henselmann, damals der Chefarchitekt Ost-Berlins, zuvor Direktor der Kunsthochschule Weimar und dort bestrebt, die Ideen des Bauhauses, denen er früher angehangen hatte, wieder aufzunehmen, war mit der Stalin-Allee beauftragt und über Nacht mit der Forderung konfrontiert worden, sie traditionalistisch zu entwerfen und sich dabei an den preußischen Klassizismus zu halten — als den letzten nationalen Stil der Deutschen. Später, in einem Gespräch mit der Stadtbauwelt, klagte er: Die Stalin-

13 Berlin-Ost, Heinrich-Heine-Straße

Allee sei zu seiner Wut und zu seinem Zorn gebaut worden, und, fuhr er fort: „nicht allein das. Ausgerechnet ich wurde dazu veranlaßt ... Mit meinen früheren Entwürfen bin ich in Grund und Boden verdonnert worden: ‚Nein‘ (sagte man ihm), ‚das ist nicht die Architektur, die wir brauchen! Wir müssen eine Architektur machen, die allen Berlinern gefällt!‘ " Nach einer Beratung mit Bertolt Brecht schwenkte Henselmann über Nacht ein. Der Berliner SED-Chef Paul Verner hatte ihn herumgekriegt. Die DDR sah in dem pompösen Eklektizismus und der Pracht, mit der die breite, wahrhaftig großstädtische Allee ausgestattet wurde, die Utopie einer befreiten sozialistischen Gesellschaft: Unsere Menschen, hieß es, sollen in Palästen wohnen – und deshalb müssen wir am „nationalen Erbe" festhalten. Der Generalsekretär der SED, Walter Ulbricht, der schon das Berliner Stadtschloß abgerissen hatte, hatte es so verlangt. Und es war doch verständlich – bei seinen Erfahrungen in Rußland und dem russischen Nationalklassizismus, der Moskau die berühmten sieben spitzenverzierten Hochhaus-Türme eingebracht hatte, rings um die Innenstadt. Doch als Chruschtschow 1957 an die Macht kam, war es damit zu Ende; alle Aufmerksamkeit galt fortan der Industrialisierung des Bauens: Man fand sich in einem degenerierten Funktionalismus der plattesten Art wieder, in der UdSSR – und ebenso in der DDR. Diese Groß-Siedlungen sind nicht viel anders als die im Westen, auch sie aufgelockert, nur armseliger, monumentaler, monotoner, die Zwischenräume weiter.

Die bildkräftigste Erscheinung der neuen Architektur der fünfziger Jahre bei uns war, was man bald spöttisch die „Rasteritis" nannte. Gemeint ist das rasterförmig gereihte

14 Berlin-Ost, Stalinallee

Stahlbetonfachwerk längs und quer, dabei die Vertikale mehr als die Horizontale betonend, in den Fachwerkfeldern die aufrechten Rechtecke der Fenster, welche bei den Traditionalisten noch leichte Flachbögen bekamen, die Brüstungen bisweilen kunstvoll geschmückt mit Mauerwerk, Terrakotten, Tonreliefs und Mosaiken. Man findet dieses Rasterwerk vornehmlich in öffentlichen und in Verwaltungsbauten aller Art, bald auch in Wohngebäuden der Innenstadt, an Kaufhäusern und Schulen – sofern sich die Architekten nicht an die von den Nationalsozialisten bevorzugte Heimatschutz-Architektur der Weimarer Zeit hielten. Und nachdem 1952 das inzwischen sogar unter Denkmalschutz gestellte Lever Building in der Park Avenue von New York errichtet war und mit seiner leichten, transparenten, dem Bauwerk vorgehängten Fassade aus Aluminium und Glas weltweit Aufsehen erregt hatte, verliebte man sich auch hierzulande in diese Architektur-Technik, so daß sie nach den Rasterbauten in den früheren fünfziger Jahren zum Signum der späteren wurde. Nicht zu zählen die auf diese Weise eingekleideten Verwaltungshäuser und Kaufhäuser, deren etliche allerdings nun, als allzu bescheiden und langweilig empfunden, mit monumentaleren Fassaden aus Stein verschlimmbessert worden sind – und nun auf einmal dem als nazinah empfundenen Gerling-Konzern-Gebäude jener Jahre in Köln schrecklich nahekommen.

Symmetrie war in der Nachkriegszeit so verpönt wie Axialität, war Bescheidenheit trotz aller Darstellungsbemühungen ein stillschweigend akzeptierter Imperativ, und alles Große und groß Wirkende wurde nach Kräften visuell verkleinert. Vielleicht erklärt das auch die seltsame Bereitschaft zu den neuen Erfindungen der Baustoffindustrie, zu Eternit, Plastik, kräftig durchgefärbtem Spiegelglas, aber auch die Lust zu Kostbarkeit suggerierenden Materialien wie geschmiedetem Eisen und Messing. Selten hat sich ja eine Zeit so deutlich zu erkennen gegeben wie die fünfziger Jahre in ihren leichten, schwingenden Treppenhäusern, ihren Flugdächern, oft entwaffnend eleganten Inszenierungen, auch dicht am Kitsch vorbei. Am plakativsten jedoch stellte sich der Hang zur Asymmetrie, zur fließenden und zur schwingenden Linie im Nierentisch dar — und axiale Skepsis wiederum in seinen schrägen Beinen, und in den Tütenlampen mit ihren biegsamen Stielen —, aber auch in den Straßenwindungen der Sennestadt, im Stadtplan Rudolf Schwarzens für das neue Köln.

Es schien, als müsse alles gezwungenermaßen Geradlinige durch kurvende Bewegung aufgelockert werden, durch schwingende Zutaten, durch gebogene und gewellte, auch schiefrunde Balkone, durch Treppenhäuser, in denen die Stiegen die Figur gespitzter Ellipsen beschrieben, in gläsernen Rundtürmen und stockwerkhoch verglasten runden Gebäudeecken — es schien, als wollte man um Himmelswillen die Assoziation marschierender Menschen vermeiden, und als versuchte man, zugleich die Strenge, die die klassische Moderne so „kahl" und so „kalt" aussehen ließ, in freundlichere Bewegungen zu versetzen.

Es sind viele Adjektive bemüht worden, um die Nachkriegsarchitektur zu charakterisieren. Alle stimmen, wenigen könnte partout widersprochen werden, allen fehlt etwas: ob bescheiden, einfach und bieder, ob schlicht, simpel und banal, elegant und beschwingt, heiter und optimistisch — oder auch kleinkariert, auch muffig. Allerdings möchte ich darauf hinweisen, daß diese frühe, uns immer noch so merkwürdig nahe Periode unserer Gegenwart auch viele, erstaunlich viele ausgezeichnete Bauwerke hervorgebracht hat. Man braucht nur eine Weile davor zu verharren und ganz genau hinzuschauen: Häuser von merkwürdiger Eleganz, es ist die Eleganz der Armut, diese hauchdünnen, schwingenden Vordächer, diese ausgemagerten, schlanken Pfeiler, denen heute kein Bauaufsichtsamt mehr trauen würde, diese schwellenden Formen! Diese keß sich windenden Petticoat-Treppen, diese lebhaft ausgefachten, fein gegliederten, so auf eigenartig soignierte Weise kleinkarierten Skelettbauten! Viele dieser Gebäude sind keines Aufhebens mehr wert, nicht wenige aber verdienen allergrößte Aufmerksamkeit — vielleicht sind wir heute erst imstande, sie distanziert, sie „richtig" zu sehen und mit Gelassenheit zu würdigen, unangestrengt, mit einer gewissen sympathisierenden Neugier. Allerdings kann ich nicht ganz glauben, was der Architekt und Kritiker Christian Hackelsberger gesagt hat, nämlich, daß die Nachkriegszeit unsere bisher beste Architektur-Epoche gewesen sei.

Die kulturgeschichtlichen Aperçus der fünfziger Jahre — das waren freilich nicht nur das Raster, auch längst nicht nur Nierentische und Tütenlampe, die, wie wohl jedermann bekannt, letztlich nur von acht Prozent der Bevölkerung angeschafft worden waren, von den Leuten, die sich modern fühlten. Es waren auch: der Petticoat und der bleistiftenge Rock, der Pfennigabsatz und die Röhrenhose, waren eben noch Rosemary Clooney und

15 Frankfurt, Konzertsaal des Hessischen Rundfunks, 1948/48

nun ganz besonders Bill Haley mit seinem stühlezerschlagenden Halbstarken-Publikum, es waren Sepp Herberger, der Korea-Krieg, waren der ermutigende, deprimierende 17. Juni (1953) und der Ungarn-Aufstand, waren StarMix, Vespa und Lambretta, die wiederbelebte Lufthansa, die ersten Millionäre, war auch die für Sekunden nackte Hildegard Knef in dem Film *Die Sünderin.* Und noch ein wenig weiter: Es gab die erste *documenta* in Kassel, es erschien Huizingas *Homo Ludens*, die „Pamir" ging unter, und Schelsky schrieb sein Buch über *die skeptische Generation.* Um es nicht zu vergessen: Das Wirtschaftswunder baute sich auf.

Aber die Restauration auch! Als sich, etwa zwei Jahre nach der Gründung der Freien Universität Berlin 1948 durch Studenten, die sich gegen den stalinistischen Hochschul-Terror im Ostsektor der Stadt wehrten und sich ja doch eine Universität neuen Stils erträumt hatten, als Seiner Magnifizienz, dem Rektor, eine Amtskette geschmiedet und den Professoren Talare geschneidert worden waren, wußte man: Das bißchen Aufbruch war eigentlich schon wieder zu Ende, die Sehnsucht nach dem bürgerlichen Idyll, nach Ruhe und Erfolg nahm ihren Lauf. Im Deutschen Bundestag, dessen Plenum in einem vom Zwanziger-Jahre-Architekten Hans Schwippert entworfenen Plenarsaal tagte, einst das „hellste Parlament der Welt", wurde 1955 beschlossen, daß der Bundestagspräsident nicht mehr im Straßenanzug, sondern im Cutaway zu erscheinen habe. Ein Jahr darauf erschien Erika Pappritzens *Buch der Etikette*, ein über fünfhundert Seiten starker Wälzer, darin die NSDAP-Mitläufer von ihr in die „Gemeinschaft der Menschen guten Willens" geholt wurden. Und bald hieß eine Losung der CDU: „Keine Experimente!"

Niemals ist in so kurzer Zeit so ungeheuerlich viel gebaut worden wie im ersten Jahrzehnt nach dem Zweiten Weltkrieg. Niemals ist die Nachwelt Bauwerken so mißlaunig begegnet wie diesen. Und so fängt die Architektur dieser Jahre, die unscheinbare, auch die unbekannte, graziöse, ja kühne Schönheit gerade erst wieder an, von sich reden zu machen: freilich meist aus Anlaß plumper Eingriffe in die architektonische Gestalt, oder des Abrisses wegen. Jetzt müssen wir wohl aufpassen, daß wir mit der jungen gebauten Vergangenheit nicht gar so leichtsinnig aufräumen lassen, wie es die vorige Generation der Planer mit dem getan hat, was die Bomben stehen gelassen hatten.

Friedrich Spengelin

WOHNUNGSBAU NACH 1945
ZWISCHEN KONTINUITÄT UND INNOVATION

Fritz Schumacher, der große, 1933 entlassene Oberbaudirektor von Hamburg, hat 1947, also kurz nach Ende des Zweiten Weltkrieges, in seinem letzten Lebensjahr geschrieben:

> „Das große Problem der Zeit ist letzten Endes die Aufgabe, das verzerrte Gebilde umzugestalten, das sich als heutige Großstadt herausgebildet hat. Das ist aber nur erreichbar von einem Punkte aus: von der Wohnungsfrage. Am Ende der Volkskultur steht daher die Wohnungsfrage, wie sie uns im Rahmen des Großstadtproblems entgegentritt. Wir kamen aus einer Zeit, deren Kulturzustand bemessen wurde nach der besten Leistung, die sie auf dem Gebiet des Wohnungswesen aufweisen konnte.
> Wir gehen in eine Zeit, deren Kulturzustand bemessen wird nach der schlechtesten Wohnung, die sie entstehen läßt".

Das so Gesagte recht bedacht, kommen wir nicht umhin, eine Verpflichtung festzustellen, die bis heute noch nicht voll eingelöst wurde. Unter diesem Aspekt habe ich mich erinnert und in alten Plänen nachgesucht, wobei ich bei der Beschäftigung mit meinem Stoff feststellen mußte, wie viele Lücken bei der Erforschung der ersten Nachkriegszeit doch noch offen sind. Auch mir wird es nur möglich sein, einige Schlaglichter in diese Epoche des Umbruchs und Neuanfangs zu werfen und das mir gestellte Thema aus dem ganz persönlichen Blickfeld eines Zeitgenossen zu behandeln.

1. Persönliche Vorbemerkung

Einem glücklichen Umstand habe ich zu verdanken, daß ich noch während des Krieges ein Semester studieren und ein weiteres wenigstens belegen konnte. Nachdem ich aus den Trümmern der Technischen Hochschule in München die entsprechende Anzahl Ziegelsteine geborgen und gesäubert hatte, konnte ich 1946 das Studium mit dem 3. Semester weiterführen. Diese Zeit war geprägt durch meine Lehrer: durch Adolf Abel, der hier in Köln ja bedeutende Bauten errichtet hat, durch Hans Döllgast, Robert Vorhölzer und vor allem durch Martin Elsaesser, der als Baudirektor zu Mays Zeiten in Frankfurt gewirkt hatte und uns all das näher brachte, was damals über den Wohnungsbau gedacht worden war und was realisiert wurde.

Während meiner Diplomarbeit lernte ich durch Vermittlung von Abel Konstanty Gutschow kennen, der der Architekt des Führers für das Hamburger Elbufer gewesen war, für mich damals als solcher aber kein Begriff. Wir kannten eher die örtlichen Großarchitekten, etwa Hermann Giesler. Ich hatte erlebt, wie er stolz in der TH München seinen monströsen Entwurf für die „Hohe Schule der NSDAP" am Ufer des Chiemsees vorführte, und dabei den Kommentar von Alwin Seifert sehr wohl verstanden: „Ja mei, Herr Giesler, wann's des gebaut ham, dann ist der Chiemsee a so!" – wobei er seine Hand zu einer Grube formte.

Was ich allerdings von Gutschow aus aktuellen Veröffentlichungen in Fachzeitschriften kannte, waren städtebauliche Wettbewerbsentwürfe, die er außer Konkurrenz – weil noch nicht entnazifiziert und damit nicht zugelassen – eingereicht hatte, die sich durch eine Mischung von Vernunft, Raumgefühl und auch Phantasie auszeichneten. Er war dabei – wie ich später erfuhr – seinem Lehrer Heinz Wetzel, dem 1945 verstorbenen Ordinarius für Städtebau in Stuttgart, verpflichtet, dessen Planerbekenntnis

„Die ungefügten Massen abgrenzen und aufgliedern, eingrenzen in eine ablesbare und auffaßbare Form, aufgliedern in ein organisches Gefüge, das in den Teilen wie im Ganzen dem Auge gefällt und einprägsam erscheint"

von Wissenden heute wieder sehr ernst genommen wird.

Gutschow schrieb mir eine Woche nach der Währungsreform, ob ich in sein Büro nach Hamburg kommen wollte, er habe zwei interessante Aufgaben: Ein Buch über Grundlagen des Städtebaus zu schreiben (das trotz intensiver Arbeit daran in den folgenden Jahren nie erschien) und eine Musterplanung für Uelzen, welche die Brauchbarkeit des gerade erlassenen Niedersächsischen Aufbaugesetzes testen sollte. Wir machten daraus einen Generalbebauungsplan – ein Begriff, der noch heute in der DDR gebraucht wird –, in unserem Verständnis etwa das, was mein Freund Fritz Eggeling und ich später als Strukturplan bezeichneten, eine Planart, die nicht nur die flächenmäßige, sondern auch die räumliche Entwicklung der Stadt zum Gegenstand hatte.

Durch die Materialbeschaffung für das Buch hatte ich die Gelegenheit, schon 1949 nicht nur in der Bundesrepublik herumzureisen, sondern auch in die Schweiz, nach Dänemark und Holland zu fahren, ich lernte Werner Moser, Albert H. Steiner und Hans Baur, Steen Eiler Rasmussen, Friedrich Tamms und Hans Schwippert kennen sowie Adolf Ciborowski, der es verantwortet hatte, die Altstadt von Warschau nach den Veduten Canalettos wieder aufzubauen, und später, nachdem meine Frau und ich so nebenher beim Marktplatzwettbewerb in Lübeck einen Preis gewonnen hatten, auch die Preisrichter Werner Hebebrand, Herbert Jensen und den dortigen Stadtbaurat Dr. Münter, der sich zur kommunistischen Partei bekannte. Auf diese Weise hatte ich in kurzer Zeit Menschen erlebt, die aus den unterschiedlichsten Lagern kamen: diejenigen, die während der Nazizeit in „äußerer" oder „innerer Emigration" lebten, diejenigen, die im Ausland – nicht zuletzt auf der Basis der in den 20er Jahren hier entwickelten Gedanken – weitergearbeitet hatten und jene, die dem nationalsozialistischen Staat gedient hatten, aus welchen Gründen auch immer.

Als das Deutsche Nationalkomitee für Denkmalschutz in diesem Februar bei der Constructa in Hannover eine vielbesuchte Tagung über die Bauten der 50er Jahre veran-

staltete, suchten die auf dem Podium Sitzenden auf die Frage: „Wodurch bilden die 50er Jahre
eine Epoche?" nach so etwas wie einem gemeinsamen Nenner zur Charakterisierung der
ideellen und materiellen Hintergründe des Bauens jener Zeit und der daraus entspringenden
Formensprache − sie fanden keinen, auf den sie sich einigen konnten. Ich habe mich selbst
gefragt, welche Antwort ich aus meinen Erlebnissen geben könnte. Sie lautet: Unabhängig
von politischer Einstellung oder auch von einer Verpflichtung auf traditionelles oder moder-
nes Formenvokabular war allen denen, mit denen ich zu tun hatte, ein tiefbegründetes soziales Engagement gemeinsam. Ich nehme an, sie kannten alle Schumacher's Worte, die eingangs zitiert wurden − oder sie versuchten, doch in diesem Sinne zu handeln.

2. Das Erbe und die Vorbilder

Zweifellos empfanden die deutschen Architekten und Planer das Kriegsende als tiefen Einschnitt. Pessimismus und Optimismus lagen im Widerstreit.

Was Ortega y Gasset 1951 über *Das Wesen geschichtlicher Krisen* schrieb, mag die Stimmung
charakterisieren:

> „Man weiß nicht, was man nun Neues denken soll, man weiß nur, oder glaubt zu wissen, daß die überliefer-
> ten Ideen und Normen falsch und unzulässig sind. Man fühlt eine tiefe Verachtung für alles oder fast alles,
> was man gestern noch glaubte; aber in Wirklichkeit hat man doch keine positiven Glaubensgewißheiten,
> mit denen man die überlieferten ersetzen könnte".

Gleichwohl möchte ich behaupten: Es gab keine Stunde Null in dem Sinne, daß ein totaler
und voraussetzungsloser Neuanfang überhaupt möglich gewesen wäre.

Der konfrontative Vergleich mit dem Aufbruch nach dem Ersten Weltkrieg in die „goldenen" 20er Jahre, der in unseren Tagen vielerorts teils polemisch vorgetragen wird, ist, auf
Architektur und Städtebau bezogen, nicht seriös. Denn letztlich hatte das, was damals zu
der großen internationalen Bewegung des neuen Bauens führte, die in starkem Maße tatsächlich von Deutschland initiiert wurde, seine Wurzeln bereits in der Jahrhundertwende, als
jene geistig-wissenschaftliche Auseinandersetzung mit den Problemen des Städtebaus und der
Wohnungsfrage in Europa und Nordamerika begann, die auch über die Kriegszeit hinweg
kontinuierlich weitergeführt worden war. (Vom Expressionismus in der Malerei ließe sich
wohl ähnliches sagen). Natürlich kam nach dem Ende des Krieges viel Neues hinzu, aber
es waren dieselben Männer (deren hundertste Geburtstage in den vergangenen Jahrzehnten
gefeiert wurden), die das Wesentliche zur Entwicklung beizutragen hatten.

Die Vorläufer und Lehrer:

Hendrik Petrus Berlage	1856−1934
Louis Henry Sullivan	1856−1924
Raymond Unwin	1863−1940
Henry van de Velde	1863−1957
Peter Behrens	1868−1940
Fritz Schumacher	1869−1947

Frank Loyd Wright	1869–1959
Adolf Loos	1870–1933

und die Nachfolger:

Bruno Taut	1880–1938
Walter Gropius	1883–1969
Martin Wagner	1885–1957
Ernst May	1886–1970
Ludwig Mies van der Rohe	1886–1969
Le Corbusier	1887–1969
Hans Scharoun	1893–1972

Auch das geistige Klima nach dem Ersten Weltkrieg war ein anderes als nach dem Zweiten und wenn auch damals die Not groß war, so hatte man doch einigermaßen Zeit zum Nachdenken. Natürlich wurde gebaut, aber nicht so hektisch wie nach 1948. 1919 waren es im ganzen deutschen Reich 65.000 Wohnungen, im Jahr 1923 insgesamt 126.000, also doch nur ein Bruchteil dessen, was allein in der BRD, wo fünf Jahre nach der Währungsreform schon die Marke von 500.000 pro Jahr überschritten wurde, produziert worden ist – und produziert werden mußte. Denn: die Mehrzahl der großen Städte war zu über 50% zerstört.

Heute, ausgestattet mit einem Städtebaurecht, welches – nach mehreren Novellierungen des Bundesbaugesetzes und dem Erlaß des Städtebauförderungsgesetzes – vor 4 Jahren in das Baugesetzbuch mit 247 Paragraphen nebst Baunutzungsverordnung, Planzeichenverordnung und zahlreichen Vorschriften zur Durchführung und Finanzierung des Wohnungsbaus einmündete, können wir uns kaum vorstellen, daß es nach Kriegsende kein auch nur annähernd den heutigen Instrumenten entsprechendes Planungsrecht gab. Man verstehe mich recht, es soll hier nicht der Eindruck erweckt werden, daß ein ausführliches Planungsrecht Voraussetzung für einen guten Städtebau ist. Ich wäre sogar geneigt zu behaupten, daß die Außerkraftsetzung der Bauordnungen in Sachsen durch königliches Dekret ein Grund dafür war, daß in Dresdens Gartenstadt Hellerau 1911 tatsächlich Bahnbrechendes geschehen konnte, und ich habe selbst erlebt, daß der Wiederaufbau von Helgoland nach 1952 nur deshalb diese atmosphärische Dichte erhielt, die ihn so deutlich von dem meisten abhebt, was zur gleichen Zeit geschah, weil auch dort quasi ein Sonderrecht geschaffen wurde – aber ich muß doch zugeben, daß die komplexen Interessendivergenzen, die im Städtebau systemimmanent sind, nach einer Kodifizierung von Vorschriften verlangen, an die sich alle Beteiligten halten müssen.

So wäre also an die Tatsache zu erinnern, daß in der Weimarer Republik das Städtebaurecht Länderrecht war, das nur selten – eine Ausnahme war Sachsen – den neuen Anforderungen einigermaßen gerecht wurde und daß sowohl die Bemühungen um ein preußisches Städtebaugesetz oder ein Reichsstädtebaugesetz nicht zu einem Ende geführt worden waren. Im Dritten Reich gab es zwar das Wohnsiedlungsgesetz von 1934 – spätere Gesetzesentwürfe, die für die repräsentative Umgestaltung der Städte einen organisatorischen Rahmen bilden sollten, haben aber nie Gesetzeskraft erlangt. Erst nach 1949 erließen die meisten Bundesländer Aufbaugesetze. So mag es nicht Wunder nehmen, daß der Durchsetzung radikaler Neugestaltungsabsichten auch von den gesetzlichen Möglichkeiten her Grenzen gesetzt waren.

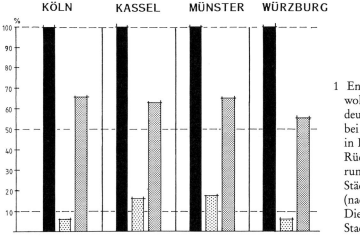

1 Entwicklung der Einwohnerzahlen in vier deutschen Städten: 1939, bei Kriegsende und 1947 in Prozent. Die schnelle Rückkehr der Bevölkerung in die zerstörten Städte wird deutlich (nach: Lorenz Fischer, Die künftige Größe der Stadt, 1948)

Wie begann es aber in den Jahren nach 1945? Bestimmt nicht von ungefähr: Es gab das Erbe – und hierzu gehörten, als gewaltige Hypothek, die zerstörten Städte. Man schätzt, daß etwa 2,5 Millionen Wohnungen, das entspricht etwa 25% des Bestandes von 1939, bei Kriegsende im Gebiet der späteren Bundesrepublik in Trümmern lagen. 80% dieser Verluste entstanden in den Großstädten. Hinzu kam ein schon vor dem Krieg vorhandener Fehlbestand von weiteren 2,5 Millionen Wohnungen. Zu den 1946 verbliebenen 46,19 Millionen Bewohnern kamen bis 1949 sehr schnell aus den abgetrennten Ostgebieten und der Tschechoslowakei zehn Millionen hinzu. Das ergab 1950 (etwa nach dem damaligen Standard von kriegsverschonten Ländern wie Schweden und Schweiz mit einer Belegungsdichte von 3,6 Personen/Wohneinheit) einen zusätzlichen Fehlbedarf von fast drei Millionen Wohnungen. Im Lauf der 50er Jahre, bis zum Bau der Mauer, kamen weitere 3 Millionen neuer Bürger über die Grenze. Unter diesem Aspekt waren die jährlichen Neubauraten, die von 1950 bis 1960 insgesamt ca. 5,7 Mio. Wohnungen erbrachten, unverzichtbar. Welche Bedeutung die Bürger ihren Heimatstädten beimaßen, wird an den Einwohnerzahlen deutlich. 1939 hatte Köln mehr als 770.000 Einwohner, im März 1945 waren es noch 45.000. Die Rückwanderungswelle war enorm. Ende Juni lebten bereits wieder 200.000, am Jahresende 400.000 Menschen in Köln. Sie hausten in Kellern und Provisorien, ihr Dasein war eine wichtige Triebfeder für den schnellen Wiederaufbau.

Zum Erbe gehörten aber auch die Bauten der bedeutenden Epoche vor 1933, für die es noch zahlreiche, wenn auch teils verstümmelte Zeugnisse gab, und alles, was in den zwölf Jahren danach die einen geplant, gedacht, gelehrt, verkündet oder notgedrungen verschwiegen hatten und das die anderen, wie ich, mit eigenen Augen entstehen sahen, weil sie in diese Zeit hineingeboren worden waren. Natürlich müssen wir uns darüber im klaren sein, daß die Qualität, wie sie sich etwa als Ergebnis der Bemühungen eines internationalen Teams in Stuttgarts Weißenhofsiedlung manifestiert, nicht den allgemeinen Standard zeigt. Gleichwohl ist es erstaunlich, was nicht nur in Berlin – wo mit Scha-

roun, Gropius, Mies, Häring, Bartning, Taut die besten Architekten ihre Aufträge bekamen –, sondern auch bis in die „Provinz" hinein an Vorbildlichem entstand. Dann kam
der Bruch nach 1933.

Welche Tendenz war nun in diesen vor dem Krieg liegenden sechseinhalb Jahren im
Wohnungsbau erkennbar? Befragen wir eine „repräsentative" Verlautbarung, den Band
„Das Bauen im neuen Reich" von 1938, so kann man manche Sätze finden, die zeigen,
wie das städtebauliche Gedankengut der 20er Jahre hindurchschimmert. Die Tendenz
ist ganz vernünftig, wenn auch die Diktion selbst verräterisch ist:

> „Für die Entwicklung der deutschen Stadt ergeben sich nicht allein aus künstlerischen Gesichtspunkten,
> sondern auch aus volksgesundheitlichen Überlegungen viele Richtlinien, die, wie alles Gesunde, auch eine
> kulturelle Wertsteigerung herbeiführen. So erfordert die Sorge für Licht, Luft und Sonne, die Wohnhäuser
> nicht zu überhöhen, ausreichende Abstände zu wahren, Grünflächen und Gartenanlagen einzustreuen. Die
> Bebauung der Stadtrandzonen wird eines besonders starken Gemeinschaftseinflusses bedürfen, da zu ausge-
> prägte Individualwünsche bei engerer Bebauung einer Gruppe von Einzelbauten – selbst wenn jeder Bau,
> für sich allein gesehen, gut wäre – oftmals zu schlechter Gesamtwirkung führen. Vielfach herrscht noch
> der Irrtum, daß die Rücksicht auf die Landschaft, die etliche Kilometer weiter landauswärts selbstverständ-
> lich ist, innerhalb der Stadtzone überflüssig sei".

Die Illustrationen, die diesen Text begleiteten, waren allerdings von entlarvender Simpli-
tät. Der Zwang zur „Wirtschaftlichkeit" bei der Masse der Wohnbauten (schließlich wurde
ja sehr bald durch Rüstung und Westwall ein erheblicher Teil der Baukapazität gebunden)
ist deutlich erkennbar, ganz im Gegensatz zur pompösen Pracht der Staats- und Parteigebäu-
de, für die Adolf Hitlers Wort galt, daß in „großen Zeiten" das „Wort aus Stein" überzeugen-
der wäre als das gesprochene. Sicher konnte man, bei vielen privaten Wohnhäusern – und
auch beim Industriebau – von „guter Baugesinnung" sprechen, letztlich war aber, gegenüber
dem international vorbildlichen Ideengut der 20er Jahre, das Defizit unübersehbar. Die wie
Soldaten an langen Straßen aufmarschierten gleichartigen Siedlungshäuschen zeigen „Haltung" und nehmen das für „Ordnung". Erker zur Auflockerung gleichförmiger Fassaden
künden von dem „gestalterischen" Bemühen, eine Zäsur in die monotone Wand einzubringen, lediglich zum bescheidenen Vorteil einer einzigen Wohnung unter vierzehn auf der gleichen Etage.

So wurden für uns als Vorbilder insbesondere Bauten bedeutsam, die in anderen Ländern
vor und während des Krieges entstanden waren oder gerade entstanden, Bauten, die man
begierig den spärlichen – und teuren – Zeitschriften und Büchern entnahm oder – mit
Glück – auf teilweise abenteuerlichen Reisen staunend vor Ort besichtigte, in erster Linie,
für mich jedenfalls, in Skandinavien, Holland und der Schweiz – wo die Gedanken des Neu-
en Bauens weiterentwickelt worden waren (wenn auch, kriegsbedingt, teils unter dem Gebot
der Sparsamkeit). Solche Vorbilder gab es viele und verwirrende. Eines aber galt für fast alle:
Sie waren lebendiger in der plastischen Durchbildung der Baukörper und die Grundrisse
waren viel mehr nach außen geöffnet als das, was bei uns entstanden war. Loggien und Balkone hatten dabei meist nicht nur eine dekorative, die Fassade gliedernde Funktion, sondern
waren (groß genug und geschützt) eine bereichernde Ergänzung der Wohnfläche. Wir sahen
den Charme von verwinkelten Reihenhäusern mit kluger und lockerer Aufteilung der Zwischenräume in private und halböffentliche Flächen, sahen, wie aus geistreichen Durchdrin-

2 Projekt für ein Punkthaus
bei Stockholm, Architekt
B. Lundquist, 1944

gungen von Grundriß und Gelände in Arne Jacobsens Häusern ein charakteristischer Um-
riß entstand, sahen drei- und viergeschossige Gebäude in Parkanlagen eingebettet und von
Wohnwegen erschlossen, sahen Terrassenhäuser an Hängen und Punkthäuser als „Dominanten" oder als räumliche Gruppe, die Topographie „überhöhend". Wir sahen nicht zuletzt,
wie neue, großflächige Wohngebiete entstanden, gebildet durch Häuser unterschiedlicher
Ausprägung und Höhe.

3. Leitbilder der Stadtplanung

Bis zur Währungsreform war die Bautätigkeit gering. Sie beschränkte sich weitgehend auf
das Aufräumen der Trümmer und damit das Freilegen der Straßen und auf die notdürftige
Instandsetzung noch halbwegs verwendbarer Gebäude. Bereits 1948 wurden aber 3 Bücher
abgeschlossen, die man gut stellvertretend für vieles nennen kann, was in der damaligen Zeit
diskutiert und erdacht wurde: Roland Rainers *Städtebauliche Prosa*, eine Streitschrift für den
Flachbau; Hans Bernhard Reichows *Organische Stadtbaukunst*, in der er das Gegenbild zu
der von ihm artifiziell und falsch empfundenen Rechtwinkligkeit postulierte, und *Die Bebauung der Erde* von Rudolf Schwarz, in welcher er die Bedeutung des Unplanbaren als wichtige
Voraussetzung für künftige Entwicklungen erläuterte. Rainer schrieb:

> „Immer wieder zeichnet sich das Bild der zukünftigen Stadt – besser gesagt der Stadt unserer Bedürfnisse
> und Möglichkeiten – als ein räumlich lockeres, aber funktional höchst lebendig verbundenes Gewebe aus
> einzelnen Zellen menschlichen Maßes ab, das über immer weitere Flächen gespannt wird ...
> Ein differenziertes Straßen- und Wegesystem würde mit viel geringeren Straßenflächen und noch geringeren
> Straßenkosten, mit Hilfe anbaufreier, schmaler, kreuzungsarmer, oberirdisch entwässerter Fahrbahnen und
> mit der großen Masse leicht befestigter Geh- und Radwege dem Verkehrsbedürfnis und dem Wohlbedürfnis
> weit besser entsprechen als die außerordentlich teuren Tiefbauten der jetzigen Großstädte".

Man sieht, das Wort „Ökologie" war zwar damals nicht gebräuchlich, es wurde, wenn überhaupt, nicht im heute üblichen Sinn verstanden, – aber genau das, nämlich das Zurückstufen der – offiziell für nötig gehaltenen – Technik zugunsten etwa des „natürlichen" Wasserhaushaltes war gemeint.

Rudolf Schwarz verkündete, philosophisch verbrämt:

> „Nur eine Weile erträgt auch die Erde der Seele die Planung, dann verlangt sie die Heimkehr ins arglos Urwachsende; sie will aus dem Künstlichen und Angestrengten ins Einfache heim, Geschöpf werden unter Geschöpfen, dem Raunen der Welt wieder lauschen, aus lauterem Quell trinken und die Sterne den Himmel befahren sehen ...
>
> Neben dem Bereich des Künstlichen und der Pläne muß es Freiräume geben, wo die Welt die eigene Bewegung noch wagt und das menschliche Herz wieder lebendig wird und ihm, ganz aus dem Unbeschwerten, Unbeabsichtigten, wie neue Gnade ein neuer Einfall kommt, still und als verstände er sich von selbst, doch viel später merkt es den ungeheuren Entwurf, der es heimgesucht hat. Nur schmal ist die Gegend der Werke und darum und darüber muß das Werklose, das Ursprüngliche liegen, das die Werke bewässert, ernährt".

Vieles, was so gedacht und geschrieben wurde, fand allerdings in der nach der Währungsreform und der Gründung der Bundesrepublik stürmisch einsetzenden Bauphase keine rechte Beachtung oder verkam, bewußt oder unbewußt falsch verstanden, zum Klischee.

Zweifellos, die Not war groß, wie es auch in der Regierungserklärung Konrad Adenauers vom 20.09.1949 niedergelegt ist:

> „Die Verhältnisse auf dem Wohnungsgebiet, die die soziale und ethische Gesundung und auch die politische Gesundung des deutschen Volkes unmöglich und die auch das Leben der Vertriebenen und Ausgebombten so unendlich schwer machen, werden von uns mit ganzer Kraft einer Besserung entgegengeführt werden. Wir wollen mit allen Mitteln den Wohnungsbau energisch fördern, nicht indem der Bund selbst baut, sondern indem er Mittel zur Verfügung stellt und darauf dringt, daß von den Ländern alle Möglichkeiten auf dem Gebiete des Wohnungsbaus erschöpft werden".

Am Anfang standen konkrete Auseinandersetzungen über die äußere und innere Form des Aufbaus der zerstörten Städte.

Ein Problemkreis betraf den geistigen Hintergrund: Können wir, nach allem, was wir erlebt haben, so tun als ob nichts geschehen wäre und die Stadt rekonstruieren, wie sie war? Und weiter: Sind wir nicht verpflichtet, einer neuen, besseren, demokratischen Zeit und ihren Menschen eine andere Stadt zu geben, als die, welche ihren Ursprung im „finsteren" Mittelalter nahm, und ihre letzte Gestalt im Absolutismus, im Feudalismus und im Kapitalismus erfuhr? Die andere Fragestellung nahm stark auf die Ideen der Wohnungsreform bezug, so wurde an Zilles Formulierung erinnert, man könnte einen Menschen mit seiner Wohnung genauso erschlagen wie mit einer Axt. Bei beiden Fragenkomplexen schwang Großstadtkritik mit, die ja sowohl in konservativen als auch in sozialreformerischen Kreisen bereits in den 20er Jahren latent war. Da wäre an die Thematik von Max Beckmann und George Grosz zu erinnern, auch an Rilke und viele andere. Bezeichnend für die Gestimmtheit mag ein Gedicht von Josef Weinheber aus dem Jahr 1926 sein, das „Zivilisation" überschrieben ist:

3 Max Taut, Idealskizze zum Wiederaufbau von Berlin

„Das Paradies verkrüppelt zur Maschine,
die heiligen Wälder zu Gebälk zerstampft,
Das Tier verscheucht aus Busch und Strom und Düne,
des Menschen Seele in den Stein verkrampft:

Fortschritt des Hirns, wie lange kann er währen?
Zur Wüste ward der Erde Angesicht.
Zerstört die Städte, eh sie euch zerstören –
Gott hält Gericht!"

Skizzen von Max Taut zum Wiederaufbau von Berlin aus dem Jahr 1946 illustrieren beispielhaft eine Tendenz, die auf etwas ganz anderes als die herkömmliche Großstadt, nämlich
auf ein fast idyllisches Ambiente, gerichtet war, sehr gut.

Rückblickend bekannte Rudolf Hillebrecht, seit 1948 Stadtbaurat in Hannover und für
seine Leistungen dort hochgerühmt:

„Für uns war das damals fast ein Glaubensbekenntnis, . . ., daß solche dichten, dumpfen Blöcke und Viertel
(nicht) wiederhergestellt, oder gar in ähnlicher Weise neu gebaut werden".

In einem Referat führte Otto Meyer-Ottens, damals Oberbaudirektor von Hamburg aus:

„Grundlegende Erkenntnisse, z.B. die Nord-Süd-Richtung der Hausblocks und damit Ost-West-Besonnung
für die Wohnungen in einem Abstand, der durch den Lichteinfallswinkel bestimmt wird, werden ein durch-

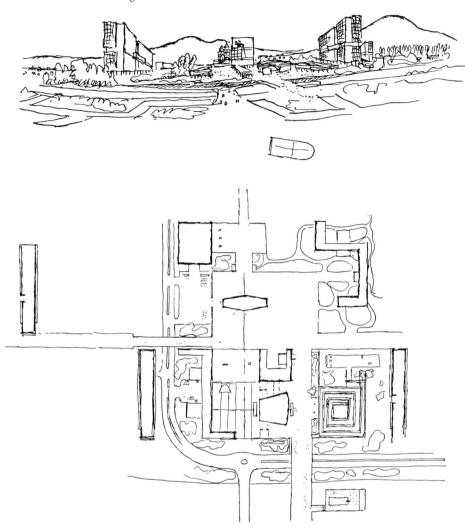

4 Wiederaufbauplanung für das neue Stadtzentrum von Saint-Dié, 1945. Erste Skizze von Le Corbusier vor Ort, in welcher sein späteres Konzept deutlich erkennbar ist. Um den großen Platz Rathaus, Museum und weitere Infrastruktureinrichtungen, seitlich Wohnhochhäuser („Unité d'habitation de grandeur conforme" für jeweils 1.600 Einwohner). Im Hintergrund die erhaltene Klosterkirche und die bewaldeten Höhenzüge der Vogesen.

aus anderes Stadtbild als das bisher gewohnte ergeben. Es wird keine muffigen Hinterhöfe, keine Berliner Gartenhäuser oder Hamburger Terrassenbauten – wie eine sozial unverantwortlich handelnde Zeit diese Monstren beschönigend nannte – mehr geben dürfen. Klare, übersichtliche, auf Offen- und Weitherzigkeit gegründete Pläne, Grün- und Spielflächen zwischen den Hauszeilen müssen aus sozialer Verantwortung gefordert werden".

Ordnung   –   Unordnung   Lichtfülle   und   Finsternis

Die Naturgegebenheiten:
Sonne, Weiträumigkeit, Grünfläche

Das Abschreckende durch die Maske der
Schönheit verdeckt.

Das Elend hinter der
historischen Fassade

5 Marcel Lods, erläuternde Skizzen zum Projekt für den Wiederaufbau von Mainz, in welchem
für den größten Teil der Stadt ein völlig neues Straßen- und Bebauungssystem vorgesehen wurde,
1948.

Walter Gropius schrieb 1955 in *Architektur*:

> „Die Sanierung von Einzelgrundstücken und Straßenblöcken hat sich als nicht erfolgreich erwiesen. Groß-
> zügige Sanierung, die sich über Quadratkilometer erstreckt, ist zur Notwendigkeit geworden, seit wir uns
> der ineinandergreifenden Beziehungen zwischen der Stadt und ihrer Umgebung bewußt geworden sind".

Solche Überlegungen lagen im internationalen Trend, sie waren nicht auf Deutschland be-
schränkt. Le Corbusier, der in diesen Jahren bereits einen bedeutenden internationalen Ruf
besaß, legte bereits 1945 seine Planung für die stark zerstörte Stadt Saint Dié vor, die – in
bewußtem Gegensatz zur alten kleinteilig und dicht bebauten Stadtmitte – ein Ensemble
großer Baukörper vorsah, deren weite Abstände die Silhouette der Vogesen in die Gesamt-
wirkung einbezogen. Hier zeigt sich – als bewußter Gegensatz zu historischen Strukturen
– eine ganz andere Auffassung von Stadt und auch vom Wohnungsbau. In Marseille entstand
zu dieser Zeit das erste „Habitat", ein Vorbild, das viele, allerdings meist purifizierte Nachfolger haben sollte.

Im Auftrag der französischen Besatzungsmacht plante Corbusiers zeitweiliger Weggefährte
Marcel Lods ein völlig neues Mainz auf der im 19. Jahrhundert bebauten Fläche neben der

6 Wettbewerb Altstadt Nürnberg, 1947. Entwurf von Gustav Hassenpflug

Altstadt, ein Plan, der Corbusiers Ideen simplizierte. Der Beitrag von Gustav Hassenpflug zum Wettbewerb für die Innenstadt von Nürnberg im Jahr 1947 beläßt von der historischen Stadtstruktur nur die Nord-Südverbindung zwischen den großen Kirchen, dem Rathaus und der Kaiserburg als geschlossene, wenn auch modifizierte Straßen- und Platzfolge. Die Lorenzer- und die Sebaldstadt werden durch eine breite Grünschneise entlang der Pegnitz zwar getrennt, ihre Individualität beruht aber nur noch auf der unterschiedlichen Himmelsrichtung der Zeilen, nicht auf den einprägsamen, weitgehend auch aus der jeweiligen Topographie entstandenen historischen Straßennetzen, die der später entwickelte Aufbauplan von Schmeißner allerdings dann weitgehend respektiert hat. Ein Planungskollektiv unter Leitung von Hans Scharoun erarbeitete für den Bereich innerhalb des S-Bahnrings des damals noch ungeteilten Berlin 1945/46 einen Strukturplan, der das Urstromtal der Spree weitgehend von Bebauung frei hielt und über das Ganze ein Verkehrsnetz legte, das völlig neue Stadtviertel umschloß und als Rückgrat einer bandstadtartigen Entwicklung dienen sollte. Die in den Plan eingetragene Straße zum Charlottenburger Schloß und das Ensemble vom Brandenburger Tor bis zum Friedrichsforum zeigen dabei den Kontrast zu Maßstab und Figuration der historischen Stadt überdeutlich. Ein als Lehrbeispiel gedachter Plan von Charlottenburg sollte den Besuchern einer Ausstellung die Intention der Planer näher bringen.

Wir wissen, daß diese Pläne nicht verwirklicht wurden. Es gab hierfür viele Gründe. Ein materieller erwies sich in vielem als gestaltbestimmend: Zum „Erbe" gehörte auch das Kapital, welches, relativ gut erhalten, unter dem Pflaster der zerstörten Städte lag: Leitungsnetze und Abwasserkanäle waren ein schwer zu widerlegendes ökonomisches Argument für einen Wiederaufbau, der sich auf die alten Erschließungsstrukturen bezog. Aber auch ideell begründete Argumentationen gab es. So formulierte der Redakteur des *Baumeister*, Rudolf Pfister:

> „Es ist eine grundsätzliche Frage, ob im Gefüge einer mittelalterlichen Grundrißstruktur der Zeilenbau überhaupt zulässig ist. Wir möchten die Frage verneinen. Auch im Blockbau kann die heute zu fordernde gesunde Wohnung mit ausreichend Licht und Luft erstellt werden und es gibt kaum etwas Schöneres als unbebaute Binnengärten, während sich die Grünflächen zwischen den Zeilen einer Raumbildung widersetzen".

Adolf Abel machte 1948 die Öffentlichkeit mit Gedanken bekannt, die dann 1950 in der Schrift „Regeneration" ausführlicher formuliert wurden. Dem Ideal Venedig folgend, wo den Fußgängern — neben den Wasserstraßen, die dem Transport gewidmet sind — Straßen und Plätze zur freien Verfügung stehen, führte er am Beispiel München vor, welche Möglichkeiten entstünden, wenn man die Straßen dem Verkehr überließe und die Blöcke entkernte, um daraus weite Bereiche für den Aufenthalt und die Wege der Menschen zu machen.

> „Das Schicksal hat uns gewaltsam gezeigt, daß es in den Städten auch noch andere Zusammenhänge gibt als die bisher gewohnten. Es wäre bedauerlich, wenn diese Erscheinungen unbenützt vorübergingen und es besteht die Gefahr, daß die Städte weiterhin mehr oder weniger einer Wiederherstellung des alten Zustandes verfallen. Daran werden alle Anstrengungen der Ablenkung des zunehmenden Verkehrs in der üblichen Weise im wesentlichen nichts ändern, wobei immer noch unter Verkehr nur das verstanden wird, was auf Rädern vonstatten geht.
> Dem Wiederaufbau der Städte fehlt noch der starke schöpferische Antrieb durch eine neue Idee, die wie bei aller vergangenen Stadtbaukunst eine Notwendigkeit darstellt, um das Leben in ihnen menschenwürdiger zu machen. Darunter wäre nun nicht nur eine Vermeidung der zunehmenden Verkehrsunfälle zu verstehen, sondern eine wiederzugewinnende veränderte seelische Grundeinstellung. An Stelle der Hast und Unruhe müßte sie den Menschen wieder zu einer Besinnung führen, die ja die Quelle jeder höheren Lebensauffassung ist. Diese neue Idee kündigt sich zwar seit einiger Zeit in verschiedenen neuen Planungen an, deren allgemeine Durchführbarkeit jedoch ausgeschlossen erscheint. Die Gewinnung großer Parkflächen auf Kosten einer unmäßigen Zusammendrängung der Wohnungen in Hochhäusern zum Beispiel ist keine tragfähige Idee".

Bei der rückblickenden Betrachtung dessen, was möglich erschien, oder was tatsächlich möglich war, darf ein wichtiger Umstand nicht vergessen werden: Während Wohn- und Geschäftshäuser den Spreng- und Brandbomben zum Opfer gefallen waren und Trümmerberge bildeten, hatten Kirchen, Klöster, Schlösser und Rathäuser einen Großteil ihrer Substanz bewahrt. Dicke Mauern, feste Gewölbe und eine insgesamt geringere Brandlast waren der Grund. Diese Gebäude oder Ruinen, die gesichert oder oft schnell wiederhergestellt wurden, stellten Ansatzpunkte dar, die von Vielen als für den Maßstab ihrer Umgebung verpflichtend angesehen wurden.

7 Adolf Abel. Prinzipzeichnungen zur Umwandlung der Innenhöfe in Fuß-
gängerfreibereiche aus seinem Buch *Regeneration*, erstmals öffentlich vorgestellt 1948 (Erlenbach Verlag, Zürich)

Sehr bald setzte sich dabei die Erkenntnis durch, daß man nicht die Fehler des 19. Jahrhunderts wiederholen dürfe, die ungewollte Freilegung nun zu perpetuieren, sondern
daß diese Gebäude ihrer Ensembles bedürfen, die es neu zu errichten galte. Zwangsläufig
ergab sich die logische Folgerung, daß sie nicht isoliert blieben, sondern miteinander
durch Straßenräume verbunden wurden.

4. Wohnungsbau und Wohnklima

Relativ schnell war bis zum Anfang der 50er Jahre das theoretische Rüstzeug für die
Wohnungspolitik, für quantitativ bestimmte Typenprogramme und Grundrißvorstellun-
gen erarbeitet worden, das im Anschluß daran mehr oder weniger klug umgesetzt wurde.

8 Reiseskizze, das Münster
in Ulm über den Ruinen
der zerstörten Wohnge-
bäude, 1947

Dabei wurde der Anspruch von jedermann auf eine bestimmte Wohnfläche – die sich
dann von Jahr zu Jahr vergrößerte und mit Komfort anreicherte – a priori postuliert.
Anders als in den 20er Jahren wurden formale Fragen von der Öffentlichkeit dabei nur
am Rande diskutiert. Der alte Streit: Flachdach gegen Steildach – seinerzeit in vieler Hinsicht weniger objektiv als ideologisch begründet – flammte zwar wieder auf, blieb aber
für die wichtigen Zielsetzungen und Entscheidungen nur marginal. In diesem Sinne mögen die klugen Sätze Fritz Schumachers, die er im letzten Kapitel seines Buches *Das
Werden einer Wohnstadt* im Jahre 1932 geschrieben hatte, wohl beherzigt worden sein:

> „Nicht die Frage nach alter oder neuer Bauweise, nach Flachdach oder Steildach, nach überliefertem oder
> nach kubischem Stil, also das, was die Gemüter der heutigen Kritiker dieser Erscheinungen bald positiv,
> bald negativ besonders bewegt, ist bei diesen neuen Bauquartieren die Hauptsache, sondern das wesentlich-
> ste ist als erstes die Gesundung des Zellengewebes der Kleinwohnungen, aus dem sich der Leib der Groß-
> stadt aufbaut. Als zweites aber der Versuch, den im Innern gesundeten Stadtteilen durch die Art ihrer städte-
> baulichen Behandlung eine gewisse äußere Harmonie zu geben ...

9 Reiseskizze, der Innenraum
des Lübecker Doms mit
den Trümmern der teil-
weise zerstörten Gewölbe,
1947

Ebenso verhängnisvoll, wie jene Wandelbesessenheit für die Entwicklung einer Stadt werden kann, die wir heute an manchen Stellen als ‚Zeichen der Zeit' hervorbrechen sehen, ebenso nötig ist die Wandelge-willtheit, also die Bereitschaft, lebendigem Wollen zum Vollbringen zu helfen.

Denn ebensowenig wie sich das Gesicht einer Stadt im willkürlich wechselnden Mienenspiel verzerren darf, ebensowenig darf es in maskenhafter Gleichheit erstarren. Hier den richtigen Weg zu suchen zwischen Zwang und Freiheit, ist eine der wichtigsten und schwierigsten Fragen einer harmonischen Entwicklung".

So ergab sich aus Rückblick und Ausblick eine große Spannweite von Programmen und Realisierungsmöglichkeiten. Dabei müssen eingangs schon zwei Feststellungen in bezug auf die ganze Entwicklung von der Jahrhundertwende bis heute getroffen werden: So ähnlich manche der programmatisch-theoretischen Forderungen aus unterschiedlichen Richtungen klangen, so unterschiedlich entwickelte sich doch ihre Umsetzung in städtebauliche Grund-muster und Quartiersstrukturen, in Bau- und Wohnformen. Bestimmte charakteristische Fi-gurationen wie:

· Blockbebauung mit eingeschlossenen Höfen;
· Zeilenbau als Doppelreihe oder Einzelreihe, auch als Hochhausscheibe;

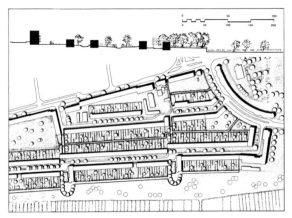

10.1 Frankfurt-Römerstadt, 1926–1928
Planer: E. May mit Boehm, Bangert, C.H. Rudloff, M. Elsaesser. GFZ 0,4
„Überall da, wo es sich um Neuerschließung von Baugelände handelt, wird aber die Entwicklung weiterschreiten, deren Ziel es ist, jeder menschlichen Wohnzeile gleichgünstige Bedingungen bezüglich Belüftung, Belichtung, Anteil an den Freiflächen und Lage zum Verkehr zu sichern". (Ernst May)

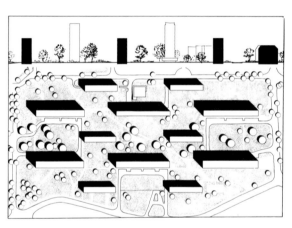

10.2 Hamburg-Grindelberg, 1946–1956
Architekten: Hermkes, Jäger, Lodders, Streb, Trautwein, Sander, Hopp, Jeß. GRZ ca. 0,09, GFZ ca. 1,35.
Der Bebauungsplan war das Ergebnis einer internen Konkurrenz der beauftragten Architekten. „Durch die Konzentration einer großen Anzahl gleicher Wohneinheiten übereinander eröffnete sich auch ein wirtschaftlich zu vertretender Weg auf Anwendung wohntechnisch so angenehmer Einrichtungen wie Aufzüge, Müllschütten, maschinell eingerichteter Küchen, Waschküchen, Bäder, Fernheizung, Luft- und Sonnenbäder mit Liegeterrassen usw." (R. Lodders)

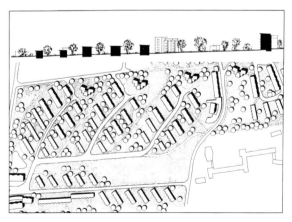

10.3 Hamburg-Hohnerkamp, 1953–1954
Architekt: H.B. Reichow. GRZ ca. 0,15, GFZ ca. 0,40.
„Die städtebauliche Planung zielte auf Wohnruhe durch Lage aller Wohnbauten an Stichstraßen und -schleifen, also auf Fernhalten des Durchgangsverkehrs, Verhinderung des beliebten ‚Um-den-Block-Knatterns' der Motorräder und nicht zuletzt durch eine parkartige Grünkulisse als Lärmschutz. Noch bevor man baute, wurden bis zu 7m hohe Parkbäume mit Ballen für diese Lärmkulisse gepflanzt. Sagt doch ein altes türkisches Sprichwort ‚Wo man baut, pflanzt man Bäume'". (H.B. Reichow)

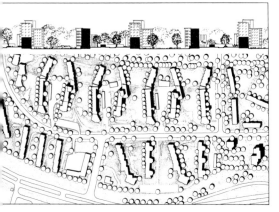

10.4 Berlin-Charlottenburg-Nord, 1955–1960
Architekt: H. Scharoun. GRZ ca. 0,30, GFZ ca. 0,80.
Die Absicht war, die Vorteile, die der Zeilenbau für die
Ausrichtung der Wohnungen bringt, mit stärkeren
räumlichen Wirkungen zu verbinden. Die Zeilen wurden geknickt und an ihren Ende gekröpft, so daß sich
konkave und konvexe Außenräume ergaben, die, im
Wechsel, Erschließungsfläche mit Parkplätzen und allgemein genutzter grüner Außenraum sind. „Die
Wohngehöfte sind der einheitlichen Bedeutung nach
die unteilbaren Einheiten unteren Grades ... ihr Maß
wird gesetzt durch Größe, Wesen und Funktion der
Stadt, der sie jeweils angehören ... Das Maß wird ferner gesetzt durch die biologische oder soziale Familie". (Hans Scharoun)

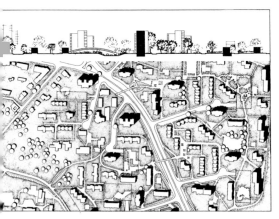

10.5 Frankfurt-Nordweststadt, 1959–1968
Planer: W. Schwagenscheidt und T. Sittmann, Land-
schaftsarchitekt: Hanke. GRZ ca. 0,20, GFZ ca. 0,70.
Ergebnis eines 1959 ausgeschriebenen nationalen
Wettbewerbs. Auf einer Fläche von 150 ha entstand
eine selbständige Stadteinheit mit 6500 Wohneinheiten und entsprechenden Wohnfolgeeinrichtungen, wie
Nebenzentrum mit Läden für den täglichen Bedarf,
Kirchen, Altenheim, Schulen, Kinderheim, Studen-
tenwohnheim sowie ein Kultur- und Geschäftszen-
trum. Aus verschiedenen Gründen ließ sich die den
Wettbewerbsentwurf charakterisierende Vorstellung
von inmitten großzügiger, multifunktional genutzter
Freiflächen gelegenen, räumlich eng gefaßten Hausgruppen mit ganz verschiedenartigen Wohn- und Bauformen nicht verwirklichen.

· Punkthäuser mit vielgestaltigen Grundrißsystemen, als Turm oder niedrig mit
3–5 Geschossen;
· Teppichbebauung und Häuser in Gruppen oder langhingezogen an der Straße;
· Komplexbebauung als eine Kombination aufeinander abgestimmter unterschiedlicher Gebäude;

folgten nicht chronologisch aufeinander, sondern waren (realisiert oder in Idealentwürfen)
als Repertoire für den Wohnungsbau allesamt schon vorhanden und wurden, wenn auch
zeitversetzt und mit Intervallen, parallel weiterentwickelt. Beim Vergleich „prominenter"
Beispiele in gleichen Maßstäben wird dabei deutlich, welche Bedeutung die absoluten Dimensionen und die Proportionen in bezug auf dies wichtige Phänomen haben, das wir immer als „menschlicher" Maßstab bezeichnen, aber nur ziemlich ungenau definieren können.

Die Gleichzeitigkeit von Stilströmungen und Stiltendenzen war allerdings auch kein No-
vum. Sie ist letztlich ein Phänomen, das die ganze Kulturentwicklung durchzieht, und das
sich in der Baugeschichte immer widerspiegelt. Ich möchte daran erinnern: 50 Jahre nach
dem Beginn der Gotik in St. Denis wurde hier in Köln St. Apostel doch sehr romanisch

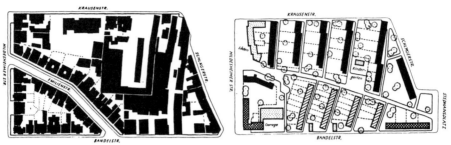

11 Hannover, Constructa-Baublock, Lagepläne vor der Kriegszerstörung und als Ergebnis der gemeinsamen Überlegungen der drei Preisträger K. Gutschow, F.W. Kraemer und Georg Seewald,
1951. Im Wettbewerb wurden 72 Arbeiten eingereicht, für den endgültigen Plan wurden die
Grundstückseigentümer in einer Genossenschaft zusammengeschlossen, es wurde ein
9-geschossiges Laubenganghaus, 4- und 5-geschossige Miethäuser und 2-geschossige Einfamilien-
reihenhäuser sowie eine Ladengruppe errichtet. Die ganze Anlage wird über Wohnwege von
einem inneren Grünzug aus erschlossen. Nettowohndichte 416 Einwohner/ha.

erbaut, zehn Jahre nachdem Brunelleschi in Florenz die Pazzi-Kapelle begann, hat Johannes
Hültz dem Straßburger Münster den Turmhelm aufgesetzt. Und solches Nebeneinander unterschiedlicher Baustile spielt sich oft nicht nur getrennt durch große Entfernungen ab,
sondern selbst im gleichen Raum: In Freiberg in Sachsen hat der Florentiner Cesare 1594
in reiner italienischer Renaissance den gotischen Chor zur Grablege der Wettiner umgebaut,
während zur gleichen Zeit die örtlichen Handwerksmeister beidseitig diesen Chor mit gotischen Gewölben erweiterten. So muß man sich, bei der Beurteilung des Bauens nach dem
Krieg, vor Augen halten, daß in diesem Jahrhundert, in der Bandbreite zwischen Mies van
der Rohe, Scharoun und Le Corbusier – bis zu den Postmodernen – immerhin ein gestalteri-
sches Vokabular aufgerissen wurde, das an Gegensätzlichkeit allem, was vergangene Jahrhunderte zeigten (einschließlich der Vielfalt des Eklektizismus im neunzehnten), keineswegs
nachsteht. Immer wieder kann man sowohl Kontinuität als auch Innovation finden – und
ich bin der Meinung, daß beides zusammengehört und daß immer dann und dort, wo nur
einer der beiden Begriffe feststellbar ist (oder gar keiner) die Dinge nicht im Rechten liegen.

Zwei bedeutende Ereignisse, die den Wohnungsbau direkt betrafen, waren zu Beginn der
50er Jahre für die „Aufklärung" der Öffentlichkeit und die „Einstimmung" der Fachkolle-
gen sehr wichtig: Das eine war die Constructa-Bauausstellung 1950 in Hannover, zu der –
etwa gleichzeitig – in der Innenstadt ein zerstörter dichter Block als ein durchgrüntes Ensemble, im Prinzip also „modern", neu errichtet wurde, während am Stadtrand ein Quartier
mit einem „Rübezahlplatz" als Mittelpunkt entstand, dessen städtebauliche und architektonische Grundhaltung an das anknüpfte, was ich bei den Bauten der 30er Jahre als „gute Baugesinnung" bezeichnet habe.

Das zweite Ereignis war der ECA-Wettbewerb 1951, letztlich eine Marshallplan-Aktion
mit dem Ziel, die künftige Wohnungsbauproduktion materiell und ideell zu beeinflussen.
Es ergaben sich insgesamt 725 Einsendungen (Pläne mit Kostenangeboten) für die auf das

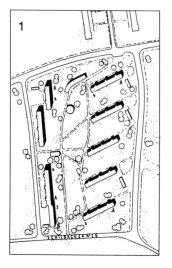

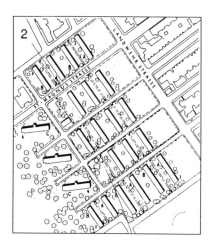

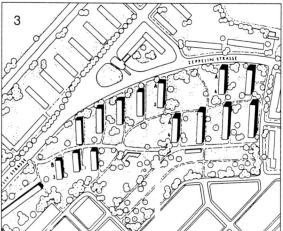

12 ECA-Wettbewerb, 1951. Drei
Lagepläne von mit dem 1. Preis
ausgezeichneten Entwürfen, die
nicht nur kennzeichnend für
die Entscheidung des Preisge-
richtes sind, sondern auch für
die prinzipiellen Vorschläge der
Mehrheit der Teilnehmer.
1: Freiburg/Breisgau: Architekten Arns und Lüttinger;
2: Bremen: Architekten Hebebrand, Schlempp und Mar-
schall;
3: Mannheim: Architekt Grund.

ganze Bundesgebiet verteilten 15 Standorte. Das international besetzte Preisgericht handelte,
wie Fritz Jaspert später schrieb, nach einer eindeutigen Priorität und sehr nüchtern:

„Bei jeder städtebaulichen Planung sollte das Primäre die Forderung einer optimalen Benutzbarkeit des
Einzelobjektes sein, also beim Wohnungs- und Siedlungsbau der einzelnen Wohnung. Auch die Großpla-
nung, Verkehrsplanung, sonstige Planung müssen dieser Forderung gerecht werden. Die städtebauliche Gestaltung sollte daher weniger ausgehen von der Gestaltung von schönen Räumen oder Kompositionen als
von der Benutzbarkeit durch den einzelnen, die Familie, die Gemeinschaft. . .“

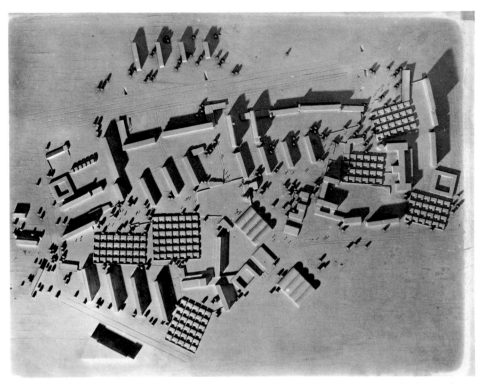

13 Berlin-Friedrichshain: Modell Neuplanung. Hans Scharoun, 1945. Hier entstand, ab 1950/51, als „Auftakt des Nationalen Aufbauprogramms" die Stalinallee.

Die Konsequenzen aus diesen, partiell wichtigen Überlegungen führten allerdings zu Egalisierungsvorstellungen für die Anordnung der Gebäude, die der Verfasser wie folgt beschreibt:

> „Fast ausnahmslos hat das Preisgericht denjenigen Entwürfen den Vorzug gegeben, die ein mehr oder weniger starres Zeilensystem für ihre Bebauungspläne gewählt hatten".

Nicht zuletzt durch diese viel beachtete Entscheidung sowie eine öffentliche Finanzierungs- und Wohnungsbaupolitik, die sich an ähnlichen Kriterien orientierte, wurde erst einmal der Zeilenbau das Grundschema der meisten neuen Wohngebiete, die auf der „Grünen Wiese", außerhalb der bebauten Ortslagen entstanden. Die in diesem Zusammenhang einsetzenden Überlegungen zur „Stadtlandschaft", die

> „Unüberschaubares, Maßstabsloses in überschaubare und maßvolle Teile gliedern sollte"

(Hans Scharoun, 1946) knüpften unmittelbar an die Auseinandersetzungen, welche in der Weimarer Republik mit der Mietskasernenstadt geführt worden waren, an. Die „gegliederte und aufgelockerte" Stadt (Göderitz, Rainer und Hoffmann) und die „organische" Stadt, die „autogerechte" Stadt (Hans Bernhard Reichow) waren in diesem Sinn planerische Gegenpo-

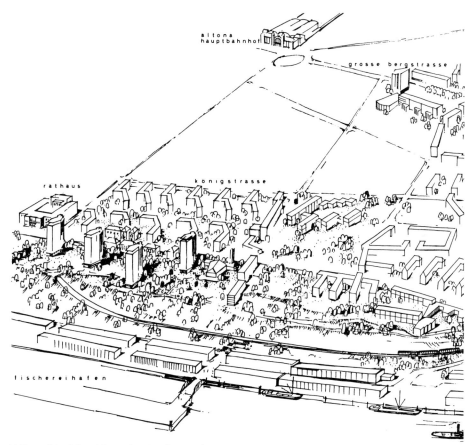

14 Baugebiet Neu-Altona in Hamburg. Planer Ernst May und Werner Hebebrand. Planung 1954, Realisierung 1956–1967. Wieder- und Neuaufbau eines zu 60% zerstörten Innenstadtgebietes, nach den Grundsätzen der gegliederten und aufgelockerten Stadt (insgesamt 210 ha mit Geschoßflächenzahlen bis 1,1). Vor der Zerstörung: 20.000 Wohneinheiten und 65.000 Einwohner. Planungsziel: 12.000 Wohneinheiten, 36.000 Einwohner.

sitionen zum Häusermeer des 19. Jahrhunderts, mit seinem schematischen und wenig differenzierten Straßennetz.

Eine Art Planungsfibel, die die Freie und Hansestadt Hamburg veröffentlichte, setzt um, was in dem Buch von Göderitz, Rainer und Hoffmann als Entwicklungstendenz dargestellt worden war. Erich Kühn hat diesem funktionalen Gliederungsschema noch eine Art basisdemokratischen Aufbau der städtischen Legislative zugeordnet. So wurde auch die aus den 20er Jahren stammende Forderung, daß alle Bewohner der Stadt in gleicher Weise besonnte, belichtete und belüftete Wohnungen erhalten sollten, die, über den Fußgängern vorbehaltene

15 Hannover, Wiederaufbau des Kreuzkirchenviertels, Luftbild nach der Fertigstellung 1952. Städtebauliche Planung: Konstanty Gutschow

Wohnwege erschlossen, sich vom Lärm der Straße abwenden, zum wichtigsten Ziel erklärt. Hiermit verbunden war die Abkehr von den in sich geschlossenen Raumfolgen der Straßen und Plätze, die über Jahrhunderte die Siedlungsformen Mitteleuropas bestimmt hatten. Allerdings wurde die Aufgabe dieser historischen Gestaltungsprinzipien durchaus nicht als Verlust empfunden, im Gegenteil: Die enge Durchdringung von Freiflächen und Gebäuden wurde als sinnvolle Entsprechung eines neuen Lebensgefühls interpretiert. Der fließende Raum, der, in der Nachfolge des Barcelona-Pavillons von Mies, kennzeichnend für moderne Gebäude geworden war, wurde auch ein städtebauliches Prinzip. (Sven Markelins hat schon 1932 ein solches Raumkontinuum entworfen).

Angesichts der imperialen Maßlosigkeiten, welche die Staatsarchitektur, noch mehr aber die städtebaulichen Zielsetzungen des Dritten Reiches auszeichneten – die nicht nur von Dimensionen bestimmt waren, die jedes menschliche Maß ignorierten, sondern sich, mit Axialität und Symmetrie, zwei Stilelemente in einem Maße aneigneten, daß diese zu einer Art Synonym für diese Geisteshaltung wurden – (unabhängig davon, daß der Pseudoklassizismus bei ähnlichen Bauaufgaben auch den Zeitgeist in anderen Ländern beherrschte), wird das Ressentiment der bundesdeutschen Architekten der Nachkriegsgeneration gegen jedweden Formalismus wohl verständlich. Wie sehr wir damals auf ein Gegenbild fixiert waren – noch verstärkt durch das Erlebnis der im Entstehen begriffenen Stalinallee – mag ein kleiner Exkurs illustrieren: Ich kann mich gut erinnern an ein langes Gespräch mit Arne Jacobsen bei einem Preisgericht in Berlin, als es um eine große Universitätsplanung in Dahlem ging. Da gab es einen formal sicher interessanten und auch funktional befriedigenden, streng axial aufgebauten Entwurf (bei der Öffnung der Umschläge stellte es sich heraus, daß der Verfasser ein bekannter dänischer Kollege war). Arne Jacobsen verteidigte diesen Entwurf nach Kräften und wollte gar nicht verstehen, daß wir diesen Planungsansatz von Grund her ablehnten, daß wir Angst vor dem Pathos hatten und letztlich eine stark differenzierte Arbeit mit vielen Höfen, die eher einem Labyrinth glich, prämierten, die Georges Candilis eingereicht hatte.

Bereits eine der ersten Wiederaufbauleistungen in einer Innenstadt, das Viertel um die Kreuzkirche in Hannover, zeigt das Bemühen um eine Auflockerung der früher nahezu total zugebauten Fläche, wodurch sich ein Gartenbezug der im Erdgeschoß liegenden Wohnungen ergab. Das Bemühen um „Maßstäblichkeit" ist erkennbar, zugleich aber auch eine Neudefinition des Raumbegriffes durch eine Baukörperstellung, welche die nachbarlichen Schwierigkeiten, die sich zwangsläufig aus zu großer Nähe – vor allem bei vielen Blockecken – ergeben, vermeidet. Die Spannweite der Planungskonzepte wird an der Tatsache deutlich, daß am Beginn des Wiederaufbaus der Großstadt Hamburg ein ganz anders geartetes spektakuläres Projekt stand: die Hochhäuser am Grindelberg, bestimmt für die britische Besatzungsmacht, die eine geschlossene Unterbringung für die Familien ihrer Offiziere und Unteroffiziere schaffen wollte. Auch hier war die – allerdings kontrapunktische – Gegenüberstellung von Gebäude und Freiraum eine grundlegende Absicht. Rudolf Lodders, einer der Planer, hat die Faszination, die dieser Plan auslöste, später so beschrieben:

> „Die Errichtung dieser luftumspülten, ganz frei im Gelände stehenden Bauwerke, mit fast 100 Meter Abstand voneinander, erforderte bei solcher Höhenentwicklung nur neun von Hundert der gesamten Grundfläche, so daß 91 von Hundert für die ausgedehnten, die gesamten Baublöcke umfließenden Parkanlagen den Bewohnern zur Verfügung bleiben würde, während die durch den Krieg zerstörte Bebauung 41 von Hundert dieser Geländefläche in Anspruch genommen hatte".

Es ist bemerkenswert, daß es für die Figuration der versetzt angeordneten Zeilen ein – allerdings sehr viel harmloseres, weil nur 3-geschossig bebautes – Vorbild gab: Die Siedlung Blidah in Kopenhagen, die schon Roland Rainer in seinem Buch als vorbildlich herausgestellt hatte.

Beim schon erwähnten ECA-Wettbewerb verfolgten manche Entwürfe die aus der Sache heraus sehr logische Absicht, für die unterschiedlichen Familienstrukturen, unterschiedlichen Bildungsgrade, beruflichen oder freizeitbezogenen Interessen künftiger Bewohner ein möglichst differenziertes Angebot an Wohntypen bereitzustellen, woraus, recht bedacht und konsequent umgesetzt, auch sehr unterschiedliche Gebäudeformen resultierten. In Hannover hatten wir – als ein Beispiel – neben einem 5-geschossigen Laubenganghaus für die kleinen Wohnungen und 2-geschossigen Reihenhäusern auch ganz billige, erdgeschossige Reihen- und Doppelhäuser (16.000,– DM einschließlich Grundstück!) mit einem 250qm großen Garten erstellt, die inzwischen von den Bewohnern mehr oder weniger phantasievoll den erweiterten Bedürfnissen angepaßt worden sind. 1952 haben dann meine Frau und ich in Hamburg eine kleine Siedlung gebaut. Hier spielte die sehr naheliegende, gleichwohl später viel zuwenig beachtete Überlegung eine

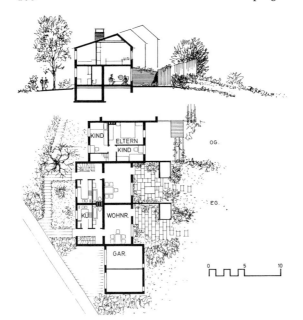

16 Hamburg, Wohnsiedlung Hölderlinstraße. Planung 1952, Architekten: I. und F. Spengelin.
Grundriß und Schnitt M 1:500.
Das 20qm große Gartenhöfchen
erweitert den Wohnbereich und
schirmt ihn nach außen ab. Es
ist groß genug, daß kleine Kinder mit ihren Freunden darin
spielen und Erwachsene die
Sonne genießen können.

Rolle, nämlich wie man den — damals noch sehr knapp bemessenen — Wohnraum durch ein „grünes Zimmer" erweitern kann, das ja vielen Familienaktivitäten, die man bei gutem Wetter lieber im Freien, aber ungestört verrichtet, viel besser dient.

Für das — aufgrund der nur dort gegebenen ausreichenden Grundstücksverfügbarkeit — unumgängliche Bauen am Stadtrand und in Kleingartengeländen wurden dann verschiedene Versuche charakteristisch, mit Hilfe von Zeilen unterschiedlicher Höhe und unterschiedlicher Ausrichtung und in Kombination mit anderen Bauformen freie, ineinanderfließende Räume zu bilden. Das intensive Bemühen, sich mit der topographischen Situation auseinanderzusetzen und hieraus dem Siedlungsgefüge eine besondere Eigenart zu verleihen, hatte (gegenüber dem reinen, parallelen Zeilenbau, wie ihn May 1929 in Frankfurt-Westhausen praktizierte) das Ziel, in stärkerem Maße „unverwechselbare" Situationen anzustreben. Der Bewohner sollte seinen eigenen Standort besser identifizieren können. Ein wichtiges Beispiel für diese Tendenzen ist die als erste frei finanzierte und frei vermietete Großsiedlung der Bundesrepublik auf Initiative von Heinrich Plett — der gerade die Leitung der „Neuen Heimat" übernommen hatte — 1953 entstandene „Gartenstadt Hohnerkamp". Bernhard Reichow konnte hier seine Theorien über „organische Stadtbaukunst" im großen Zusammenhang realisieren:

17 Hamburg, Hölderlinstraße. Lageplan M 1:2.000

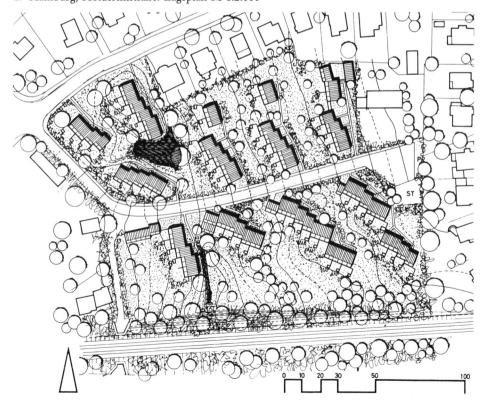

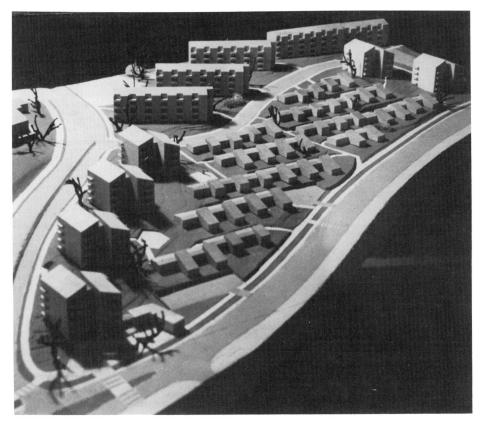

18 Hamburg-Harburg, Denickestraße. Teilausschnitt aus dem Wettbewerbsmodell I. und F. Spengelin, 1956. Höhere Häuser mit Mietwohnungen umgeben, in Übersteigerung der Topografie, die
terrassenartig angeordnete Bebauung mit winkelförmigen Einfamilienhäusern.

> „Die Bebauung enthält zweigeschossige Reihenhäuser, dreigeschossige Mietblocks und sechsgeschossi-
> ge Punkthäuser. Höhenmäßig staffelt sie sich mit dem insgesamt auf 1,3 Kilometer nur acht Meter
> steigenden Gelände derart, daß sich trotz des geringen Höhenunterschiedes die Wirkung einer Terras-
> senstadt ergibt ...
>
> All dieses bringt eine solche Mannigfaltigkeit des Stadtbildes mit sich, daß sie uns den funktionell,
> besonders um der rechten Besonnung willen, kaum zu übertreffenden Zeilenbau kaum bewußt wer-
> den läßt".

In der Folgezeit waren es insbesondere erdgeschossige Gebäude in Winkelform oder
als Atriumhäuser, die – auch im sozialen Wohnungsbau – das Wohnungsangebot ergänz-
ten, wenn sie auch meist – da spreche ich aus eigener Erfahrung – nicht ohne Schwierigkeiten realisiert werden konnten. Zu Werner Hebebrands Zeiten als Oberbaudirektor in
Hamburg war das möglich: Er half den Architekten, die Bauträger zu überzeugen. Denn:
Wenn man jungen Familien mit kleinen Kindern eine adäquate Wohnform gönnt – so
haben wir argumentiert –, entsprechen solche Gebäude genau den Bedürfnissen. Sie
müßten dann aber – der finanziellen Situation entsprechend – weitgehend Mietwohnun-

19 Hamburg-Harburg, Denickestraße. Schnitt und Aufriß, M. 1:800

gen sein. Als eine ebenso wichtige Aufgabe erkannte man die Absicht, wohnliche Grundrisse insbesondere auch für Kleinfamilien oder Einzelpersonen in Punkthäusern, auch in vielgeschossigen, zu erfinden: Die Siedlung Denickestraße in Hamburg-Harburg ist ein Beispiel hierfür.

Das durch die verschiedenen Gebäudegrundformen entwickelte — sehr differenzierte — Wohnungsvokabular konnte auf Quartierebene zu „räumlichen Ensembles" zusammengefaßt werden, die durchaus zur Eigenständigkeit geführt wurden. Praktiziert wurde diese Methode, allerdings nicht sinngemäß, bei der „Interbau" 1957, im Hansaviertel in Berlin, das man ehrlicherweise nicht als vorbildliche Städtebauleistung beurteilen sollte, sondern als ein ausstellungstechnisch motiviertes Sammelsurium von in Grundrisse und Gebäudetypen umgesetzten Wohnerkenntnissen in teils mehr konventioneller, mehrheitlich aber höchst phantasievoller, individueller und damit lehrreicher Weise. Die Gebäude im Hansaviertel wurden von einer Demonstrationsschau begleitet, gedacht als realistische Alternative zum Konfektionswohnungsbau. Prominente Stadtplaner und Landschaftsarchitekten stellten hier ihre Vorstellung von der „Stadt von morgen" in Modellen, Zeichnungen und Texten zur Diskussion.

Es würde mich wirklich interessieren, wer unter den heute leichtfertig dies Ereignis Kritisierenden (und auch von den in der gegenwärtigen Praxis Planenden) sich die Mühe gemacht hat, das damals Dargebotene noch einmal ausführlich zu studieren? Ich meine nämlich: Es kann kaum ein begründeter Zweifel darüber herrschen, daß das dort Gezeigte, im Qualitätsanspruch, weit über dem damals üblichen und praktizierten Durchschnitt stand. Als Resümee der Planungsvorschläge konnte man lesen:

20 Hamburg-Harburg, Denickestraße. Blick in den Innenhof eines Einfamilienhauses

„In der Stadt von morgen ist die Landschaft die Planungsgrundlage. Grünflächen bilden ein die ganze Stadt durchdringendes und gliederndes Gerüst ...

In der Stadt von morgen kommen Arbeiten, Wohnen und Erholen wieder in einen sinnvollen und kräftesparenden räumlichen Zusammenhang ...

In der Stadt von morgen lebt der Mensch in überschaubaren städtischen Lebensbereichen, verbunden mit seinen Mitmenschen. Zugleich findet jeder die Möglichkeit zu eigener, persönlicher Lebensführung ... Kinder wachsen in dieser Stadt in naher Verbindung zur Erde und zur Natur auf ... Die Menschen können die Freizeit durch sinnvolles Tun zur Bereicherung ihres Lebens nutzen ...

In der Stadt von morgen wird der Mensch – seinen biologischen Gesetzen gemäß – gesund leben".

Ein Ernstnehmen solcher Forderungen und ein sorgsameres Eingehen auf die daraus abzuleitenden Konsequenzen für die Ordnung von Stadt- und Quartiersstrukturen und für den notwendigen Zusammenhang von Wohnbau und Infrastruktur hätte in der Folgezeit manche inzwischen erkennbaren Fehler erspart.

Hier schließt die berechtigte Frage an: Aus welchen Gründen wurden die damals entwickelten Vorstellungen anschließend nur da und dort bei kleinen Vorhaben realisiert, nicht aber zum Vorbild „städtebaulicher Großexperimente" genommen angesichts einer „Wohnungsbauleistung" von 500.000 Wohneinheiten und mehr im Jahr? Denn: Zweifellos legten zur Zeit der Interbau zahlreiche, oft sehr schematisch konzipierte Wohngebiete durchaus erkennbare Mängel offen: Die Zeilenbauweise zeigte sich wenig geeignet, alleiniges Gestaltungsprinzip in Großsiedlungen, erst recht nicht von ganzen Stadtteilen zu werden, da die gegenüber der vorindustriellen Zeit nun vielfach vergrößerten Baugebiete, mit einer Vielzahl in sich gleicher oder ähnlicher Einzelelemente, nicht überzeugend gegliedert werden konnten – und schon gar nicht hierarchisch, was ab einer bestimmten Dimension wohl nötig ist.

So richtete sich ein anderes, gleichermaßen soziologisch wie formal gedachtes Prinzip auf die Bildung „städtebaulicher Einheiten" oder „wiederholbarer Wohnquartiere", zusammengesetzt aus verschiedenartigen Gebäude- und Wohnungstypen, die auch eine unterschiedliche Stellung zur Himmelsrichtung ermöglichen, um so eine natürliche Mischung annähernd „vollständiger" Bevölkerungs- und Altersgruppen zu erreichen. Häufig wurden die so entstandenen „Ensembles" (wie beispielsweise in den städtebaulichen Arbeiten von van den Broek und Bakema, die bei vielen deutschen Planern und Architekten eine heute kaum mehr zu verstehende Faszination auslösten) dann, um die große Fläche zu füllen, sehr schematisch additiv aneinandergereiht, so daß sie als eine Art „Stempel" wirkten.

Ein anderer Versuch, der sehr viel lebendiger angelegt war, der Entwurf von Walter Schwagenscheidt und Tassilo Sittmann für die Nordweststadt in Frankfurt, kam letztlich deshalb nicht zum vollen erstrebten Ergebnis, weil die modulierten, als „Höfe" aufgefaßten Hausgruppen des Wettbewerbs mit den bewußt als „Gegenform" herausgearbeiteten freien Zwischenräumen dem Egalisierungsprinzip der Bauordnung zum Opfer fielen.

Interessant ist als positives Beispiel in diesem Zusammenhang der Wiederaufbau von Helgoland, wo eine „Technische Kommission" aus anerkannten Fachleuten (Otto Bartning, Werner Hebebrand, Ulrich Haake, Godber Nissen u.a.) durch ihre Beurteilung in jedem Einzelfall quasi die Bauordnung ersetzte, so daß – zweifellos auch unter dem Zwang begrenzter Baufläche und klimatischer Besonderheiten – autofreie Gassen und Plätzchen entstehen konnten, Paraphrasen historischer Strukturen. Zudem mußte die „Technische Kommission" jedes Bauvorhaben genehmigen, bevor es – weitgehend durch öffentliche Mittel – finanziert wurde.

Der Gerechtigkeit wegen muß man sagen, daß die Aufgabe, vor der die Planer der 50er Jahre standen, eigentlich beispiellos war, zum mindesten, was die Bewältigung der Anzahl von Wohnungen in der Kürze der Zeit betraf. Insbesondere wurde die Unterteilung großer Flächen in „erfaßbare" Einheiten, die bei diesen städtebaulichen Dimensionen unverzichtbar ist, sehr oft nicht erreicht oder nicht beabsichtigt. Zwei Großprojekte, die über Wettbewerbe entstanden sind, möchte ich – stellvertretend für manche – jedoch positiv hervorheben. Hier ist der Wille zur Gliederung in identifizierbare Quartiere augenfällig. Beim Wettbewerbsentwurf von Max Guther für den neuen Stadtteil Düsseldorf-Garath sollten vier Wohnviertel beiderseits der Hauptverkehrsadern (Straßen und S-Bahn, die zum Stadtkern führen) durch einen zentralen Bereich miteinander verbunden werden. Jedes Viertel hat dabei seinen eigenen Mittelpunkt und zeichnet sich durch eine Mischung sehr unterschiedlicher Gebäudeformen aus, die – obwohl als Zeilen konzipiert – durch ihre Anordnung räumlich wirken. Um die Problematik der Aufgabe zu verdeutlichen, möchte ich auf die Abmessungen des Ganzen hinweisen: 1,5 km in der Breite und 3 km in der Längserstreckung. Das sind genau die Abmessungen des heiligen Köln innerhalb der heutigen Ringstraßen, eine Fläche, die, über Jahrhunderte hinweg, bis zur Neuzeit erst zum Teil bebaut war. Man mag daran die Problematik erkennen, die sich ergibt, wenn ein solches Gebiet innerhalb weniger Jahre zur Disposition steht. Weiterhin wäre

auf zwei Wettbewerbsentwürfe für die neue Stadt Wulfen hinzuweisen. Beide Struktur-
pläne – der 1. Preis von Fritz Eggeling und der 2. Preis von Ernst May – nehmen primäre
Vorgaben auf, die durch den Landschaftsraum vorhanden sind und entwickeln daraus
ein Kontinuum von offenen und geschlossenen Räumen.

5. Das Ende der 50er Jahre

Schlagworte wie „Gesellschaft durch Dichte" und „Multifunktionalität" und das Gespenst
der „grünen Witwe" bezeichneten gegen Ende der 50er Jahre eine Neuorientierung des Zeit-
geistes in der fachlichen und kommunalpolitischen Diskussion, die auch den Wohnungsbau
maßgeblich beeinflußt hat. Als entsprechende Forderungen laut wurden, da waren es allerdings nicht Architekten und Städtebauer, die als erste sprachen: Es waren Soziologen, die
glaubten, in der Nachbarschaftsgliederung einen ideologischen Holzweg konstatieren zu
müssen, es waren Verkehrsexperten, die auf die Notwendigkeit konzentrierter Agglomera-
tion als Voraussetzung für rentable Nahverkehrsmittel und damit auf eine Alternative gegen
den nicht mehr zu beherrschenden Individualverkehr hinwiesen. Es waren die Haus- und
Grundbesitzer, die die größtmögliche Rendite für ihre Liegenschaften, und es waren die Ge-
schäftsleute, die den größtmöglichen Umsatz durch eine kompakte Ansiedlung ihrer Käufer-
schichten forderten. Und es waren darüber hinaus Pädagogen und für das kulturelle Leben
Verantwortliche, die nachweisen wollten, daß erst eine bestimmte Anzahl von Menschen,
vereint innerhalb einer bestimmten begrenzten Fläche, die Voraussetzung für die Errichtung
der angestrebten Gesamtschulen mit ein paar Tausend Schülern, sowie von anderen Bildungsstätten und für das Entstehen kultureller Betätigung sind. Wir können feststellen: Die
Einrichtung der großen Schulzentren und der Großeinkaufsmärkte entspringt letztlich der
gleichen Wurzel und der gleichen Zeit.
    Eine Konsequenz, die viele Planer zogen, war die auch heute noch vielfach anzutreffen-
de – irrige – Meinung, der unter vielen Umständen durchaus positiv zu beurteilende
Begriff der „Dichte" wäre zwangsläufig nur mit sehr hohen Gebäuden zu realisieren. So
holte das Pendel zur Gegenbewegung aus. Aus den Veränderungsprozessen von Wiederaufbau und Weiterentwicklung waren die großen Städte mit gestärkter Kraft und gestei-
gerter Bedeutung hervorgegangen. 1960 veröffentlichten Hillebrecht und Müller-Ibold
eine Untersuchung mit dem Titel *Städte verändern ihr Gesicht. Strukturwandel einer
Großstadt und ihrer Region, dargestellt am Beispiel Hannover.* In ihr wurde der Wandel
der Wirtschafts- und Sozialstruktur und die damit verbundenen Auswirkungen auf Sied-
lungsstruktur und -gestalt dargestellt. Die vehementen Wachstums-, Konzentrations-,
Veränderungs- und Ausbreitungsprozesse (nach den Leitvorstellungen der gegliederten
und aufgelockerten Stadt mit ihren Ideenkomponenten aus der stadt- und zivilisations-
kritischen Sphäre der Siedlungs- und Gartenstadtbewegung) hatten ja nicht zu einer
„Stadt" im traditionellen Sinne geführt. Ausgedehnte und amorphe Individualgebiete
von Einfamilienhäusern gaben der berechtigten Skepsis Nahrung. Die Ausstellung *Heimat deine Häuser,* die zur Besinnung aufrief, hatte großen Erfolg.

Als Auftakt eines neuen Reformschubes begann eine neue Leitbilddiskussion, die auf die Wiedergewinnung stadtspezifischer Qualitäten gerichtet war. Die Erkenntnis, daß die Auflösung der überkommenen Stadtformen nur ein Symptom war für die Auflösung traditioneller Kulturbegriffe und -werte, provozierte die Frage, welche Werte in Zukunft für neue Formen des Zusammenlebens in der Stadt maßgebend sein sollten. Damit war die Frage nach der kulturellen Rolle neu gestellt. Ein bedeutender Wortführer war der Ökonom und Soziologe Edgar Salin. In seinem Augsburger Vortrag bei der Hauptversammlung des Deutschen Städtetages 1960, der großes Aufsehen erregte, beschwor Salin die städtische Lebenskultur der Antike: Urbanität seî „an eine bestimmte Stadt, an eine bestimmte Zeit, an eine bestimmte Stufe der Gesellschaft gebunden", nicht losgelöst zu denken von der „aktiven Mitwirkung der Stadtbürgerschaft am Stadtregiment". Die Wirkung Salins war beträchtlich, leider wurde seine kulturelle Botschaft allzu eilfertig in handfeste Schlagworte umgemünzt, mit der Folge, daß eine unreflektierte Auflockerungsideologie durch eine ebenso unreflektierte Urbanitäts- und Verdichtungsideologie ersetzt wurde.

Abseits der Großprojekte wurden gegen Ende der 50er und Anfang der 60er Jahre an mehreren Orten Versuche einer Integration von Flachbau und Hochbau erdacht, in der Erkenntnis, daß sich bei Gebäuden zwischen fünf und sieben Geschossen durchaus verschiedenartige Wohnformen quasi als „Häuser im Haus" realisieren lassen, differenziert nach:

· der Größe der Wohnung, die zusätzlich durch Schalträume variiert werden kann;
· der Form der Zuordnung der Räume innerhalb der Wohnung und
· der Art der Raumnutzung.

Bei konsequenter Einhaltung dieses Prinzips ergeben sich vielfältige Kombinationen, zum Beispiel:

Das Einfamilienhaus als Atriumhaus im vorgelagerten Flachbau. Wohnraum, Diele und Eßplatz bilden einen zusammenhängenden Wohnbereich. Die Schlafräume können, davon ungestört, ein halbes Geschoß höher angeordnet sein.

Das zweigeschossige Reihenhaus als Maisonettewohnung. Hierdurch ergibt sich der Vorteil der Funktionsgliederung in Wohn- und Schlafbereich und zusätzlich eine optische und akustische Aufwertung der Terrasse, da das Geschoß unmittelbar darüber noch zur eigenen Wohnung gehört. (Eine Variation bildet die Wohnung mit versetzten Geschossen (Split-Level), wo Verbindungen entstehen, die auf kleiner Fläche eine großzügige Raumfolge erlauben).

Im obersten Stockwerk können dann Wohnungen mit Dachterrassen entstehen, die noch einmal Einfamilienhauscharakter haben.

Aber das ist eine andere Geschichte.

21 Ausstellung „Stadt für Morgen" auf der INTERBAU in Berlin 1957. Idealstadtskizze von Walter Schwagenscheidt.

6. Epilog

Wenn man die Kritik-Welle, die sich immer wieder mit dem Bauen der 50er Jahre auseinandersetzt, nüchtern analysiert, kann man einen gravierenden Umstand nicht übersehen: Das Neue, welches sich im 20. Jahrhundert im Gefolge der modernen Architektur und Stadtplanung ereignet hat, ist die unverzichtbare integrierte Einbeziehung des Elementes „Grün" sowohl als raumbildendes (beziehungsweise raum-mit-bildendes) als auch als raumgliederndes Medium. Eine Symbiose von Häusern und Vegetation, Räume, die durch Gebäude gebildet werden, und solche, die durch Bäume entstehen. Hierdurch ist die Gestaltungsmöglichkeit ausgeweitet worden, eindeutig mit dem Ziel, eine „humane" Umwelt zu schaffen. Es muß jedoch, um diese Ideen zur Reife zu bringen, nicht nur die Zeit, die für den Häuserbau erforderlich ist, eingesetzt werden, sondern auch die Zeit, welche die Natur braucht, um das zur Reife zu bringen, was geplant und gepflanzt wurde. Bäume können nicht so schnell wachsen wie Häuser. Sicher ist es nicht einfach für die Bewohner, diese Tatsache zu akzeptieren. Und sicher wird das „Erst-Image" eines neuen Wohngebietes negativ belastet, wenn das gedachte Erscheinungsbild erst nach 10 bis 15 Jahren erreicht wird. Architekturkritiker allerdings, welche — wie man oft feststellen kann — die Phantasie nicht aufwenden können, den künftigen Zustand der Vegetation zu beurteilen, haben sicher den falschen Beruf. (Der einzige inzwischen bereits mit Erfolg praktizierte Ausweg aus diesem Dilemma besteht darin, daß sowohl Gemeinden als auch Bauherren rechtzeitig nicht nur für das „kleine", sondern auch das „große" Grün sorgen und pflanzen, lange bevor die Baustelle beginnt). Das Hansaviertel in Berlin zeigt heute das späte Ergebnis früher Überlegungen.

Zweifellos ist in den letzten Jahren die „Architekturszene" in Bewegung geraten. Es werden nuancenreich divergierende Tendenzen erkennbar, die deutlich andere und neue Zielrichtungen haben als bisher. Dabei reicht das, was zur Zeit nicht nur die Gemüter der Eingeweihten bewegt, von einem neuen Regionalstil, der sich scheinbar alterprobter Architekturelemente bedient und nur allzuoft in das abgleitet, was Jürgen Paul „historisierende Anspielungsarchitektur" nennt, bis zu höchst ästhetisch-intellektuellen Ansprüchen der sogenannten „Rationalisten" und der „Postmodernen", die sich − teils auch deshalb (und so auch verständlich), weil dort der gegebene Ort für eine Realisierung ist, auf die geometrischen Stadtbaustrukturen des späten 19. Jahrhunderts (der Gründerzeit) beziehen und damit gerade − was Wohnungsqualität betrifft − mit allen nur durch Kompromiß lösbaren Problemen konfrontiert werden, die die Neuerer der 20er Jahre elegant umsteuert haben, indem sie den Zeilenbau kreierten.

Reichtum an Details? Gewiß. Jedoch: ist die zur Zeit (mit einem beträchtlichen Begleitorchester) propagierte „Revision der Moderne", die den 50er Jahren ja kritisch gegenübersteht − bei aller Anerkennung als verständliche Replik auf die verkarsteten Massenproduktionen der 60er und 70er Jahre − die richtige und seriöse Antwort auf die noch immer offene Frage nach der humanen Stadt? Der Vergleich zwischen Aufwand und Wirkung, der beim Wohnungsbau doch zu den Grundlagen der Beurteilung gehören sollte, fällt ziemlich bescheiden aus: Einerseits der an großbürgerliche Zeiten erinnernde Aufwand für Fassadendekorationen und Gliederung, der allenfalls noch ins Haus hineinreicht und ein „herrschaftliches" Treppenhaus erzielt, andererseits die meist sehr dürftigen, nur wenig flexibel nutzbaren Grundrisse. Die Frage drängt sich auf: Wo ist das − notwendigerweise beschränkte − Investitionskapital besser angelegt: für die „äußere" Erscheinung oder für den „inneren" Wohnwert? Auch Umfang und Aufteilung der Unterhaltskosten müßten unter diesem Aspekt betrachtet werden. Und daneben, auch beim Publikum offenbar sehr beliebt: Diese „neue deutsche Putzigkeit", die Giebelitis, die oft nicht einmal ausbaufähige Dächer zuwege bringt, weil sie über die Schmalseite der Gebäude gespannt sind!

In diesem Zusammenhang schrieb mein Freund Hans Kammerer, seinerzeit einer der Mitverfasser von *Heimat deine Häuser*, im vorvergangenen Jahr:

> „Die frühe Moderne war an ihrem Anfang die karge Architektur der Armen. Sie machte keinen Hehl daraus, sondern eine Tugend. Eignet sich der geistige, der moralische Ansatz dieser Architektur in unserer Zeit der leeren Kassen und der steigenden Arbeitslosigkeit nicht eher als Ausgangspunkt für eine Renaissance als die Wiedergeburt historischer Architekturen? Dies ist nicht eine Frage der Kosten, sondern der Glaubwürdigkeit von Formen . . ."

Das, was Funktionalismus wortwörtlich bedeutet: nämlich ein Ding so anlegen, daß es seinen Zweck voll erfüllt, muß für das Produkt Wohnen immer und in jeder Beziehung gelten. Darin liegt meines Erachtens kein irgendwie gearteter Widerspruch zu irgendeiner

anderen wichtigen Forderung, weder aus städtebaulich-formaler noch aus architekto-
nisch-formaler Sicht.

Wenn nach einer schlagwortartigen Charakterisierung gesucht wird, welche das gute
Bauen der 50er Jahre beschreibt, dann fällt mir immer das alte Motto des preußischen
Generals Helmuth von Moltke ein:

> „Mehr sein als scheinen".

In diesem Sinne ein eigenes Zitat:

> „Es kommt nur darauf an, alles, was in einem Environment in diesem Sinne wirkt oder zur Wirkung
> gebracht werden kann, bewußt durch Planungen so ins Spiel zu bringen, daß die so gestaltete Situation
> in den Menschen etwas ‚auslöst‘, was zu einer Übereinstimmung mit ihrer Umgebung führt, die dann
> ein Gefühl der Ruhe und Zufriedenheit, aber auch eine Anregung von Phantasie und Vorstellungskraft
> bewirken kann".

Diese Sätze habe ich gegen Ende der 50er Jahre einmal in einem Vortrag gesagt. Damit
läßt sich auch hier schließen.

Wolfgang Pehnt

UMGANG MIT RUINEN
Kulturbauten in der deutschen Nachkriegsarchitektur

„Umgang mit Ruinen": Das war Nachkriegsalltag. Andererseits ist über Kulturbauten zu sprechen, also doch wohl über Kirchen, Theatergebäude, Museen, Bildungsinstitute, die zu ihrem Funktionieren der unbeschädigten Gehäuse zu bedürfen scheinen. Denn wer wollte so kostbare Güter wie Musikinstrumente, Bücher oder Gemälde, wer wollte gar Orchestermusiker und Schauspieler, Publikum oder Gemeinde der Unbill der Witterung oder gar der ungesicherten Statik beschädigter Bauwerke aussetzen? Kulturleistungen sind in unserer arbeitsteiligen Hochzivilisation auf Perfektion angelegt, auch wenn sie naturgemäß Vollkommenheit nur in seltenen Fällen erreichen. Ruinen aber sind Zeugnisse der Hinfälligkeit, Vorläufigkeit, Gebrechlichkeit – wie geht das zusammen?[1]

In den ersten Monaten und Jahren nach 1945 ging es zusammen und mußte zusammengehen, anders wäre der Kulturbetrieb nicht in Gang gekommen; und der Kulturbetrieb war derjenige Sektor des öffentlichen Lebens, der am schnellsten und am wirkungsvollsten in Gang kam. Die erste deutsche Theaterpremiere nach der Kapitulation ging in Berlin dreieinhalb Wochen nach Kriegsende über die Bühne. Die erste deutsche Kunstausstellung, organisiert vom Bildhauer Hans Uhlmann, fand im Frühsommer 1945 statt[2]. Es gab vermutlich keine Epoche der deutschen Kulturgeschichte, in der soviel Theater gespielt, so andächtig Musik gemacht, so intensiv gelesen wurde wie in den drei Jahren zwischen Kriegsende und Währungsreform, auch wenn kritischen Beobachtern der kompensatorische Zug dieser Kulturbemühungen nicht entging. Einen „Überfrühling der Künste" nannte Erich Kästner diese Zeit der Dichtervorträge und Kulturkongresse[3].

Alles, was stattfand, war auf notdürftig geflickte Museumsgebäude angewiesen, auf zweckentfremdete Vorstadtkinos, Schulaulen oder Turnhallen, auf primitiv abgedichtete Querhäuser oder Apsiden. Allein die Theater waren zu 86 Prozent zerstört oder schwer in Mitleidenschaft gezogen. Eine der ersten Aufführungen, an die ich mich selbst erinnern kann, wurde im demolierten Foyer einer Stadthalle zelebriert. Goethes Iphigenie natürlich, damals eines der meistgespielten Stücke, weil es die Rückkehr zur Humanität und die Versöhnung nach großem Unrecht feierte – allzu schnell und allzu kurzschlüssig auf die Situation jener Jahre angewendet. Als Iphigenie den berühmten Eingangsmonolog begann, war ihr Atem auf der kalten Notbühne sichtbar. Tauris lag in der amerikanisch besetzten Zone, und das „schaudernde Gefühl", mit dem Agamemnons Tochter den „alten, heilgen, dichtbelaubten Hain" betrat, empfanden die Zuschauer auch körperlich nach. Wir saßen auf Holzstühlen, eingehüllt in dieselben Wolldecken, die schon in den Luftschutzkellern ihren Dienst getan hatten.

Die Ästhetik und Metaphysik der Ruine hat eine lange Geschichte. Sie reicht zurück über die Denkmalpflegedebatten kurz nach der Jahrhundertwende, über die romantische

Vorliebe für das Fragment, über die ruinösen Follies der englischen Landschaftsgärten
– ruinös manchmal auch für die Bauherren –, über die Bilder aus Renaissance und Manierismus, die reale Zeugnisse des römischen Altertums schilderten, den Turmbau zu Ba-
bel oder die notdürftige Unterkunft des Heiligen Paares zu Bethlehem (der ramponierte
Zustand ihrer Bleibe verwies zugleich auf den verfallenen Palast König Davids), bis hin
zur Verwendung antiker Spolien in der Baukunst des Mittelalters. Überlegungen dieser
Art waren, wie sich von selbst versteht, nicht die Sorgen der Trümmergeneration. Über
vier Millionen Wohnungen waren zerstört oder schwer beschädigt. Der Schutt, so hat
jemand ausgerechnet, türmte sich zu Bergen von 250 Millionen Kubikmetern (nach anderen Schätzungen 400), aus denen man eine 2 m dicke und 7 m hohe Mauer um die gesamte
Bundesrepublik hätte ziehen können. Den Augen der Zeitgenossen erschien er nicht, wie
die klassischen Ruinen, als strukturierte Teile eines vergangenen Ganzen. „Irreführend
wäre das Wort ‚Ruinen' ", notierte Alfred Kerr im Juli 1947, „ein Grauen ohne Tragik;
nur noch was Unangenehmes. Eine Ruppigkeit. Eine Häßlichkeit. Eine Trostlosigkeit
. . . Eine Schutthalde"[4]. Da war jener Umgang mit Ruinen selbstverständlich, der darin
bestand, sie so bald wie möglich zu entfernen.

Trümmerbeseitigung war ein Gebot der statischen Sicherheit, der Wiedereröffnung
verschütteter Verkehrswege, der Freiräumung von Grundstücken für die ersten Baumaß-
nahmen, der sanitären Hygiene und natürlich auch der psychischen Stabilisierung. Man
wollte sich aus dem Gesichtskreis schaffen, was an Elend und existentielle Not, an Niederlage und womöglich auch an Schuld erinnerte. Die Stimmen waren selten, die mahnten, die Ruinen pietätvoll zu hüten und Teile der Innenstädte wenigstens vorerst als
Trümmerstätten zu bewahren. Manchen Vorschlägen zufolge sollten die Schuttberge einfach überbaut oder im Inneren der Wohnblocks in terrassierte Hausgärten umgewandelt
werden. Den meisten Planern schien die Zerstörung endlich die Chance einer durchgrei-
fenden Modernisierung zu eröffnen. Heimatschützer und Denkmalpfleger hatten von
vornherein einen schweren Stand gegenüber der Planungseuphorie, die von der Konsti-
tuierung des Speerschen Arbeitsstabes Wiederaufbauplanung zerstörter Städte im Herbst
1943 bruchlos in die Nachkriegszeit hinüberreichte[5]. Als makaber mag man empfinden,
daß so viele Städte die Hinterlassenschaft der Katastrophe ausgerechnet zur Herstellung
ihrer Vergnügungsparks und Freizeitterrains nutzten: der Teufelsberg am Grunewald, an
dessen Hängen die Berliner Wintersport treiben, das Fußballstadion in Hannover, das
Olympiagelände in München, der Auehang in Kassel oder jene Aufschüttung am Talkes-
selrand, der die Stuttgarter den kaum erträglichen Necknamen Monte Cerbellino gaben.
Terror und Entsetzen wurden unter dem grünen Rasen des Vergessens begraben, ein be-
redtes und freilich auch sehr menschliches Symbol der Verdrängung.

Es gibt Beispiele, in denen diese Verdrängung nicht stattfand. In den Jahren der mühsa-
men Lebensbewältigung, des akuten Wohnungsmangels, der Schwarzmarktgeschäfte und
des Hungers – 1330 Kalorien täglich in der amerikanischen, 900 in der französischen
Besatzungszone – verdienen sie hohen Respekt. Wohl zwang die Not dazu, das Nächst-
liegende zu ergreifen, und das waren die Ziegel auf den Trümmerhaufen zu beiden Stra-
ßenseiten. Aber entscheidend war, was man in ihnen sah – Schutt und Baustoff oder den

Stein, der seine eigene Sprache sprach. „Es blieb also nichts anderes übrig", schrieb schon vor Kriegsende, 1943, der Kirchenbauer Emil Steffann, der damals kriegsdienstverpflichtet in Lothringen arbeitete, „als zu versuchen, aus diesen Resten und Trümmern das Bestmögliche zu machen. Mit großer Vorsicht wurde jede Ruine, jede Mauer geprüft, ob sie nicht erhaltenswert sei . . . Sie wurde zum Bestandteil des Neuen, welches wahrscheinlich nie ohne diesen Rest so lebendig entstanden wäre. Das neue Leben rankt sich gewissermaßen an Resten empor, nicht in Abhängigkeit von einstmals Gewesenem, sondern in voller Freiheit". Die Schutthalde wird zur Anregung für die Phantasie, zum Appell, „die verachteten Kostbarkeiten nicht achtlos fortzuschaffen"[6].

Es ist, als ob für Architekten wie Steffann das vergangene Leben in den Steinen steckt und sich in ihnen für eine andere Zukunft bewahren läßt. Ein Zeichen dessen ist die Lebendigkeit der Formen und Flächen, der Verschiedenartigkeit und Verschiedenfarbigkeit der neuen Mauern, die aus den alten Steinen erstehen. Diese Vielgestaltigkeit bedeutet nicht Ornament, sondern bewahrte, in neues Leben übersetzte Erinnerung. „Sie regt uns an, nicht das glatte perfekte Baumaterial zu wählen, sondern gerade das Zerborstene und das Verwundete zu suchen und lieben zu lernen". Und Steffann fragt im Jahre 1951 weiter, als die Entwicklung längst in Richtung eines komfortablen Wirtschaftswunders lief: „Könnten nicht unsere zerstörten Städte die ideale Baustelle sein, aus Schutt und Trümmern die natürliche Schönheit des Bauens in ihrer Lebendigkeit ganz neu wieder zu erlernen?"[7]

Die Utopie, die sich hier ausspricht, mag heute als rückwärts gewendet anmuten. Sie war verbunden mit der Furcht vor der Mechanik der Maschine, der Normierung, der Rationalisierung der modernen Zivilisation, für die der vollmechanisierte Krieg allerdings auch ein hinreichend abschreckendes Beispiel gegeben hatte. Steffanns Utopie war die der Armut und Einfachheit. Zumindest zeitweise teilten diese Hoffnung mehr Menschen, als wir heute glauben mögen: unter den Architekten beispielsweise Otto Bartning, Dominikus und Gottfried Böhm, Hans Döllgast, Fritz Schaller, Hans Schilling, auch Künstler wie Willi Baumeister, Ewald Mataré, Max Pechstein. „Wir sind auf den Grund der Dinge verwiesen", hieß es 1947 in einem Aufruf des Deutschen Werkbunds, „und von da aus muß die Aufgabe in aller Einfalt neu begriffen werden"[8].

Es war nicht nur Demut, sondern auch der Stolz der Demut; die Erwartung, daß sich äußere Armut in inneren Reichtum wenden könnte. Armut ist in dieser Philosophie eine Berufung: „Nicht die Armut als Notwendigkeit, sondern es könnte der Adel, den sie in sich birgt, vielleicht dabei mitwirken, die Welt wieder aufzubauen . . . Wir brauchen jene Einfalt, die nur den wahrhaft Armen geschenkt wird, denn das Himmelreich gehört ihnen – den Armen"[9]. Emil Steffann hat eine ganze Theologie des Trümmersteins entwickelt. Die Zerstörung der Städte hatte Wahrheit und Lüge offenbart, sie bedeutete für ihn eine Art Weltgericht. Die modernen Konstruktionen aus Eisen und Beton starben einen „schlechten Tod", die verbogenen Binder der Stahlskelette, die zerbröselnden Betonpfeiler mit den rostigen Innereien ihrer Eisenarmierungen ergaben häßliche Reste. Von hier aus wurde die Metapher weitergezogen. Die unschönen Relikte moderner Verbundsysteme galten als Abbilder einer Menschheit, die ihre Wirtschaftsgebilde und Staatsgefüge nicht mehr aus natürlichen, selbständigen Teilen, aus Individuen zusam-

1 Emil Steffann. St. Franziskus, Köln, 1950–52

menfügte, sondern in Massen formte und keine gegliederten Elemente mehr kannte[10]. Die These liest sich schön und einleuchtend. Aber hatte nicht auch des Führers Baumeister Albert Speer in seiner sogenannten Ruinentheorie gefordert, für die repräsentativen Bauten des Dritten Reiches nur solche Materialien zu verwenden, die auch in späteren Jahrtausenden überzeugende Ruinen ergäben und nicht das Gewirr des Eisengestänges, das moderne Großbauten hinterlassen, wenn ihr Ende sie ereilt hat? Manchmal hält auch die Kunstgeschichte unfaire Fragen bereit.

Den Umgang mit den Ruinen, den Kirchenbauer wie Steffann oder Schwarz pflegten, möchte ich den sakramentalen nennen. Die scheinbar äußeren Zeichen, die verwendeten Dinge, teilen das Leben mit, das ihnen innewohnt, sofern sie im formgemäßen Vollzug verwendet werden, ex opere operato, wie die Kirche sagt. Von wenigen anderen Belegen abgesehen (zu denen die lothringischen Landbauten Emil Steffanns gehören), finden sie sich nur im Kirchbau. Das Rheinland birgt eine ganze Reihe solcher Exempel, von denen Gottfried Böhms Kolumba-Kapelle in Köln, die sich in die Reste der romanisch-gotischen Pfarrkirche eingenistet hat, die Herzen der Gläubigen vielleicht am meisten berührte. Auch die Reparatur der Münchener Friedhofsbauten mit grob verfugten Ruinen-

ziegeln, die Restaurierung von St. Bonifaz und der Allerheiligen-Hofkirche durch Hans
Döllgast wird man dazu rechnen dürfen und Otto Bartnings Notkirchen-Programm: 47
oder 48 Kirchen in einem System aus genagelten Holzbindern, ausgefacht mit dem Trümmerstein, der jeweils vor Ort lag.

Steffann selbst hat seine Architektur der Armut und Unscheinbarkeit mehrfach prakti-
zieren können, beispielsweise an der Kölner Ulrichsgasse. „Aus diesen uns von unserem
Schicksal vor die Füße geworfenen Trümmern" hatte er eine Kirche und ein Kloster wieder zu errichten, die beziehungsvoll dem Heiligen der Armut, St. Franziskus, geweiht
sind. Steffann verstand seine Arbeit als einen Widerspruch zum „würdelosen Katastro-
phenluxus"[11]. Reste der neogotischen Kirche wurden einbezogen und zum Mönchschor
ausgebaut, ein Gemeindehaus lagert sich rechtwinklig an. Die neuen Teile sind in aller-
größter Einfachheit gehalten, schlichte gemauerte Rundbögen, simple Rechteckfenster
im Mönchstrakt, feste Mauern aus Trümmerstein. Die Baugruppe zeigt ihre geradezu römischen Qualitäten nur dem, der sich auf sie einläßt. Für den flüchtigen Blick scheint
es ein unansehnliches Zufallsgebilde, unscheinbar bis zur Unsichtbarkeit.

Auch Rudolf Schwarz, mit Steffann befreundet, sah die Armut als eine „Schicksalsfrage
der Baukunst" an. An ihr müsse sich entscheiden, ob die „nackteste Dürftigkeit" herrschen solle oder die „höchste Weltverdichtung". „Das große Rechteck kann kahle Mauer
oder Lobgesang sein". St. Anna in Düren, 1951—56, ist ein solches großes Rechteck, oder
genauer gesagt: zwei L-förmig aneinandergesetzte Quader — an zwei Seiten nichts als die
langen, geschlossenen, schweren Wände, gebildet aus den rötlichen Sandsteinblöcken des
Vorgängerbaus. „Da war noch die Masse des alten Gesteins, und wir wollten sie in den
neuen Bau wieder vermauern, daß der geheiligte Stein Baustoff eines neuen Wegs werden
konnte und das Alte im Neuen wieder auferstand"[12]. Sakramentales Bauen in einer Stadt,
die nach dem Krieg eine menschenleere Steinwüste war. Den Bau empfand sein Baumeister wie einen großen, bergenden Schutzmantel, als einen gemauerten Mantel. St. Anna
enthält bis auf ganz wenige Details keine Zitate der zugrunde gegangenen, ursprünglich
gotischen Basilika. Deren Andenken ist allein in ihrer Substanz aufbewahrt. „Das Wesen
der echten Reliquie haftet an der wirklichen, materiellen Identität der Gegenstände",
konstatierte der katholische Publizist Walter Dirks im Jahre 1947[13].

Wie wenig selbstverständlich dieser spirituelle, aber auch sinnenfällig in der Erscheinung sichtbar werdende Gebrauch ist, zeigt ein anderes sakrales Bauwerk, das zur gleichen Zeit, 1950—55, entstand und weit mehr als St. Anna Sensation machte, Le Corbusiers Wallfahrtskapelle in Ronchamp. Auch hier war der Vorgängerbau im Krieg, während der Libération, zerstört worden. Mit Ausnahme der Südwand, die aus
Stahlbetonscheiben und Rabitzwänden besteht, sind die tragenden Wände aus Abbruch-
steinen gemauert. Aber Le Corbusier überzog sie mit körnigem weißen Putz, der ihnen
die Präsenz nahm. Nur verborgen dürfen sie ihre Dienste ausführen.

Neben dem gleichsam magisch-sakramentalen Umgang mit Ruinen, deren Einverlei-
bung der Gegenwart die Kräfte des Gewesenen sichern sollte, steht, oft nicht von ihm zu
trennen, ein Verhältnis zum Vergangenen, das durch Erkenntnis, moralische Einsicht und
Respekt vor dem Urteilspruch der Geschichte bestimmt ist. „Daß das Leben mit seinem

2 Hans Döllgast. Wiederaufbau Alte Pinakothek, München

Reichtum und seinen Wechseln hier einmal gewohnt hat, das ist unmittelbar anschauliche Gegenwart", schrieb in jenen Tagen, als die Soziologen noch lesbare Essays verfaßten, Georg Simmel über die Ruine. „Die Ruine schafft die gegenwärtige Form eines vergangenen Lebens, nicht nach seinen Inhalten oder Resten, sondern nach seiner Vergangenheit als solcher . . . Gegenüber der Ruine, dieser äußersten Steigerung und Erfüllung der Gegenwartsform der Vergangenheit, spielen so tiefe und zusammenfassende Energien unserer Seele, daß die scharfe Scheidung zwischen Anschauung und Gedanke völlig unzureichend wird"[14]. Simmel konnte den ruinösen Zustand der Welt nach 1945 nicht ahnen. Ihm standen die romantischen, von der Natur überwucherten Ruinen der verfallenen Burgen und Waldkapellen vor Augen. Um wieviel mehr trifft seine Beobachtung auf die Städte des Zweiten Weltkriegs zu, in denen die Erinnerung an das Zerstörte, aber auch an die Zerstörung zu einem vitalen Problem wurde, wenn denn das Leben als ein Kontinuum aus Vergangenheit, Gegenwart und Zukunft sich fortsetzen sollte.

Als eine der großen Leistungen der erinnernden Wiederherstellung gilt Hans Döllgasts Rückgewinnung der Alten Pinakothek[15]. Leo von Klenzes epochaler Museumsbau aus den zwanziger und dreißiger Jahren des 19. Jahrhunderts war im Kriege völlig ausgebrannt, der Abbruch wurde über lange Zeit erwogen. Döllgast, der als Hochschullehrer der gegenüberliegenden Technischen Universität die Ruinen ständig vor Augen hatte, soll

3 Rudolf Schwarz, Karl Band. Wiederaufbau Gürzenich mit St. Alban, Köln,
1949–59

schon nach den ersten Bombenabwürfen mit Studien für den Wiederaufbau begonnen
haben. Offiziell war er mit der Leitung der Arbeiten von 1952 bis zur Eröffnung 1957
betraut. Döllgasts Verdienst war es, den Bau nutzbar gemacht und schöpferisch interpretiert zu haben, ohne das Geschehene vergessen zu machen. Die Lücke, die in die Südfassa-
de gerissen worden war, füllte er nach vielen, noch radikaleren Lösungsvorschlägen mit
einer Ziegelsteinmauer, die Klenzes Fensterrhythmus bewahrte und seine Detailgliede-
rung ins neue Material übersetzte. Regenfallrohre, die früher in der Wand verborgen waren, und die das Notdach tragenden sieben runden Stahlstützen werden offen gezeigt.
Zugleich orientierte Döllgast den gesamten Bau um durch zwei neue Treppenläufe, die
hinter der Südwand emporsteigen, mit tiefgreifenden Folgen für die Erschließung der
oberen Saalgeschosse.

Döllgast hat seine Vorstellungen nur in langen Auseinandersetzungen und, verträglich
wie er war, unter vielen Kompromissen durchsetzen können. Auch von ihm selbst gibt
es Alternativen, die hinter dem eigenen Wagemut zurückbleiben. Das Entscheidende
konnte er retten: daß das Vorläufige nicht Endgültigkeit erhielt, daß die Wunde offengehalten wurde. Seine Maxime ist überliefert: „Warum etwas vertuschen! Die Leute sollen
sehen, daß die Pinakothek ihre Geschichte hat und daß auch ihr der Krieg nicht erspart
geblieben ist"[16]. Überflüssig zu sagen, daß diese Interpretation gegen alle Kriterien repräsentativ denkender Kulturverwalter verstieß und noch heute verstößt. Stand der Klenze-

Bau anfangs in Gefahr, vollends abgetragen zu werden, so war er später wieder und wieder der Rekonstruktionslust derer ausgesetzt, die buchstabengetreu haben möchten, was einstmals war, und vergessen möchten, was inzwischen geschehen ist.

Je mehr Zeit ins Land geht, desto schwerer sind solche Akte verantwortlicher Erinnerung gegen die harmonisierenden Restaurierungswünsche der Zeitgenossen zu verteidigen, ob es das nur zum Teil (von Josef Wiedemann) wiederhergestellte Münchener Siegestor ist, dem Wilhelm Hausenstein die Inschrift gab „Dem Sieg geweiht, im Krieg zerstört, zum Frieden mahnend", oder, ein paar Schritte von hier, die Ziegelplombe am Nordturm des Kölner Doms. Köln, immerhin, scheint mir eine Stadt zu sein, wo der Mut zu solcher Konfrontation des täglichen Lebens mit den großen Ausnahmezuständen geschichtlicher Katastrophen größer war als anderenorts. Wo sonst wäre es möglich gewesen, festlich gestimmte Gäste, die eine üppig geschwungene Freitreppe zum Festsaal emporschreiten, mit dem Blick auf die ausgebrannte Ruine einer Kirche zu belästigen? Als Rudolf Schwarz und Karl Band 1949–59 den Gürzenich wieder errichteten, legten sie das Treppenhaus mit den beiden Läufen, die den Schwung und die Dekorationslust der fünfziger Jahre zeigen, um die Ruine der romanisch-gotisch-barock-neogotischen Pfarrkiche St. Alban. Das Ziegelsteingemäuer der Kirchenaußenwand ist zur Innenwand des Festhauses geworden. Durch die schmalen Hochfenster fällt das Auge auf die Pfeiler und Bögen, die den Sinn des Stützens und Tragens verloren haben. Darunter kniet, klein, verloren und wie zufällig, das Elternpaar der Käthe Kollwitz. „Wir ließen den Raum kahl und zerstört", schrieb Schwarz, „er mahnt an die unerforschliche Bosheit des menschlichen Herzens ... Die Feste des Lebens werden vor den Hintergrund des Todes gestellt"[17].

Rudolf Schwarz war ein Baumeister, der sich intensiv mit den moralischen Aspekten, aber auch den gestalterischen Möglichkeiten der Ruine auseinandergesetzt hat. Es mag damit zusammenhängen, daß er der Moderne gegenüber Vorbehalte entwickelt hatte, die ihn davor bewahrten, das Erbe, auch das ruinierte Erbe, leichten Herzens um des Neuen willen preiszugeben. Aber Schwarz, dessen Aachener Fronleichnamskirche von 1928–30 zu den Hauptwerken der damaligen Avantgarde in Deutschland gehörte, war auch nicht bereit, das Neue dem Alten zu opfern; er suchte einen dritten Weg. Das politisch bedeutsamste Bauwerk der Nachkriegsjahre war der Wiederaufbau – oder soll man sagen: der Neubau? – der Frankfurter Paulskirche, bei dem Schwarz, als Partner einer Planungsgemeinschaft mehrerer Architekten, abermals eine treibende Kraft war[18]. Der Ideenwettbewerb zur Wiederherstellung des klassizistischen Bauwerks wurde bereits im Juni 1946 ausgeschrieben, die Eröffnung fand nur zwei Jahre später statt, zum hundertjährigen Jubiläum des Paulskirchenparlaments.

Die Symbolik, die sich mit diesem Bau verknüpfte, war mehrfach: Anknüpfung an die Tradition des ersten gewählten deutschen Parlaments, Hoffnung auf ein neues demokratisches Staatswesen, in dem der Paulskirche als Versammlungsort und Festhaus eine zentrale Rolle zugedacht war (zumal Frankfurt bis 1949 die Würde und Bürde einer Bundeshauptstadt erstrebte), aber auch ein Zeichen der Lebenskraft und des Lebenswillens überhaupt. Im Aufruf der Stadt Frankfurt hieß es 1947: „Ganz Deutschland muß die Paulskirche wieder aufbauen, von außen und von innen, im Stein wie im Geiste!"[19] Aus

4 Die Paulskirche um 1945, Frankfurt am Main

5 Planungsgemeinschaft Paulskirche (Eugen Blanck, Johannes Krahn, Gottlob Schaupp, Rudolf Schwarz). Wiederaufbau Paulskirche, Frankfurt am Main, 1946–48

allen Teilen Deutschlands trafen Spenden ein, Geld, Steine, Fichtenstämme, Dachpappe, und als Tauschobjekte gegen Handwerkerleistungen und Baumaterialien auch Kornsäcke, Zigarren und, von der Gemeinde Bergen-Enkheim, fünf Zentner Äpfel.

Vom elliptischen Rundbau der Paulskirche stand 1945 nur noch die ausgeglühte Mauerschale aus roten Sandsteinquadern, deren römisches Pathos viele Zeitgenossen berührte. Diese in der Zerstörung offenbarte Großartigkeit galt es in den Neubau zu übernehmen. Schon der Aufruf der Stadt hat solche Gedanken nahegelegt, wenn er von einem „ehrwürdigen Raum" sprach, „in dessen aufsteigendem Rund das deutsche Volk zu Aussprache und Feier sich immer wieder versammelt". Die Architekten nahmen den Ton auf und sprachen die Hoffnung aus, die neu gefundene Form sei „von einer solch mönchischen Strenge, daß darin kein unwahres Wort möglich sein sollte"[20]. Sowohl im Außenwie im Innenbau interpretierte das Planungskollegium den alten Baubestand, statt ihn in seiner historischen Form zu übernehmen. Ein flach gewölbtes Dach, dem Panzer einer Schildkröte vergleichbar, ersetzte das steilere, mit Gauben bestückte Dach des klassizistischen Gebäudes und ließ im Erscheinungsbild dem Mauerrund den Vortritt. Unter ihm

steckte eine Zeltdecke aus Holz mit einem zentralen Oberlicht. Die Lichtführung läßt
an das römische Pantheon mit seinem offenen Gewölbescheitel denken. Die säulengetra-
gene Empore des Ursprungsbaus wurde gestrichen, ein gedrücktes Foyer unterhalb der
Sohlbänke der Hochfenster eingezogen.

Der Aufstieg aus dem Dunkel dieser niedrigen Wandelhalle hinauf in die Lichtfülle des
hohen Saals gehört zu den schöpferischen Ideen der Neugestaltung, wenn man so will:
zu ihrer Utopie. Er symbolisierte den schweren, aber letztlich hoffnungsfrohen Weg, den
das Volk zu gehen habe. „Die wiederhergestellte Paulskirche", so Rudolf Schwarz, „erinnert an den Willen unseres Volkes, eine bessere Ordnung aus dem Zusammenbruch aufzubauen, durch ihre reine und arme Gestalt"[21]. Von heiliger Nüchternheit, nichts beschönigend, hilfreich der Wahrheit des Wortes und voll der Poesie des Einfachen, so wollten die Baumeister und ihre Auftraggeber dieses Festhaus der Deutschen.

Der tatsächliche Gebrauch, der von der wiederaufgebauten Paulskirche gemacht wurde, entsprach nicht immer diesem hohen Anspruch. Hier fanden nicht nur Feste, Feiern
und Gottesdienste statt, sondern zeitweise waren auch Wunderheiler und Fastenkur-Spe-
zialisten als Nutzer zugelassen. Daß die Stadt der Bi- und Trizonenverwaltung, der Ort
reichsstädtischer Herrlichkeit, einstiger Kaiserwahlen und -krönungen und der Bundes-
versammlung von 1815 bis 1866 den Rang einer vorläufigen Bundeshauptstadt Bonn
überlassen mußte, beraubte diese Inkunabel der deutschen Geschichte mancher ihrer
denkbaren Aufgaben. Als in den achtziger Jahren die Renovierung des Bauwerks diskutiert wurde, die aus bau-, installations- und sicherheitstechnischen, nicht zuletzt aber aus
akustischen Gründen nötig geworden war, drohte die konservative Zeitstimmung das
Konzept von 1948 in Frage zu stellen und das Gebäude mit dem Blick auf den Zustand
des 19. Jahrhunderts zu restaurieren. Es ist dem Engagement einiger weniger, vor allem
der Tatkraft von Maria Schwarz zu verdanken, daß für dieses Mal die Partei der Archivare
unterlag, die den ältesten Zustand für den einzig richtigen hält. Der Baubefund von 1948
blieb als denkwürdiges Geschichtsdokument der Nachkriegsjahre respektiert.

Rein und arm – das ist ein strenger Anspruch, der nicht auf lange Gefolgschaft fand.
„Ziemende Kleidung umschließt den zierlichen Leib nun/ Es steuert der Bursch den
sportlichen Wagen/ Die Limousine der Kaufmann/ . . . Im neuen, grüngekachelten Ope-
rationssaal operiert freudig der Arzt", heißt es in Friedrich Dürrenmatts Tragikomödie
„Der Besuch der alten Dame", als der Wohlstand über die Kleinstadt Güllen hereingebrochen ist[22]. Das monatliche Durchschnittseinkommen stieg von 1950 bis 1960 um nomi-
nal 111 Prozent oder, die Preissteigerungen abgerechnet, um 76 Prozent. Der Kulturbetrieb hatte den Schock überwunden, den die Währungsreform von 1948 bedeutet hatte.
Die fünfziger und frühen sechziger Jahre waren eine Epoche des Theaterbaus, während
die Museumsarchitektur von den Kommunen und Ländern zurückhaltender bedacht
wurde und auf den Boom der späten siebziger Jahre warten mußte. In der Bundesrepublik
und Westberlin gab es zu Anfang der sechziger Jahre 123 Staats- und Stadttheater, die
Mehrzahl davon in neuen Häusern[23].

Einige, meist die sogenannten Kleinen Häuser, experimentierten mit neuen Konzepten
der Beziehung zwischen Bühne und Publikum, so Mannheim und Gelsenkirchen. In an-

6 Harald Deilmann, Max von Hausen, Ortwin Rave, Werner Ruhnau. Stadttheater Münster, 1954–56

deren Gebäuden wurde der Versuch gemacht, das hierarchische Logen- und Rangsystem abzuschaffen oder doch wenigstens — nach dem Vorbild der Londoner Royal Festival Hall von 1951 — neu zu gliedern; daher die Schubladen-Ränge der Opernhäuser in Hamburg und Köln oder die vom Obergeschoß ins Parkett heruntergleitenden Ränge, die aus dem Kinobau um 1950 stammen. Mit der symmetrischen Dominanz des Außenbaus brachen einige bemerkenswerte Konzertsäle wie die Liederhalle in Stuttgart, die Beethovenhalle in Bonn oder Hans Scharouns Meisterwerk, die Philharmonie in Berlin, die auf die Mitte der fünfziger Jahre zurückgeht. Ob herkömmlich monumental oder in fließender Massengruppierung, der Anteil der Gesellschaftsräume, von Foyer, Wandelhallen, Rauchsalons, Treppenhäusern, war stets bemerkenswert groß. Das Foyer ist die Bühne des Publikums, das bei gestiegenen Selbstwertgefühlen zu sehen und gesehen zu werden wünschte.

Zum Teil waren die Kulturbauten der fünfziger Jahre Neubauten am neuen Platz, bei denen sich das Problem des Umgangs mit Vorhandenem nicht vordringlich stellte. Der erste Theaterneubau der Nachkriegszeit allerdings, das Stadttheater in Münster von Deilmann, von Hausen, Rave und Ruhnau, 1954–56, spielte das Thema aus. Auf dem beengten Grundstück paßten die Architekten die Baugruppe diagonal so ein, daß die Fassadenwand eines klassizistischen Adelspalais, des 1781 erbauten Romberger Hofes, erhalten blieb. Die Denkmalpflege hatte übrigens auf Abriß plädiert. Nun begrenzt die Fassadenmauer einen kleinen offenen Innenhof, ein sogenanntes „Freifoyer" zwischen dem glasummantelten Innenfoyer und einem Restauranttrakt. Es liegt nicht nur an der Bauaufgabe Theater, daß dieses Relikt Kulissencharakter angenommen hat: Die Höherlegung des Innenhofes gegenüber dem Straßenniveau hat auch die Proportionen des klassizistischen Fragments beeinträchtigt.

Als das Münsteraner Theater eingeweiht wurde, war mehr als ein Jahrzehnt nach Kriegsende vergangen. Es ist, als ob der existentielle Ernst, der sich mit den Spuren der Zerstörung verband, zurücktritt und das Auge auf einmal wieder den ästhetischen Reiz des Fragmentarischen wahrnehmen kann — im Sinne des Rodin-Wortes „Schöner als eine schöne Sache ist die Ruine einer schönen Sache"[24]. Die Dekomposition ermöglicht den surrealistischen Effekt, der Kontrast zwischen dem geschundenen Alten und dem blanken Neuen läßt das Alte älter und das Neue neuer scheinen. In dem Maße, in dem die Trümmer aus den Straßenbildern verschwinden, werden Torso und Fragment wieder als Gegenstand des ästhetischen Interesses denkbar. Nun wird auf einmal wieder jene Ruinenästhetik möglich, die das 18. Jahrhundert veranlaßt hatte, künstliche Ruinen zu bauen; fühlt sich die Phantasie wieder angeregt, die Leerstellen mit imaginären Schicksalen zu besetzen; treten die strukturellen Oberflächenwerte des Verwitterten, Rissigen, Bröckelnden, Vergehenden, der Reiz der unruhigen Ränder und getilgten Geometrien wieder hervor; wohnt in den leeren Fensterhöhlen nicht mehr das Grauen, sondern nur noch ein bißchen davon — so viel, wie man in einer Theaterpause getrost konsumieren mag.

Der Begriff der „schönen Ruine" kam wieder auf. Ruinen, die den Brandgeruch verloren, wurden in ästhetische Inszenierungen einbezogen. So wurde der Erweiterungsbau des Hannoveraner Kestner-Museums, 1959–60, um die alte historistische Fassade gelegt und machte sie damit zu einem Ausstellungsstück. Und nie war die Regie der Kasseler *documenta*-Ausstellungen eindrucksvoller als jene ersten Male, als Arnold Bode im noch lädierten Museum Fridericianum, an Vorbilder italienischer Museumsarchitektur anknüpfend, Expressionisten, Abstrakte und Tachisten in den notdürftig instandgesetzten, weiß geschlämmten Sälen zum Leuchten brachte. Unvergeßlich der enge Spalt zwischen provisorischen Wänden, durch die das feurige Rot eines großen Chagall-Gemäldes brannte. Das Hessische Staatsbauamt hat dem Fridericianum diesen Geist des ästhetischen Widerspruchs mit gefühllosen Restaurierungen gründlich ausgetrieben, so wie es auch den reizvollen Improvisationen um die Ruine des Kasseler Aueschlosses ein Ende gesetzt hat.

Die Ruine als Reliquie, als Gedächtnismal, als ästhetischer Gegenstand — dieses Problem des Nachdenkens trat nun in den Hintergrund. Zwar hat die Auseinandersetzung mit dem beschädigten und reduzierten Bestand nie ganz aufgehört, da die Mitteleuropäer nun einmal in einer dicht besetzten Kulturlandschaft leben, in der dem Neubau sehr oft die Freilegung und Abräumung vorangehen muß. Neue Gebäude, die eine Symbiose mit dem Tradierten eingingen, gab es natürlich auch in der Folgezeit. Einzelnen Architekten — ich nenne Gottfried Böhm — gelang es auch weiterhin, den schmalen Gratweg zwischen Respekt und Selbstgefühl einzuhalten. Andere mußten zu einer Geste der Achtung vor dem Überlieferten förmlich gezwungen werden. Im Falle der Berliner Kaiser-Wilhelm-Gedächtniskirche, 1956–63, wollte Egon Eiermann in der ersten wie der zweiten Wettbewerbsstufe den zerbombten Turm des neoromanischen Vorgängerbaus von Franz

7 Gottfried Böhm: Rathaus Bensberg, 1963–69

8 Das Goethehaus im Jahre 1944

Schwechten abreißen, während die Wettbewerbsausschreibung die Entscheidung offengehalten hatte. Erst der Protest der Öffentlichkeit veranlaßte ihn, den aufgerissenen Turmstumpf in die Versammlung seiner Baukörper aufzunehmen. In den fünfziger Jahren sind solche Konfrontationen noch oft praktiziert oder wenigstens vorgeschlagen worden, auch von Eiermann selbst. In den Sechzigern dagegen war die Moderne genügend selbstgefällig geworden, um sich nicht mehr allzu viel Skrupel zu machen.

Die Beseitigung der lästigen Ruinen, die dem Modernisierungsdrang der Republik im Wege standen, war die eine Möglichkeit, sich ihrer zu entledigen. Die andere bestand darin, sie so zu komplettieren, so aufzuschönen, daß ihr zwischenzeitliches Schicksal zur unwesentlichen Episode wurde und dem Vergessen überantwortet werden konnte. Für diese Alternative gab es bereits in den allerersten Jahren nach 1945 ein Modell, das Frankfurter Goethehaus[25]. Die jüngste Geschichte des Goethehauses ist eng mit dem Schicksal der Paulskirche verknüpft, die nur ein paar hundert Meter von ihm entfernt liegt. Beide Bauwerke brannten im März 1944 aus. Beiden kam im Deutschland der Nachkriegsjahre eine einzigartige Bedeutung zu, dem Haus am Großen Hirschgraben Nr. 23 als der Geburtsstätte des Dichters, der immer wieder als Symbol des „guten Deutschland" in Anspruch genommen wurde, der Paulskirche als dem Tagungsort des ersten Parlaments. Die Rekonstruktionsarbeiten liefen nicht nur gleichzeitig, sondern waren sogar voneinander abhängig. Zeitweise mußten die Leute vom Goethehaus zähneknirschend dulden, daß

9 Das Goethehaus im Wiederaufbau,
Frankfurt am Main, 1947–51

Bauarbeiter von ihrer Baustelle zugunsten der Paulskirche abgezogen wurden. Die Arbeiten am Goethehaus dauerten entsprechend länger und wurden erst drei Jahre nach der Eröffnung der Paulskirche, 1951, abgeschlossen. Trotz vieler Gemeinsamkeiten wurden die beiden Frankfurter Gedenkstätten nicht zu Pendants, sondern zu Alternativen im Umgang mit der Vergangenheit.

In welchem Zustand sich die Reste des Goethehauses nach 1945 befanden, ist durch Beschreibungen und Fotos genau überliefert. Lediglich die Fundamente und die Keller mit dem berühmten Gewölbeschlußstein, in den der Kaiserliche Rat Johann Caspar Goethe die Initialen des Sohnes hatte schlagen lassen, ein Teil der Brand- und Erdgeschoßmauern, die Treppe zum ersten Podest waren erhalten. Im weiten Umkreis lag die Stadt in Trümmern. Max Frisch hat den Eindruck geschildert, als er im Mai 1945 nach Frankfurt kam: „Eine Tafel zeigt, wo das Goethehaus stand . . . Die Ruinen stehen nicht, sondern versinken in ihrem eigenen Schutt, und oft erinnert es mich an die heimatlichen Berge, schmale Ziegenwege führen über die Hügel von Geröll . . . das Gras, das in den Häusern wächst, der Löwenzahn in den Kirchen, und plötzlich kann man sich vorstellen, wie es weiterwächst, wie sich ein Urwald über unsere Städte zieht, langsam, unaufhaltsam, ein menschenloses Gedeihen, ein Schweigen aus Disteln und Moos, eine geschichtslose Erde“[26]. Die Quellenlage aber war günstig. Der Bauplatz war verfügbar (was war damals nicht verfügbar? die ganze Stadt war es), es lagen von früheren Sicherungsmaß-

10 Römerberg um 1910 (Ansichtspostkarte)

nahmen exakte Aufmessungen vor, die bewegliche Inneneinrichtung war gerettet. Be-
rücksichtigt man den Denkmalwert des Hauses als eines Zeugnisses der deutschen
Geistes- und Literaturgeschichte, aber auch der bürgerlichen Baukunst des 18. Jahrhunderts, die symbolische und emotionale Bedeutung, die nur für wenige Jahre unterbroche-
ne materielle Existenz des Gebäudes und sein Weiterleben in der Erinnerung vieler, so
ergaben sich Motive und Rechtfertigungen, die kaum eine andere Rekonstruktion seit
1945 für sich geltend machen konnte. Mit wieviel weniger Begründungen kamen andere
Wiederherstellungen aus — in jenen Tagen, aber vor allem in unseren, auf historisierende
Illustration versessenen Jahren! Von heute her gesehen verblüfft nicht die Tatsache, daß
man sich zum Wiederaufbau entschloß, sondern verwundern die Skrupel, die in der öffentlichen Diskussion namhaft gemacht wurden. Die Debatte um das Goethehaus macht
deutlich, wie wenig selbstverständlich die kopierende Wiederbeschwörung der Historie
damals war, wie unbefragt, sorg- und bedenkenlos sie heute hingenommen wird.
    Die Einwände gegen den Wiederaufbau des Goethehauses waren sehr unterschiedlicher
Natur. Sie wurden auf der sozialpolitischen Ebene geführt: War es in der Zeit unsagbarer
Wohnungsnot statthaft, so viel Kraft und Mittel in die Errichtung eines historischen Pa-
trizierhauses zu stecken?[27] Sie gingen auf Probleme der Praxis ein: Für welche Gestalt
der Schwellen oder Stufen entscheidet man sich bei solchen Faksimiles, ausgetreten wie
durch langen Gebrauch, kantenscharf wie bei einem Neubau? Aber vor allem stellten
die Kritiker die Frage nach der moralischen Wahrhaftigkeit. War Kopie nicht Lüge? Sollte
sie nicht ungeschehen machen, was geschehen war, suchte sie nicht mit der Zerstörung
auch die Ursachen der Zerstörung vergessen zu machen, beschwor sie nicht Goethe gegen
Auschwitz, wo doch das eine, die Beschädigung des Goethe-Deutschland, wie das andere,
die Bestialität der KZ-Lager, zur deutschen Geschichte gehörte? Das Goethehaus drohe
zu einem Sinnbild der Restauration zu werden, argwöhnte Walter Dirks. Dirks war es

11 Wiederaufbau Römerberg, Frankfurt am Main, 1981–83

auch, der zu Worten fand, die aus der Ehrfurcht vor der Geschichte und der Einsicht in die Unabänderlichkeit und Endgültigkeit ihres Ablaufs die Konsequenz zogen: „Die Haltung, die wirklich groß und Goethes würdig ist, heißt: das Schicksal annehmen, Ja dazu sagen; gefallen sein lassen, was gefallen ist; die Kraft zum Abschied haben, zum unwiderruflichen Abschied; sich selbst und niemandem in frommer Täuschung vorschwindeln wollen, daß das Goethehaus eigentlich noch da sei: *es ist nicht mehr da*“[28]. Die Sorge vor einer heraufdämmernden Museumskultur, vor der pietätlosen Geisterbeschwörung war schon in dieser großen Kulturdebatte der späten vierziger Jahre spürbar.

Im Falle des Goethehauses setzten sich die Argumente der Rekonstrukteure durch, ein Vorspiel der künftigen Praxis. Manche Befürworter bemühten hehres patriotisches Pathos, zumal sich unter ihnen konservative, teils auch im NS-Regime kompromittierte Schriftsteller wie Hans Carossa, Walter von Molo, Ina Seidel und Wilhelm Schäfer befanden. Da sollte das Heiligtum der Deutschen gehütet, die Fortdauer des deutschen Wesens gesichert, im Elend dem deutschen Gedanken die Treue gehalten werden. Andere wollten den Wiederaufbau zumindest als Zeichen unverzagten Lebenswillens gewertet wissen. Freilich äußerten sich auch zahlreiche unverdächtige Autoren und Wissenschaftler wie Ernst Robert Curtius, Hermann Hesse, Karl Jaspers, Max Planck, Benno Reifenberg, Karl Voßler, Thornton Wilder zugunsten des Wiederaufbaus, während Architekten und Planer aus dem Umkreis des Deutschen Werkbunds, aber auch Kunst- und Literaturwissenschaftler auf der anderen Seite anzutreffen waren. Hier wurden auch Gegenvorschläge erarbeitet, Erinnerungsmale angeregt oder Neubauten vorgeschlagen, die sich an den Proportionen des alten Hauses orientieren sollten, ohne zur Reliquie zu werden. Ernst Beutler, Direktor des Goethehauses und Organisator des Rekonstruktionsunternehmens, bewahrte sich bei allem Engagement für sein Lebenswerk den Blick auf die Realität. Für ihn war die buchstäbliche Wiederherstellung ein Hilfsmittel der förderlichen Erinne-

12 Wiederaufbau Wedekind-, Lüntzel- und Rolandhaus am Marktplatz, Hildesheim, 1983–86

rung, zu dem die Vorstellungskraft jedes Besuchers das ihre an Erlebnisfülle hinzugeben müsse. Mit der Warnung vor einem Kult der Ruine kehrte er die Argumente der Gegner um, die sich gegen die Reliquienverehrung des Wiederaufbaus gewendet hatten.

Keine Frage war, daß die Wiedererrichtung gegen alle Grundsätze verstieß, die von der Denkmalpflege um die Jahrhundertwende erarbeitet worden waren und bis zu den ehemals unvorstellbaren Verlusten an historischer Substanz im Zweiten Weltkrieg gegolten hatten. Das Goethehaus war das prominenteste Beispiel vieler Rekonstruktionen, die in der Nachkriegszeit, vermehrt aber seit den späteren siebziger Jahren von den Tischen der Architekten, Planer und Kommunalpolitiker kamen. Die Translozierung auf andere Grundstücke, die Wiedererstehung bei unsicherer Quellenlage, die Niederlegungen und Neuaufrichtungen sind seitdem Legion und gehen offenbar problemlos zusammen mit der weiteren Zerstörung dessen, was sich tatsächlich erhalten hat und nun der Umnutzung, Auskernung, Anpassung, Unterfangung oder schlicht auch der Vernachlässigung und dem Abriß anheimgegeben wird.

In der Reihe, die das Goethehaus anführt, stehen die zahlreichen Faksimiles, die heute mit sehr viel weniger Gewissenhaftigkeit als damals ins Werk gesetzt werden: die Römerbergkulisse in Frankfurt selbst, das Leibnizhaus in Hannover am falschen Ort und in falscher Situation, der rehistorisierte Hildesheimer Marktplatz, das malerische Falsifikat eines ganzen Stadtquartiers wie des Ostberliner Nikolai-Viertels, um nur prominente

13 VEB BMK Ingenieurhochbau Berlin
(Günter Stahn). Wiederaufbau Nikolai-
viertel, Berlin, 1979–87

deutsche Beispiele zu nennen. Es sind Bilder, keine Realien, in denen noch die substan-
tielle Kraft des Vergangenen steckte. Aber die Gerechtigkeit gebietet auch, sich die Frage
zu stellen, was aus den deutschen Städten geworden wäre, wenn es keine Rekonstruktionen gegeben hätte: kein Stuttgarter Stadtschloß, kein Schauspielhaus am Berliner Gen-
darmenmarkt, kein Zwinger in Dresden, keine romanischen Kirchen in Köln. Die Mei-
nungsfronten von damals verliefen eindeutig. Aber zwischen damals und heute liegt das
Debakel des modernen Bauens. Daß der Frankfurter Römerberg, der Hildesheimer
Marktplatz wieder mit Reproduktionen ihres früheren Zustandes umstellt worden sind,
hat nicht zuletzt seine Ursache darin, daß die zeitgenössische Architektur vor diesen großen historischen Orten versagt hat, obwohl hier wie dort die Besten ihres Faches beteiligt
waren. So ist uns heute die genaue Unterscheidung aufgegeben zwischen dem, was verantwortlich zu bewältigen ist und Geschichte noch rettet, und dem, was nur auf historisierende Kulissenschieberei hinausläuft.

    Als Theodor W. Adorno aus dem amerikanischen Exil nach Frankfurt zurückkehrte,
überraschte ihn das intellektuelle Klima im zerstörten Deutschland. Er hat es 1950 in
einem Aufsatz beschrieben: den Anschein einer kulturellen Renaissance, die leidenschaftliche Anteilnahme auch an subtilen Auslegungen, das Glück der auf sich beharren-
den Innerlichkeit. Aber er konstatierte auch Zaghaftigkeit, Festhalten an überlieferten

Formen, Schutzsuche beim Herkömmlichen und Gewesenen, Stagnation trotz aller emsigen Bemühung. Adorno griff zu einer architektonischen Metapher: „Die Welt ist aus den Fugen", schrieb er, „aber die Fugen sind mit träger Masse ausgefüllt, die Kultur ist in Trümmern, . . . aber die Trümmer sind weggeräumt"[29]. Die Trümmer waren bald auch aus den deutschen Städten weggeräumt, gewiß noch nicht samt und sonders im Jahre 1950, doch viel schneller, als es die Statistiker errechnet hatten. Die Trümmerverwertung hatte ihre Parallelen in psychischen Vorgängen, im Vergessen und Verdrängen. Nun gehört auch das Vergessen zu den Lebenstechniken. Die Juden kannten das Institut des Halljahres, in dem alte Bindungen gelöst, alte Schulden gestrichen wurden. Es war ein Akt des Vergessenwollens um des Lebens willen. Aber die Erinnerung ist der andere, ebenso notwendige Pol. Wo nur Vergessen ist, herrscht ebenso Stagnation wie dort, wo nur Erinnerung ist.

Die Ruine, denke ich, nimmt eine vermittelnde Position ein. Sie ist ein Produkt der menschlichen Anstrengung wie der menschlichen Vernachlässigung, ein Erzeugnis des Vergessens und ein Anstoß der Erinnerung. Wäre das Gebilde in seinem früheren Zustand nicht „vergessen" worden, also nicht irgendwann aus dem Kreis des tätigen Lebens herausgefallen oder -gestoßen worden, es wäre nicht zur Ruine geworden. Aber so, in seinem fragmentarischen Status, nötigt das Bruchstück dazu, das Ganze zu denken, das Werden und das Vergehen, ein Vorgang, zu dem die abgeschlossene, unbeschädigte Form nicht einlädt. Es stellt sich sogar die Frage, ob die Ruine nicht eher auf die Seite des Lebens gehört, das alle finiten Zustände aufzulösen und umzuwandeln sucht. In einer Stadt wie Köln, die über Jahrhunderte von einem unvollendeten Turmpaar beherrscht war, mit einem Drehkran darauf, war diese Dialektik vom Mittelalter bis zur Neuzeit sichtbar präsent. Die ewige Baustelle der Kathedrale konnte als Ruine erscheinen, die Ruine andererseits als Baustelle, als ein Versprechen künftiger Vollendung. Infolgedessen liegt der Gedanke nicht fern, daß die Ruine — wie es ein Kronzeuge dieser Überlegungen, Rudolf Schwarz, schön formuliert hat — „ein Tor in die Tiefe der Zeit" sei, ein „Ort, wo das Leben die eigene Bewegung fortsetzt". Und von Schwarz stammt auch, nicht auf die Ruine bezogen, aber auf sie beziehbar, das Bedenken, ob nicht jede Planung „die Fremde der Dinge, ihr Rätsel, ihr Schweigen" mit einplanen müsse: „Hütet den chaotischen Rest und seht ihn in jedem Plan vor"[30]. Das, was aus der Vergangenheit, wie beschädigt auch immer, in unsere Zeit hineinsteht, sind solche „chaotischen Reste" jenseits rationaler Vorhersehbarkeit, die der Gegenwart ihre zeitliche Tiefenperspektive geben.

Es kann kein Zufall sein, daß Sigmund Freud den Psychoanalytiker mit dem Archäologen verglichen hat und das Bild der Ruine bemühte, wenn er dessen Arbeit beschrieb, aus den hinterlassenen Anzeichen das Vergessene zu erraten. „Wie der Archäologe aus stehengebliebenen Mauerresten die Wandungen des Gebäudes aufbaut, aus Vertiefungen im Boden die Anzahl und Stellung von Säulen bestimmt, aus im Schutt gefundenen Resten die einstigen Wandverzierungen und Wandgemälde wiederherstellt, genauso geht der Analytiker vor, wenn er seine Schlüsse aus Erinnerungsbrocken, Assoziationen und aktiven Äußerungen des Analysierten zieht"[31]. Und wie beim Patienten dort Gegenwehr und Traumzensur einsetzen, so hat auch die Gesellschaft unserer Jahre reagiert, wenn

14 Ruine der Ägidienkirche als Gedächtnis-
stätte, Hannover

Ruinen zu Tage traten, deren Assoziationen die sensiblen Zonen ihres Unbewußten trafen: siehe die Reste des jüdischen Ghettos, die in Frankfurt freigelegt wurden; siehe die
Fundamente des Gestapo-Hauptquartiers, die am Berliner Prinz-Albrecht-Palais ergraben
wurden. Die Antwort waren Hilflosigkeit, Ratlosigkeit, peinliches Berührtsein. Ruinen,
durch allmählichen Verfall oder durch plötzliche Ereignisse entstanden, sind Provokatio-
nen und damit auch Notwendigkeiten des Lebens, in keinem Fall ersetzbar durch das
tadellos Neue und auch nicht durch jene Ästhetik des Schrägen, Schiefen und scheinbar
Ruinösen, der Karambolage und Dekonstruktion, die sich in der zeitgenössischen Bau-
ästhetik findet.

Ich meine also: Die Versuche der Trümmergeneration – einiger Angehöriger der Trümmergeneration –, sich anders zur Ruinenwelt zu verhalten, als sie so schnell wie möglich
wegzuräumen, verdienen jeden Respekt. Für mich ist dies ein tapferes Kapitel deutscher
Nachkriegsarchitektur, deutscher Nachkriegsgeschichte, das nachdenkliche Gegenstück
zum demonstrativen Optimismus der Flugdächer und Tütenlampen, der freischwingen-
den Treppen und pastellfarbenen Interieurs. Der französische Philosoph und Enzyklopä-
dist Denis Diderot hat von den Ruinenbildern Hubert Roberts gesagt: „Wir betrachten
die Reste eines Triumphbogens, einer Säulenhalle, einer Pyramide, eines Tempels, eines
Palastes, und wir kommen auf uns selbst zurück"[32]. Ja, so war es, wenigstens ein paar
Jahre lang; wir betrachteten die Reste einer Kirche, eines Hauses, eines Tores, und wir
kamen auf uns selbst zurück.

ANMERKUNGEN

1. Zur Situation nach dem Kriege:
Hermann Glaser. *Kulturgeschichte der Bundesrepublik*. Bd. 1: Zwischen Kapitulation und Währungsreform. 1945–1948. Bd. 2: Zwischen Grundgesetz und Großer Koalition. 1949–1967. München, Wien 1986.

Zur deutschen Nachkriegsarchitektur u.a.:
Hubert Hoffmann, Gerd Hatje, Karl Kasper, *Neue deutsche Architektur*. Stuttgart 1956.
Alois Giefer, Franz Sales Meyer, Joachim Beinlich (Hg.), *Planen und Bauen im neuen Deutschland*. Köln/Opladen 1960.
Giovanni Klaus Koenig, *Architettura tedesca del secondo dopoguerra*. Rocca San Casciano 1965.
John Burchard, *The voice of the phoenix. Postwar architecture in Germany*. Cambridge, Mass./London 1966.
Werner Durth, *Deutsche Architekten. Biographische Verflechtungen 1900–1970*. Braunschweig/Wiesbaden 1986.
Mathias Schreiber (Hg.), *Deutsche Architektur nach 1945. Vierzig Jahre Moderne in der Bundesrepublik*. Stuttgart 1986.
Werner Durth, Niels Gutschow, *Architektur und Städtebau der fünfziger Jahre*. Schriftenreihe des Deutschen Nationalkomitees für Denkmalschutz 33. Bonn 1987.
Werner Durth, Niels Gutschow, *Träume in Trümmern. Planungen zum Wiederaufbau zerstörter Städte im Westen Deutschlands. 1940–1950*. 2 Bde. Braunschweig/Wiesbaden 1989.
Architektur und Städtebau der Fünfziger Jahre. Schriftenreihe des Deutschen Nationalkomitees für Denkmalschutz 36. Bonn 1988.
Hermann Glaser (Hg.), *So viel Anfang war nie. Deutsche Städte 1945–1949*. Berlin 1989.

Zur Ruine:
Georg Simmel, Die Ruine. 1919. In: *Philosophische Kultur. Über das Abenteuer, die Geschlechter und die Krise der Moderne. Gesammelte Essais*. Berlin 1983.
Jeannot Simmen, *Ruinen-Faszination*. Dortmund 1980.
Wolfgang Pehnt, Umgang mit Ruinen. Zerfall und Verschleiß in der zeitgenössischen Architektur. In: *Der Anfang der Bescheidenheit*. München 1983, S. 195 ff.
Johannes Werner, Kirchenbau mit Kriegsruinen. In: *Das Münster*. 1987/3. unpag.
Vom Umgang mit Ruinen. *Der Architekt*. 1989/11 (mit Aufsätzen von Max Bächer, Hans-Jürgen Wirth, Friedhelm Grundmann, Ulrich Höhns, Reinhard Roseneck, Wolfgang Schäche u.a.).
Ulf Jonak, *Sturz und Riß. Über den Anlaß zu architektonischer Subversion*. Braunschweig/Wiesbaden 1989.

2. Glaser 1986, a.a.O (s. Anm. 1), Bd. 1, S. 236, 243.

3. Erich Kästner, Der tägliche Kram. In: *Gesammelte Schriften*. Bd. 5, Köln 1959, S. 15.

4. Alfred Kerr, Fünf Tage in Deutschland. In: *Neue Zeitung*. 18.7., 1.8., 11.8.1947. – Glaser 1986, a.a.O. (s. Anm. 1), Bd. 1, S. 40.

5. Durth/Gutschow 1988. a.a.O. (s. Anm. 1), Bd. 1, z.B. S. 243 ff.

6. Emil Steffann. 1943. In: Gisberth Hülsmann (Hg.), Emil Steffann, in: *Architektur und Denkmalpflege 18*. Düsseldorf 1981. S. 38.

7. Emil Steffann. Handschriftl. Blatt, 1951. In: Hülsmann 1981, a.a.O., S. 38.

8. Aufruf des Deutschen Werkbunds. März 1947. In: Hans Eckstein (Hg.), *50 Jahre Deutscher Werkbund*. Berlin 1958. S. 36.

9. Emil Steffann an P. Régamey. In: Hülsmann 1981. A.a.O. S. 44.

10. Emil Steffann, Können wir noch Kirchen bauen? 1958. In: Hülsmann 1981, a.a.O., S. 105 f.

11. Emil Steffann. 1951. In: Hülsmann 1981, a.a.O., S. 123.

12. Rudolf Schwarz. 1960. In: Manfred Sundermann (Hg.), *Rudolf Schwarz. Architektur und Denkmalpflege 17*. Düsseldorf 1981. S. 49. – Rudolf Schwarz, *Kirchenbau*. Heidelberg 1960. S. 223.

13. Walter Dirks, Mut zum Abschied. In: *Frankfurter Hefte*, Jg. 1, 1947. S. 819 ff.

14. Simmel 1919, a.a.O. (s. Anm. 1), S. 111 f.

15. vgl. Erich Altendörfer, Hans Döllgast und die Alte Pinakothek. In: Ausst.Kat. *Hans Döllgast. 1891–1974*, München 1987, S. 45 ff.

16. Hans Döllgast. In: *Münchener Merkur*. 16.6.1952.

17. Schwarz, *Kirchenbau* 1960. a.a.O. (s. Anm. 12), S. 120.

18. Akten des Magistrats und der Stadtkanzlei der Stadt Frankfurt im Stadtarchiv Frankfurt am Main. – Wolfgang Klötzer, *Die Frankfurter Paulskirche – Symbol der Deutschen Einheit*. Frankfurt a.M. 1978. – Maria Schwarz, Klaus Wever, *Paulskirche Frankfurt am Main. Werkstattgespräch über eine Instandsetzung*. Ms. Frankfurt a.M. 1984. – Magistrat der Stadt Frankfurt am Main. Dezernat Hochbauamt (Hg.), *Die Paulskirche in Frankfurt am Main*. Frankfurt a.M. 1988.

19. Aufruf der Stadt Frankfurt am Main zum Wiederaufbau der Paulskirche. 20.1.1947.

20. Aufruf 1947. vgl. Anm. 19. – Schwarz Kirchenbau 1960. a.a.O. (s. Anm. 12), S. 94.

21. Planungsgemeinschaft Paulskirche, *Denkschrift zur Fortsetzung des Wiederaufbaus der Paulskirche Frankfurt/Main*. April 1960. Ms. Archiv Schwarz, Köln.

22. Friedrich Dürrenmatt, Der Besuch der alten Dame. 1956. In: *Deutsches Theater*. Frankfurt a.M. 1960, S. 376.

23. Glaser 1986, a.a.O. (s. Anm. 1), Bd. 2, S. 60, 77 f.

24. Auguste Rodin. Zit. nach: Hans Holländer, Fragmente anläßlich des Schlegelschen Igels. In: *Daidalos 31*, 15.3.1989, S. 90.

25. Akten des Magistrats und der Stadtkanzlei der Stadt Frankfurt im Stadtarchiv Frankfurt am Main. – Christoph Perels, Bauen und Wiederaufbauen. In: *Ernst Beutler 1885–1960*. Frankfurt a.M. 1985, S. 17 ff. – Bettina Meier, Goethe in Trümmern. In: *The Germanic Review*, Bd. LXIII/4, New York 1988.

26. Max Frisch. Tagebuch 1946–1949. In: *Gesammelte Werke*. Bd. 2. Frankfurt a.M.
    1976, S. 374.
27. Walter Dirks an Oberbürgermeister Walter Kolb. 18.4.1947.
28. Dirks 1947. a.a.O. (s. Anm. 13).
29. Theodor W. Adorno, Auferstehung der Kultur in Deutschland? In: *Frankfurter Hef-
    te*, Jg. 4, 1950, S. 476.
30. Rudolf Schwarz, Von der Bebauung der Erde. 1949. Zit. nach: Sundermann 1981,
    a.a.O. (s. Anm. 12), S. 62, 82.
31. Sigmund Freud, Konstruktionen in der Analyse. 1937. In: *Gesammelte Schriften*.
    London 1946 ff.[2], Bd. XVI, S. 47 f.
32. Denis Diderot. Zit. nach: Simmen 1980. a.a.O. (s. Anm. 1), S. 11.

Jost Hermand

FREIHEIT IM KALTEN KRIEG
Zum Siegeszug der abstrakten Malerei in Westdeutschland

Nach der militärischen Niederlage des faschistischen Regimes im Mai 1945 war die Situation in den drei Westzonen erst einmal recht verworren. Es gab keine „Stunde Null", keinen radikalen Umbruch, keinen ideologischen Paukenschlag. Trotz aller Diskontinuität herrschte eine beachtliche Kontinuität – ob nun in ökonomischer, gesellschaftlicher oder kultureller Hinsicht. Besonders in der Malerei, die den Lizenzbestimmungen der Alliierten nicht so stark unterworfen war wie das Theater-, Zeitungs- und Verlagswesen, konnten selbst politisch vorbelastete Künstler ungehindert weiterschaffen und ihre Werke an private Sammler verkaufen. Obendrein hatten viele der sogenannten Nazimaler schon vor 1945 hauptsächlich Porträts, Landschaften und unverfängliche Genrebilder gemalt[1]. Und solche Bilder erfreuten sich auch weiterhin einer starken Nachfrage. Anders stand es mit jener Malerei, die sich nach 1945 an eine breitere Öffentlichkeit zu wenden suchte. In ihr lassen sich – bei allem Pluralismus der Stile und Motive, der als wohltuende Befreiung aus der faschistischen „Gleichschaltung" ins einseitig Abbildrealistische oder Schönfärberische empfunden wurde – auf Anhieb drei Richtungen unterscheiden: eine prononciert-antifaschistische, eine kunstimmanent-gegenstandslose und eine eklektisch-halbmoderne.

Die antifaschistische, engagierte, gesellschaftskritische, „linke" Richtung, die sich in ihren Themen – ob nun lamentierend, anklagend oder satirisch – mit den politischen Verfehlungen der unmittelbaren Vergangenheit auseinandersetzte, war sicher die kleinste (etwa 4 bis 5 Prozent). Da die Nationalsozialisten alle Organisationen linksgerichteter Künstler zerschlagen hatten, fanden Maler wie Hanns Kralik, Otto Pankok oder Karl Hubbuch nach 1945 höchstens in der Zeitschrift *Bildende Kunst* oder im „Kulturbund zur demokratischen Erneuerung Deutschlands" einen gewissen Rückhalt[2]. Noch am wirkungsvollsten konnten sie ihrer Gesinnung durch appellartige Graphikzyklen oder Zeichnungen für satirische Blätter wie *Ulenspiegel*, *Wespennest* und *Simpl* Ausdruck verleihen, obwohl sie dabei zum Teil in eine kabarettistische Auseinandersetzung mit dem Faschismus abglitten, die auf eine unangemessene Verharmlosung dieses Phänomens hinauslief. Doch auf allen anderen Gebieten blieben die „Engagierten" eher am Rande. Es gab in den drei Westzonen keine großen Ausstellungen antifaschistischer Kunst, keine offizielle Unterstützung für ein Widerstandsmuseum oder ähnliche Bemühungen. Daß diese Richtung überhaupt „Spuren" hinterlassen hat, verdankt sie weitgehend ihrer archäologischen Wiederentdeckung im Zuge der politischen Polarisierung der späten sechziger und frühen siebziger Jahre[3].

Ebenso bescheiden wirkten anfangs alle Ansätze zu einer gegenstandslosen Malerei (etwa 5 bis 8 Prozent). Diese Richtung war nicht nur durch die Nationalsozialisten liquidiert

1 Otto Pankok, Von Auschwitz zurück, 1948

worden, sondern befand sich bereits seit Mitte der zwanziger Jahre im Rückgang, und zwar sowohl in Deutschland als auch in anderen westlichen Ländern. Im Untergrund hatten daher nur wenige Maler – wie Willi Baumeister und Fritz Winter – weiterhin gegenstandslos gemalt. Ihre Werke wurden zwar nach 1945 sofort gezeigt, um ihre „Verfemung" unter dem Faschismus wiedergutzumachen[4], riefen aber keine echte Begeisterung hervor. Die meisten Betrachter empfanden solche Bilder als „unzeitgemäß", das heißt als Produkte aus der Ära der avantgardistischen „Kunst-Ismen" nach dem Ersten Weltkrieg. Mit einer Kunst, die einmal als „rebellisch" gegolten hatte, konnten diese Betrachter, welche nach den utopischen Verheißungen des Dritten Reiches allen neuen Avantgardismen höchst skeptisch gegenüberstanden, nicht viel anfangen[5]. Doch im Laufe der Zeit fanden gerade die Gegenstandslosen einige energische Verteidiger. Wohl das erste Manifest dieser Richtung war das Buch „Die schöpferischen Kräfte in der abstrakten Malerei" (1947) von Ottomar Domnick, das sich vor allem für Max Ackermann, Willi Baumeister, Otto Ritschl und Fritz Winter einsetzte. Diese Kunst sei 1925 keineswegs ausgestorben, liest man in der Folgezeit immer wieder, sondern habe – aufgrund ihrer engen Affinität zu

2 Karl Hubbuch, Kleiderwechsel (aus: Wespennest 20/1946, S. 4)

einer widerspenstigen Subjektivierung und Intellektualisierung – ständig neue Urständ
erlebt. In der französischen Zone wies man dabei auf die große Abstraktenschau *Salon
des Réalités Nouvelles* hin, die 1947 in Paris zu sehen war. Ähnliche Bilder enthielt
die Wanderausstellung *Französische abstrakte Malerei*, die 1948 in München, Stuttgart,
Düsseldorf, Hannover, Hamburg und Frankfurt gezeigt wurde und einen Kunstkritiker
wie Leopold Zahn veranlaßte, im gleichen Jahr im *Kunstwerk* hoffnungsfroh zu behaupten: „Das Zeitalter der Mimesis ist vorüber; überall setzt sich das abstrakte Kunst-
wollen durch"[6]. Auch er berief sich hierbei auf Maler wie Georg Meistermann, Otto
Ritschl und Fritz Winter – und wandte sich bereits gegen „totalitäre" Regime wie die
Sowjetunion, in denen die gegenstandslose Malerei offiziell verboten sei. Fast die gleichen
Impulse gingen von den Vereinigten Staaten aus, wo seit 1945 – im Zuge der Überwindung des gesellschaftskritischen Realismus der dreißiger Jahre – der „Abstract Expressionism" eines Jackson Pollock, Robert Motherwell und Willem de Kooning Aufsehen zu
erregen begann. Als Demonstration dieses Umschwungs schickten die USA dementsprechend 1948 eine Wanderausstellung durch mehrere westdeutsche Städte, die den Titel
„Gegenstandslose Kunst in Amerika" trug.
   Um sich im Gefolge der steigenden Westintegrierung als kulturell gleichrangig oder zumindest gleichgestimmt zu erweisen, begannen deshalb auch die Westdeutschen nach
1947/48 ihre eigenen Gegenstandslosen herauszustreichen und mit Kunstpreisen zu ver-

3 Willi Baumeister, Liebeszauber (Bühnenvorhang), 1947

sehen. Diese Wende zur Abstraktion rief jedoch bei an realistischen Darstellungsweisen festhaltenden Künstlern und Kunstkritikern eine Fülle erbitterter Gegenreaktionen hervor, die erst in den frühen fünfziger Jahren – im Zuge der immer intensiveren politischen, ideologischen und damit auch künstlerischen Verflechtung mit dem „Westen" – allmählich abebbten. Und zwar kamen diese Reaktionen, etwas vereinfacht gesprochen, aus drei verschiedenen Lagern, die dem steigenden Trend zur Gegenstandslosigkeit entweder mit kleinbürgerlich-banausischen, christlich-religiösen oder weltanschaulich-engagierten Argumenten entgegentraten. Bei den kleinbürgerlich-banausischen Statements gegen die abstrakte Malerei hieß es meist: dies sei überhaupt keine Kunst, sondern bloß Spielerei, Un-Kunst, No-Art oder Un-Art. Solche Bilder könne Klein-Fritzchen, wenn nicht gar ein talentierter Schimpanse auch hinklecksen – oder was es sonst noch an miefigen Urteilen dieser Art gibt. Wesentlich bedeutungsträchtiger äußerten sich hingegen die religiösen Kritiker dieser Art von Malerei, die in der steigenden Abstraktion einen unübersehbaren „Abfall von Gott" und damit eine Hinwendung zum „Nihilismus" erblickten. Am einflußreichsten erwies sich dabei das Buch *Verlust der Mitte* (1948) von Hans Sedlmayr, demzufolge das „gestörte Verhältnis zu Gott" bereits in der Französischen Revolution eingesetzt habe, wodurch die bildenden Künste immer stärker in den Sog des Widersinnigen, wenn nicht Satanischen geraten seien. Auch Richard

Seewald verdammte in seiner Schrift *Über Malerei und das Schöne* (1948) die abstrakte Malerei und empfahl statt dessen, lieber christliche Wandbilder zu malen. Ja, Wilhelm Hausenstein ging in seinem Buch *Was bedeutet die moderne Kunst?* (1949) so weit, in den avantgardistischen Strömungen seit 1900 überall Symptome eines bewußten oder unbewußten „Nihilismus" aufzudecken – und den Künstlern zu raten, ihre Werkzeuge erst einmal für längere Zeit beiseite zu legen und die Hände zu falten. Doch die meiste Emphase liegt wohl jenen Argumenten gegen die abstrakte Malerei zugrunde, die damals von den gesellschaftskritisch-engagierten Realisten in die Debatte geworfen wurden, die unterm Faschismus ebenso schwere Jahre durchgemacht hatten wie die gegenstandslosen Maler. Ihnen erschien die Abstraktion viel zu unverbindlich, ästhetisierend und damit vordergründig, um sich als wirkungsmächtiges Instrument bei der anstehenden Vergangenheitsbewältigung einsetzen zu lassen. So schrieb etwa Karl Hofer 1947 in der Zeitschrift *Bildende Kunst*, daß die „eiskalte Kunst der Abstraktion" eine „intellektualisierte Form des menschlichen Spieltriebes" sei, die letztlich nur ein „artistisch geschultes Publikum mit stark snobistischem Einschlag befriedigen" könne – und bekannte sich ausdrücklich zu einem kritischen „Realismus"[7]. Im gleichen Sinne erklärte Otto Dix 1948, daß es heute in der Malerei weniger auf „Farbe und Form" als auf „Erleben und Ergriffenheit" ankomme, um auch als Künstler etwas zur „Sinngebung" der eigenen Zeit beizutragen[8]. Noch ausführlicher äußerte sich Rudolf Schlichter in seinem Essay „Ateliers im Elfenbeinturm" zu diesen Fragen, der 1952 in den *Frankfurter Heften* herauskam. Ihm erschien das erneute Anknüpfen an die „museumsreife Moderne" von Anno dazumal, wie es sich in dem „handwerklichen Virtuosentum" und den „formalistischen Turnkünsten" der abstrakten Malerei manifestiere, als ein ideologisch bewußt inszeniertes Manöver, mit dem man versuche, der Jugend den „Durchbruch zu einer neuen Sicht" der gesellschaftlichen Verhältnisse zu verstellen. Falls die Befürworter der Abstraktion dazu übergehen sollten, alle „Inhalte und Aussagen" von vornherein als „außerkünstlerische Motive" zu diffamieren, heißt es ihm Rahmen dieser Polemik, könne es leicht zu einer „Verödung" der Malerei und damit Lähmung des gesamten Kunstbetriebs kommen[9].

Doch kommen wir endlich zu jener Halbmoderne, die sich zwischen 1945 und 1949 weder so realistisch-gesellschaftskritisch noch so kunstimmanent-gegenstandslos gab wie die eben skizzierten Richtungen und etwa 85 bis 90 Prozent aller damaligen Maler in ihren Bann zog. Sie wurde aufgrund ihres Eklektizismus von den meisten gar nicht als kohärente Richtung verstanden, sondern lief unter Bezeichnungen wie „Halbmoderne", „Realidealismus" oder „Magischer Realismus" – je nachdem, wie weit der Grad ihrer Abstrahierung ging. Auch in ihrer Motivik divergierte diese Malerei beträchtlich, indem sie ihre Themen oder Sinn-Bilder so allgemein faßte, daß sie sich sowohl existentialistisch, humanistisch, mythisierend, allegorisierend oder christlich interpretieren ließen. Anstatt sich wie die antifaschistischen Realisten konkret mit der unmittelbaren Vergangenheit auseinanderzusetzen oder wie die Gegenstandslosen einfach von ihr abzusehen, taucht das Thematische im Rahmen dieser Richtung als eine zwar angedeutete, aber weitgehend ins Unverständliche verrätselte Chiffre auf. Selbst der Faschismus, der Zweite Weltkrieg und der Untergang Deutschlands erscheinen auf ihren Bildern fast

4 Rudolf Schlichter, Apokalyptische Tiere, 1947

ausschließlich als unbegriffener Schock, als Dämonie, als Teufelswerk, als Naturkatastro-
phe, als Weltuntergang oder Apokalypse, das heißt als Einbrüche irgendwelcher
dunklen, bösartigen, irrationalen Mächte. Ja, diese Stimmung des Schreckens wurde zum
Teil mit Evokationen universaler Ängste, wie der Furcht vor der Allgewalt einer roboter-
haften Technik, der steigenden Vermassung der Menschheit, der verheerenden Gewalt
der Atombombe oder der Unvermeidlichkeit eines Dritten Weltkriegs verbunden.
    Dennoch wäre es verfehlt, in solchen Bildern lediglich den Ausdruck einer allgemeinen
Desorientierung zu sehen. In ihnen steckt zugleich der selbstbewußte Anspruch, sich
nicht mit einer politischen (und damit angeblich oberflächlichen) Deutung der anstehenden Weltprobleme zufriedenzugeben, sondern tiefer zu schürfen. Große und größte Fragen der Menschheit werden auf diesen Bildern oft höchst existentiell beantwortet, wo-
rin sich eine Fortsetzung jener Ideologie der Inneren Emigration manifestiert, nach der
die Hauptaufgabe der Kunst im Ich-Ausdruck, das heißt im bewußt persönlichen Ringen
mit Problemen, Mächten, Schicksalen besteht. Es ist die Größe und das Elend dieser
Halbmoderne, daß sie sich solchen Fragen zwar stellt, diese aber nicht konkret angeht,
sondern in ihren Appellen an Humanität, Frieden oder neue Religiosität zu tiefempfun-

5 Karl Hofer, Atomserenade, 1947

denen, wenn auch unklaren Metaphern greift. Indem sie ihre Hoffnung allein auf Dinge wie „Erlösung", „Geist", „Kultur" oder „Bewußtsein" setzt, landet sie – angesichts der Totalkatastrophe Deutschlands – zwangsläufig bei „Realabstraktionen" oder „Mystifikationen der Geschichte", die sich im Umkreis heilsgeschichtlicher Chiffren bewegen. Besonders häufig ist in diesem Umkreis die „Parallelisierung" der Erfahrungen unter dem Faschismus mit der christlichen Passionsgeschichte[10]. Dafür sprechen die vielen Verspottungen, Kreuztragungen, Passionen oder Pietà-Darstellungen, oft in Form anspruchsvoller Triptychen, die in diesen Jahren entstanden. So hat allein Otto Dix zwischen 1946 und 1950 etwa vierzig Bilder aus dem Leben Jesu gemalt. Bei Karl Hofer herrscht in dieser Zeit das Magisch-Verfremdete, bei Franz Radziwill das Apokalyptische vor. Andere, wie Franz Frank, Hans Meyboden, Werner Scholz oder Max Pfeiffer-Watenphul, bevorzugten damals einen Stil des „Expressiven Realismus"[11], der in seiner abstrahierenden Art zu zeitlosen Existenzallegorien neigte.

Auch die feuilletonistischen Bekenntnisse zu solchen Bildern betonen häufig, daß es sich bei ihnen um eine Rückkehr zum Einfachen, um eine „Kunst von Last und Mühe, von Sorge und Not" handele, welche sich mit der „Frage nach Sinn und Bedeutung des Menschlichen" schlechthin auseinandersetze[12]. Bei aller „stilistischen Verschiedenheit" sei diesen „Sinnbildern des Lebens" ein „tiefer Ausdruck" und eine unbezweifelbare „Größe" zu eigen, die jede „leere Schönheit" und jeden „billigen Heroismus" verschmähten[13]. Daß diese Malerei leicht „abstrahiere", habe sie mit aller großen Kunst gemeinsam.

Auch Goya, Gauguin, van Gogh, Chagall, Kollwitz, Barlach oder Picasso hätten von der Natur abstrahiert, liest man immer wieder[14], um ihrer Kunst den Charakter eines Appells, einer Anklage, einer Erhebung ins Allgemein-Menschliche oder gar Religiöse zu geben — und seien dabei doch nie ins „Gegenstandslose" verfallen.

Um 1948/49 wirkt also die westdeutsche Kunstszene noch erfreulich bunt. Obwohl die prononcierten Antifaschisten immer stärker in den Hintergrund treten, sind zu diesem Zeitpunkt — neben dem allmählich stärker werdenden Trend zur Gegenstandslosigkeit — noch alle Spielarten der sogenannten Halbmoderne recht aktiv. Das Charakteristikum dieser Zeit ist überhaupt ein Nebeneinander der Formen, Stile und Motive, das in seinem Pluralismus als Zeichen der „Freiheit" ausgegeben wird. So waren etwa auf der Ausstellung „Deutsche Malerei und Plastik der Gegenwart", die 1949 in Köln stattfand und auf der nur Werke lebender Künstler gezeigt wurden, neben Gegenstandslosen wie Baumeister, Berke, Nay und Winter auch Realisten und Vertreter der Halbmoderne wie Beckmann, Camaro, Dix, Fuhr, Heckel, Hofer und Pechstein vertreten. Bei der 2. Deutschen Kunstausstellung in Dresden, die im gleichen Jahr stattfand, kamen von 753 ausgestellten Werken noch immer 360 (gegenständliche und ungegenständliche) aus dem Westen.

Ein Umschwung in dieser Hinsicht setzte erst im Jahr 1950 ein. Nach der Spaltung Deutschlands, dem Beginn des Koreakrieges, den ökonomischen Auswirkungen des Marshall-Plans und der von Adenauer befürworteten „Politik der Stärke" kam es in der Bundesrepublik — trotz aller Bekenntnisse zu Freiheit und Individuation — zu einer unübersehbaren Vereinheitlichung auf ideologischem und kulturellem Gebiet. Im Bereich der Malerei führte das zu einer auffälligen Zurückdrängung des bisherigen Stilpluralismus und einer fortschreitenden Standardisierung eines neuen Stils der mehr oder minder totalen Gegenstandslosigkeit. Während in den voraufgegangenen Jahren noch eine erfreuliche Vielfalt der Richtungen geherrscht hatte, stand die Zeit zwischen 1950 und 1955 im Zeichen einer Dominanz der „Balken, Kreise und Striche", die einer geradezu monopolistischen Markt- und Meinungsbeeinflussung gleichkam[15]. Erst jetzt wurde der „Elfenbeinturm" des Formalismus wie ein „neuer Zwingturm in das leere Gefilde der Kunst" gestellt und damit nach der faschistischen Kunstdiktatur der Vielen eine modernistische Kunstdiktatur der Wenigen vorbereitet[16]. Jedenfalls war dies die Meinung eines kritischen Beobachters wie Rudolf Schlichter, der sich als „Realist" durch diese Verschiebungen auf der Kunstszene zusehends an den Rand des Geschehens gedrängt sah.

Da diese Vereinheitlichung weitgehend im Zeichen des Kalten Krieges geschah, begann sie in ihren ideologischen Verlautbarungen meist mit einer systematischen Abwertung aller hinter dem „Eisernen Vorhang" vertretenen kunsttheoretischen Programme. Im Hinblick auf die Malerei war dies die Theorie des „Sozialistischen Realismus", welche in diesen Jahren — angesichts des Kalten Krieges — ebenfalls eine Phase ideologischer Einzwängungen und Verkrustungen durchlief. Und so glaubte sich die Mehrheit der deutschen Kunstkritiker nach 1949/50 durchaus berechtigt, *jede* Form des Realismus einfach als Zeichen der Unfreiheit, das heißt als willenloses Abpinseln der vorgegebenen Realität oder als personenkultische Schönfärberei abstempeln zu können. Durch solche Konzepte, heißt es immer wieder, erniedrige sich der Maler zum bloßen Photographen ohne

6 Otto Dix, Ecce Homo II, 1949

7 Ernst Wilhelm Nay, Steinfiguren, 1950

jede künstlerische Integrität. Statt sich zum Schöpfer eigener, gegenstandsloser Welten aufzuschwingen, werde er in solchen Regimen zwangsläufig zum Komplizen einer Ideologie, die auch dem „Freien Westen" gefährlich werden könne.

Die Hauptzielscheibe der offiziösen Kritik war nach 1950 zunächst die antifaschistisch-gesellschaftskritische Richtung, obwohl diese durch den bereits 1947/48 einsetzenden Kalten Krieg kaum noch reale Wirkungsmöglichkeiten hatte. So war der „Kultur-

bund zur demokratischen Erneuerung Deutschlands" in den Westzonen schon 1948 verboten worden. Andere Säuberungsmaßnahmen dieser Art ließen nicht lange auf sich
warten. Und zwar wurde dabei der „Realismus" oder gar „Sozialistische Realismus"
meist als Ausdruck des Altmodischen, Subalternen, Massenhaften, Politischen und damit
Totalitären angeprangert[17]. Eine solche Unkunst könne sich heute nur noch in der „Ostzone" halten, schrieb Klaus J. Fischer im *Kunstwerk*, wo man wie im Dritten Reich
alle „schöpferischen Kräfte" umbarmherzig gefesselt habe[18]. Während in den frühen
zwanziger Jahren selbst in der Sowjetunion noch die „Avantgarde" vorgeherrscht habe,
wie es bei den Vertretern der Gegenstandslosigkeit immer wieder heißt, sei in diesen Breiten heute allein das Muffige, Verklemmte, Ressentimentgeladene, Kleinbürgerliche,
Wirklichkeitsbezogene und damit Intolerante tonangebend.

Aber nicht nur die „Realisten", auch die Anhänger der sogenannten Halbmoderne hatten nach 1950 wegen ihres Wirklichkeitsbezugs und des Appellcharakters ihrer Bilder
in der Bundesrepublik einen schweren Stand. Eine Trauerarbeit à la Karl Hofer erschien
den Nutznießern des bundesrepublikanischen „Wirtschaftswunders" immer peinlicher.
Sie wollten die faschistische Vergangenheit im Zeichen der neugewonnenen Stärke möglichst schnell verdrängen und stellten darum sogar existentialistische, humanistische oder
christliche Warnbilder als ideologie- und damit linksverdächtig hin. Im Rahmen einer
freien Industrie- und Konsumgesellschaft fanden sie nur noch das Konzept der absoluten
Ideologielosigkeit als zeitgemäß. Selbst die Vertreter der Halbmoderne wurden dementsprechend — wegen ihrer realistischen Malart oder ihrer gesamtdeutschen Gesinnung —
entweder bewußt übersehen, lächerlich gemacht, oder, wie im Falle Hofers, massiv ange-
griffen[19]. Wohl den unrühmlichsten Lorbeer verdiente sich dabei Will Grohmann, der
neben Carl Linfert und Werner Haftmann in diesen Jahren zu den einflußreichsten Wort-
führern der Ungegenständlichen gehörte[20]. Eine der schärfsten Debatten dieser Art spielte sich 1954/55 in der Zeitschrift *Der Monat* ab[21], wo allen Anhängern des Wirklichkeitsbezugs eine massenbezogene Plattheit, das heißt Neigung zum Totalitären unter-
stellt wurde. Welche realen Folgen solche Verdächtigungen haben konnten, mußten Dix
und Pechstein schon 1953 erfahren, als man ihre Werke bei größeren Ausstellungen einfach ablehnte und dafür gegenstandslose Bilder favorisierte.

Die offiziöse bis offizielle Propaganda dieser gegenstandsfreien Malerei ging meist von
einer bewußten Uminterpretation des Begriffs „Avantgarde" aus. Während sich Teile der
älteren Avantgarde selbst in ihrer ästhetischen Formgebung noch durchaus politisch oder
zumindest gesellschaftskritisch verstanden hatten[22], wurde jetzt sogar die Avantgarde
zwischen 1910 und 1925 in eine reine Kunstrevolte umgedeutet, der es vornehmlich um
formale Innovationen gegangen sei. Auf diese Weise brachte man es fertig, selbst den progressionsbetonten Konstruktivismus der frühen zwanziger Jahre als eine „Moderne" aus-
zugeben, die überhaupt keinen politischen, geschweige denn rebellischen Charakter be-
sessen habe, ja verstand es sogar, diese Kunst — mittels einiger ideologischer Verrenkun-
gen — in eine entscheidende Vorform des neuen Abstraktionismus umzufunktionieren.
Manche zogen dabei alle nur denkbaren Register, um diese restaurierte, aber ihres rebellischen Charakters entkleidete Moderne als „die" Moderne schlechthin hinzustellen, in-

8 Fritz Winter, Ohne Titel, 1950

dem man sie sowohl gegen die Theoreme der DDR-Kritik als auch gegen die konservative Kritik eines Sedlmayr verteidigte[23], die beide — wenn auch mit verschiedener Akzentsetzung — noch immer die „Inhaltslosigkeit" dieser Kunst bedauerten und sich demzufolge als „altmodisch" disqualifizierten.

Als die wichtigsten Topoi innerhalb der Legitimationsstrategien dieser gegenstandslosen Kunst tauchen meist folgende Kriterien auf. Da wären erst einmal die formalästhetischen Rechtfertigungen. In dieser Kunst, hört man, habe sich der Künstler endlich vom Gegenstand befreit, verfahre also nicht mehr zwanghaft abbildlich, sondern kreativ frei. Hier komme also die Kunst endlich zu sich selbst, indem sie alle Bindungen an ältere Sujets oder genrehafte Motive abstreife und nur noch ihr eigenes Material oder den freien Umgang mit diesem Material thematisiere. In dieser Kunst sei demnach jeder sein eigener Schöpfer, wodurch sich das Schimpfwort „Formalist" geradezu in einen Ehrentitel verwandelte, mit dem man die eigene Materialbesessenheit herauszustreichen versuchte. So erklärte etwa Werner Schmalenbach bei der Eröffnung einer Hann-Trier-Ausstellung in Hannover höchst unverblümt: „Es geht um das Bild, um das gemachte Bild. Das ist die Realität, und sie hat, zumindest für diesen Künstler, mehr Gewicht als die der Kriegsoder sonstigen Erlebnisse"[24]. Ebenso entschieden schrieb Werner Luft: „Nicht Sinn-, sondern Formzusammenhänge bestimmen heute die Qualität eines Kunstwerks"[25]. Ja, Arnold Gehlen behauptete Ende der fünfziger Jahre, daß ihm westdeutsche Jugendliche

9 Hann Trier, Ambidextro, 1959

angesichts „abstrakter" Bilder versichert hätten, hierin sähen sie den Ausdruck wahrer „Freiheit"[26].

Der Begriff „Freiheit" machte in diesem Umkreis überhaupt eine ungewöhnliche Inflation durch. In allem fühlten sich diese Gruppen plötzlich „frei": im Verzicht auf einen faßbaren Gegenstand sowie im Umgang mit Farbe, Linie, Form, Fläche und Raum. Indem sie sich von allen bisherigen Gesinnungen, Programmen, Theorien oder Ideologien befreiten, glaubten sie sich auch vom „schmutzigen" Geschäft der Politik befreien zu können. Worte wie „Gesinnungskünstler" oder „Moralist" wurden daher von vielen lediglich negativ benutzt. Als positiv stellten sie vor allem die Materialkünstler, Techniker, Macher und Formbeherrscher hin. Nicht mehr das „Was", sondern das „Wie" galt plötzlich als das eigentlich Kreative. Als besonders „zeitgemäß" wurde dabei die Wendung ins Industrielle, Technische angesehen. Dementsprechend ist in den Programmen dieser Richtung ständig von der Schönheit der technischen Form, von geometrischen Mustern oder durchmathematisierten Flächen die Rede, als habe man es mit Reißbrettzeichnungen eines Ingenieurbüros zu tun. Ebenso gern wurde die Unabbildlichkeit des modernen naturwissenschaftlichen Weltbildes zur Rechtfertigung dieser Gegenstandslosigkeit herangezogen. Während die Technik vielen Gesinnungskünstlern geradezu ein Anathema war, hatte man in diesem Bereich nicht die geringsten Skrupel, sie möglichst eng mit der Kunst zu verschwistern[27]. Nicht nur Max Bense verglich in diesen Jahren den Künstler mit einem technischen Designer, der wie die Konstruktivisten der frühen zwanziger Jahre von der Laborsituation ausgehe, auch andere Modernefanatiker dieses Zeitraums forderten immer wieder, daß die Gegenwartsmalerei vor allem die industrielle Situation ihrer Zeit widerspiegeln müsse[28].

Auf einer etwas höheren Ebene wurde dagegen häufig die gesteigerte „Geistigkeit", das heißt die subjektiv-idealistische Komponente dieser Gegenstandslosigkeit herausgestrichen. Neben Begriffen wie Technisierung tauchen daher ebenso oft Worte wie Intellektualisierung, Konzeptualisierung oder Spiritualisierung auf. Statt einfach nachzuschaffen, wollte man endlich den geheimen Formgesetzen der Materie nachgehen, ja kosmische Urregeln aufschlüsseln oder mystische Verzückungen erleben. Während Sedlmayr noch glaubte, die halbabstrakte oder gegenstandslose Kunst aus religiösen Gründen ablehnen zu müssen, stellten manche der Abstrakten gerade die Leere oder Unbestimmtheit dieser Bilder als willkommenen Anlaß zur Meditation hin. So knüpfte schon Willi Baumeister in seinem Buch *Das Unbekannte in der Kunst* (1947) unter Berufung auf Mystiker wie Meister Eckhart an jenen Zeichencharakter auf den Bildern Kandinskys oder Mondrians an, durch den aus dem „Sehen" das „Schauen", aus der Kunst die Vision werde[29]. Noch einen Schritt weiter ging F. A. Winter, der in seiner manifestartigen „Verteidigung der abstrakten Malerei", welche 1949 in der Zeitschrift *Neues Abendland* erschien, die gegenstandslose Malerei als eine Kunst des „inneren, geistigen Auges" und damit höchste Form der christlich-religiösen Kunst schlechthin bezeichnete, während er der gegenständlichen Malerei, die das „Göttliche" notwendig in die „vermenschlichende Verkleinerung" herabziehe, nur einen minderen Rang zuerkannte[30]. Selbst hohe Würdenträger der katholischen Kirche wie Monsignore Otto Maurer,

10 Georg Meistermann, Glasfenster (Heiligkreuzkirche Bottrop), 1957

der Prediger am Wiener Stephansdom, schlossen daher bereits Mitte der fünfziger Jahre ihren Frieden mit der gegenstandslosen Kunst und setzten sich aktiv für den Einbezug mystisch-zeichenhafter Werke – wie der Glasfenster Georg Meistermanns – beim Bau neuer Kirchen ein[31]. In Frankfurt gab es kurze Zeit später eine Ausstellung unter dem Titel *Kirche und abstrakte Malerei* zu sehen, wo gerade den gegenstandslosen Werken, als den Ausdrucksträgern wahrer Tiefe, die Fähigkeit zugesprochen wurde, einen Lichtstrahl ins „Dunkel unserer Existenz" zu werfen[32]. Auch Wieland Schmied und Karl Lüthi bekannten sich damals als gläubige Christen zu einer abstrakten „Gegenwartsmalerei"[33], das heißt wandten sich gegen den inzwischen obsolet gewordenen Sedlmayr und reihten sich in die Folge jener Stimmen von Worringer zu Haftmann ein, bei denen das Prinzip der Abstraktion immer stärker den Charakter der „Eigentlichkeit" bekommt und schließlich die total schwarze Leinwand zum höchsten Meditationsobjekt wird.

Um dieser Anschauungsweise eine ebenso ehrwürdige Tradition zu geben wie der Tradition der realistischen Malerei, wurde in den fünfziger Jahren allerorten nach Vorläufern jenes Antirealismus geforscht, mit denen man der vielbeschworenen Abstraktion den

11 A. Paul Weber, Die Exklusiven, 1953/54 (aus: A. Paul Weber, Graphik. Oldenburg, Stalling, 1956, Abb. 27)

Anschein des historisch Legitimierten zu geben versuchte. Viele griffen dabei auf die Jahre zwischen 1910 und 1925, als die „Ära der Ismen", zurück und stellten diese Zeit als die Periode der großen „Kunstrevolte", das heißt der endgültigen Verselbständigung der künstlerischen Darstellungsformen, hin. Es gab sogar Apologeten, die noch weiter zurückgriffen – ob nun wie die Jugendstil-Forscher bis zur „Stilwende um 1900"[34] oder wie Gustav René Hocke bis zum Manierismus[35] – und schon an den Werken dieser Epochen vornehmlich das Abstrahierende oder die ins Gegenstandslose drängenden Tendenzen hervorhoben. Wohl am einflußreichsten erwies sich hierbei Werner Haftmanns Buch *Malerei im 20. Jahrhundert* (1954), in dem – im Gegensatz zu den von ihm unablässig gefeierten „Großen Abstrakten" – alle parteipolitisch-orientierten, aber auch realistisch-gesellschaftskritischen Strömungen zwischen 1900 und 1950 als beiläufige Episoden einer minderwertigen „Art dirigé" hingestellt werden[36]. Es sei diese „Große Abstrakte", schrieb Haftmann damals, die sich bereits seit vielen Jahrzehnten als maßstabgebende „Weltkunst" etabliert habe[37].

Und zwar wurde bei solchen Legitimationsstrategien stets das Elitäre, Esoterische, Hermetische dieser modernen, weil antirealistischen „Weltkunst" betont. Durch ihre Wendung zum Elitären, hieß es immer wieder, entziehe sich die abstrakte Kunst allen möglichen Indienstnahmen und demonstriere „Freiheit". Statt wie unter dem Faschismus oder

Stalinismus mit dem Anspruch des Allgemeinverständlichen aufzutreten, versuche sie –
getreu der Schönbergschen Maxime: „If it is art, it is not for the masses; if it is for the
masses, it is not art"[38] – in ihrer Rätselhaftigkeit, ja Unverständlichkeit stets auf etwas
Höheres oder Tieferes hinzuweisen. Schon Willi Baumeister betonte deshalb 1947, daß
alle wahren Künstler zwangsläufig „Isolierte" seien, die mit anderen „Isolierten" zu kom-
munizieren versuchten[39]. 1949 heißt es bei Paul Ortwin Rave im gleichen Tenor: „Was
der einzelne Künstler schafft, das spricht – bestenfalls – zum Einzelnen"[40]. Der Nazi-
Slogan „Die Kunst dem Volke" sei daher – nach Rave – der größte Verrat am Wesen
der Kunst gewesen. Als ebenso verfehlt empfand es Haftmann, sich den „Sehgewohnhei-
ten der Masse" anzupassen, ja überhaupt eine „mittlere Linie" als „verbindliches Maß"
hinzustellen[41]. Auch für ihn war Kunst nur das, was aus den „verschwiegenen Zonen des
Menschen als Einzelnem" stammt[42]. Jede „freiheitlich-schöpferische Handlung, als eine
direkte Verhandlung des Subjekts mit seiner Wirklichkeit", erfolge, wie er erklärte, in
„Einsamkeit und außerhalb jeder Gemeinschaft und Kameradschaft"[43]. Ähnliche Zweifel am Postulat der „Allgemeinverständlichkeit" hegte Franz Roh[44]. Mit gleicher Tendenz sprach sich Hermann Beenken 1950 im *Monat* gegen den Versuch aus, mit Wand-
gemälden an die Öffentlichkeit zu treten, und setzte sich für eine Malerei ein, die sich
ausschließlich an Kenner und Sammler wende[45]. Bei Will Grohman hieß es, daß heute
nicht mehr die Gruppe, sondern nur noch der große Einzelne zähle, der für „Wenige"
schaffe und von noch Wenigeren verstanden werde[46]. Ja, Bruno E. Werner entblödete
sich nicht, eine „Ehrenrettung für den Snobismus" zu schreiben, um den Radius der
Kunst von vornherein auf die Elite der Sezessionisten einzuschränken[47].
    Die Kunst, die diesen Programmen entspricht, ist jene gegenstandslose Malerei, die in-
zwischen unter Bezeichnungen wie Abstrakte Malerei, Non-Representational Art, Abstract Expressionism, Art informel, Tachismus, Action Painting, Fleckenmalerei, Neo-
konstruktivismus oder Monochrome Malerei in die kunstgeschichtlichen Handbücher
eingegangen ist. Man hat dabei viel Aufhebens um die einzelnen Varianten gemacht.
Doch letztlich geht es, ob nun bei Willi Baumeister, Rolf Cavael, Georg Meistermann,
Ernst Wilhelm Nay, Hans Platschek, Hann Trier, Heinz Trökes, Theodor Werner, Fritz
Winter und vielen anderen, immer wieder um die gleiche Ungegenständlichkeit, die sich
im Sinne der Benjaminschen „ewigen Wiederkehr des Neuen" lediglich verschieden ein-
zukleiden versucht[48]. Aufs Ganze gesehen, handelt es sich bei dieser Richtung um eine
Malerei, die anfänglich mehr zum Geometrisierend-Konstruktivistischen neigt und dann
ab 1955 stärker ins Fleckenhafte übergeht, bei der sich also der Hauptakzent vom
Technik- und Bauhausbezogenen zur „unmittelbaren Darstellung des Psychischen"[49],
vom Abstrakten zum Tachistischen[50], vom Düsteren zum eher Verspielten verschiebt.
Aber, wie gesagt, letztlich wäre es müßig, hinter den vieldiskutierten Stilphasen dieser
Malerei eine logische Notwendigkeit aufspüren zu wollen. Ob nun gemalt, gekratzt, ge-
spachtelt, gespritzt oder geschmiert – das meiste läuft stets auf das gleiche hinaus: eine
Gegenstandslosigkeit, die ebenso hintergründig wie oberflächlich wirkt und daher gern
mit Oxymera wie „geometrisierender Dynamismus" oder „materialverhafteter Existentialismus" umschrieben worden ist.

12 HAP Grieshaber, Vogelfrei (Farbholz-
schnitt), 1951

Doch sei dem, wie es wolle. Was mich in diesem Zusammenhang interessiert, ist vornehmlich die Frage, wie es dazu kommen konnte, daß eine so schwerverständliche Malerei, die zugegebenerweise nur von einer kleinen „Minderheit" goutiert wurde[51], trotzdem so erfolgreich war und binnen weniger Jahre innerhalb des westdeutschen Kunstbetriebs zur beherrschenden Stilformation aufsteigen konnte. Deckte nicht die Mehrheit
der an Ölgemälden Interessierten damals ihren Bedarf an Landschaften und Genrebildern
weiterhin in den ominösen Rahmengeschäften[52]? Und kauften nicht ästhetisch Fortge-
schrittene eher Drucke der Klassiker der Halbmoderne (Marc, Chagall, Dali, Picasso)
oder Abbildungen von Bildern Bernard Buffets, dessen gegenständlich-triste Motive gegen Mitte der fünfziger Jahre gewaltig reüssierten[53]? Ist es darum nicht etwas übertrieben,
von einer Dominanz der gegenstandslosen Malerei zu sprechen? Schließlich weiß man
aus demographischen Umfragen, daß im Jahr 1955 von 100 Westdeutschen nur 6 die moderne „Malerei im Picasso-Stil" bejahten. 32 lehnten sie ab, 11 verhielten sich unentschie-
den und die restlichen 51 hatten von einer solchen Malerei noch nie gehört[54]. Und das
sind die Ergebnisse einer Umfrage über die „Malerei im Picasso-Stil". Wie wären die Pro-
zentzahlen dieser Umfrage ausgefallen, falls man die gleichen 100 Westdeutschen nach
ihrer Einstellung zur „Willi-Baumeister-Malerei" gefragt hätte?
    Wenn man von einem „Stil der Abstraktion" spricht, sollte man also recht vorsichtig
mit Verallgemeinerungen sein. Hatte diese Richtung tatsächlich einen „globalen" Cha-

13 Rolf Cavael, Komposition, 1956

rakter, wie von ihren Anhängern gern behauptet wurde, oder war sie vornehmlich eine Cliquenkunst anspruchsvoller Feuilletons und kleiner, exklusiver Galerien? Auf den ersten Blick war sie sicher nur eine Cliquenkunst. Und doch war sie zugleich ein wichtiges gesellschaftliches und ideologisches Phänomen – und das macht sie so betrachtenswert. Denn eine solche Richtung hätte sich niemals als dominante Stilformation durchgesetzt, wenn es nicht neben diesen Manifesten zugleich eine höchst aufnahmebereite soziale Trägerschicht für ihre Bilder gegeben hätte, ja wenn nicht die gesamte politische, gesellschaftliche, ökonomische und kulturelle Situation in der Bundesrepublik nach 1950 für diese Art von Malerei „reif" gewesen wäre. Denn mit Proklamationen allein läßt sich ein neuer Stil, selbst wenn es sich hierbei lediglich um den Stil der oberen sechs Prozent handelt, nie durchsetzen. Dazu gehört noch eine Reihe anderer Faktoren, von denen im folgenden wenigstens einige aufgezählt werden sollen.

Da wäre erst einmal die massive organisatorische Unterstützung, welche diese Malerei von seiten der Industrie, der kommunalen Verwaltungsapparate, der Ausstellungsgremien, der Galerien, der führenden Kunstzeitschriften und der Starkritiker erfuhr. In diesem Punkte kann man in den fünfziger Jahren tatsächlich von einem „Management der Moderne" sprechen[55]. Von besonderer Wichtigkeit war hierbei die mäzenatische Funktion des „Kulturkreises" im „Bundesverband der deutschen Industrie", der im August 1951 gegründet wurde und sich mit allen ihm zur Verfügung stehenden Mitteln für die Verbreitung gegenstandsloser Kunst einsetzte[56]. Dieser „Kulturkreis" stiftete nicht nur eine Reihe wichtiger Preise, sondern verlieh auch Stipendien, veranstaltete Tagungen, kaufte ungegenständliche Bilder auf, wandte sich an vermögende Sammler und gab obendrein ab 1954 das Periodikum *Jahresring* heraus, in dem namhafte Kritiker wie Werner Haftmann, Carl Linfert, Gustav René Hocke und Franz Roh weniger der gesellschaftlichen Verantwortlichkeit als der sogenannten ästhetischen Qualität den Vorrang gaben.

Doch auch an anderen Beispielen direkter oder indirekter Lenkung besteht kein Mangel. So wurden ab 1950 Jahr für Jahr immer mehr Preise an gegenstandsfreie Maler verliehen. Auch viele der großen Retrospektiven dieser Zeit waren den Vätern der Abstraktion gewidmet: Kandinsky 1953 in Köln, Jean Arp 1955 in Hannover, Kurt Schwitters 1956 in Hannover, Josef Albers 1957 in Hagen usw. Noch deutlicher läßt sich diese Trendwende an der Folge der *Documenta*-Ausstellungen in Kassel ablesen. Während man 1955, bei der ersten Ausstellung dieser Art, bei der Auswahl der Gegenwartsmalerei noch relativ pluralistisch vorgegangen war (obwohl sich Haftmann schon hier gegen alle „Betörungsmittel des Massenglücks" innerhalb der „realistischen" Malerei ausgesprochen hatte)[57], gab es auf der zweiten *Documenta* im Jahr 1959 fast ausschließlich Werke der „informellen" Kunst zu sehen, was von vielen als Triumph der totalen Gegenstandslosigkeit empfunden wurde. Statt etwa zwei Dutzend gegenstandsloser Maler gab es plötzlich zwei- bis dreihundert gegenstandsloser Maler in der Bundesrepublik[58]. Und diese Maler stellten nicht nur auf der zweiten *Documenta*, sondern auch auf anderen Ausstellungen dieser Jahre aus, die als Demonstrationen westlicher Freiheit gegen die einzwängenden Normen des Sozialistischen Realismus angepriesen wurden. Man denke an die Superschau *Berlin. Ort der Freiheit für die Kunst* von 1960, welche mit Werken der Berliner Sezession von 1900 begann und dann ihre Tendenz zur Verfreiheitlichung in den Werken der jüngsten Vertreter der Gegenstandslosigkeit kulminieren ließ.

Dennoch hätten sich alle diese Taktiken, Manipulationen, Begünstigungen und Repressionen, das heißt Methoden direkter und indirekter Lenkung, als unwirksam erwiesen, wenn es nicht für diese Malerei, wie gesagt, eine ansprechbare Schicht gegeben hätte. Ein Stil wird nicht allein durch Feuilletons, Journale, Ausstellungen und Preisverleihungen kreiert, sondern braucht auch eine gesellschaftliche Basis, um überhaupt Fuß fassen zu können. Betrachten wir erst einmal die gesellschaftliche Trägerschicht dieses Stils, bevor wir zu allgemeinen Folgerungen übergehen.

Wir haben bereits gehört, daß die überwältigende Mehrheit der westdeutschen Bevölkerung um 1955 sogar den „Picasso-Stil", geschweige denn den Stil der gegenstandslosen Malerei, noch gar nicht kannte oder ihn ablehnte. Die aktiven Befürworter, Liebhaber oder Interessenten des Gegenstandsfreien in der Malerei dürften daher die Ein-Pro-zent-Grenze eher unter- als überschritten haben. Es handelte sich hierbei um eine höchst diffuse Schicht von freischwebenden Intellektuellen, Amerika-Fans, anpassungsbereiten Journalisten, ästhetischen Nonkonformisten, modischen Snobs, allem Politischen mißtrauenden Malern, mit dem Schein des Neuen leicht zu verführenden Jugendlichen sowie jenen Managern, Freiberuflichen und höheren Angestellten, die sich ihre Wohnungen damals im „magnum"-Stil einrichten ließen. Jedenfalls war die Trägerschicht dieser Kunst nicht mehr die vermögende und zugleich bildungsbeflissene Altbourgeoisie, die um 1950 unter „Kunst" noch immer etwas Bedeutsames, Erbauliches, Gekonntes oder Repräsentatives verstand. Gekauft wurden deshalb solche Bilder weniger von den alten Sammlern, die weiterhin nach Meisterlichem Ausschau hielten, als von den progressionsbetonten Vertretern des westdeutschen Wirtschaftswunders, die sich mit dem Flair des „Modernen" umgeben wollten. Im Gegensatz zur älteren Bourgeoisie sah diese Schicht solche Bilder durchaus in enger Nachbarschaft zu anderen Medienneuheiten wie dem Fernsehen oder dem Jazz. All das erschien ihnen als „in", als „with-it". Während in den führenden Kulturzeitschriften bis 1950 noch ein enormer Sinnhunger geherrscht hatte, der sich vor allem an Tiefem, Philosophischem, Klassischem abzusättigen suchte, setzte nach der Gründung der Bundesrepublik selbst im Bereich der Kultur ein deutliches Erfolgs- und Aufstiegsdenken ein. Die ältere Kunst, die oft als Kompensation für nicht-gelebtes Leben hergehalten hatte, wurde deshalb innerhalb dieser Schicht schnell obsolet. Jene Nutznießer des Wirtschaftswunders, welche das Gerede von Krieg und Nachkrieg nicht länger hören konnten, die nicht mehr ständig an die Gefahr eines Dritten Weltkriegs, der Atombombe und anderer Weltuntergangsdrohungen gemahnt werden wollten, hatten für Dunkles, Anklagendes, Appellartiges keinen Bedarf mehr. Sie schmückten ihre Wände lieber mit dekorativen oder gegenstandslos unverbindlichen Motiven, um zu demonstrieren, wie sehr sie die „Moderne", die technische Innovation, das Originelle um jeden Preis zu schätzen wußten. Im gleichen Sinne, wie sie ihre Frauen oder Freundinnen mit Nachahmungen der letzten Kreationen von Christian Dior bekleideten, hängten sie sich Bilder an die Wand, die von weitem fast wie echte Manessier, echte Baumeister, echte Nay aussahen.

14 Reklame einer Tapetenfabrik (aus: Magnum 24/1959, S. 59)

So viel zu den Managerkreisen. Für die Intellektuellen dieser Schicht erfüllte dagegen diese Malerei eine andere Funktion. Sie gab ihnen das erwünschte Gefühl, der breiten Masse, die noch immer am Gegenständlichen klebe, ästhetisch und geistig weit überlegen zu sein. Ihre nonkonformistische Elitevorstellung leitete sich also aus dem Bewußtsein ab, für etwas Sinn zu haben, was sonst fast niemand zu schätzen wußte, das heißt „anders" zu sein als die anderen. Während nach 1945 selbst innerhalb der E-Kultur noch viel von Volk, Nation, gemeinsamem Schicksal die Rede war, entwickelte sich jetzt im Bereich der oberen ein bis zwei Prozent ein Vokabular, in dem sich vornehmlich der Stolz auf ein elitäres Außenseitertum widerspiegelt. Ob nun bei den Vernissagen oder in den Feuilletons dieser Schicht: überall herrschte der sprachliche Entre-nous-Gestus des Schwer- oder Unverständlichen. Das Wort „Avantgarde", das dabei manchmal auftaucht, wurde in diesem Umkreis bloß noch im Sinne der inneren und äußeren Selbstlegitimierung gebraucht. Zur „Avantgarde" gehörten jetzt allein jene Ausgezeichneten, deren Interesse lediglich den höchsten Produkten der E-Kultur galt und die alles zur U-Kultur Gehörige höhnisch von sich wiesen[59]. Während sich in den „tieferen Regionen" auch kulturell eine immer stärkere Homogenisierung des Geschmacks vollzog[60], erfreute sich diese Intelligenz kritiklos an den Genres einer ghettoartigen Narrenfreiheit, die trotz ihrer formalen „Radikalität" einen ausgesprochen affirmativen Charakter hatten[61].

Dagegen empfanden viele Künstler, die sich in den fünfziger Jahren dieser Richtung verschrieben, den Stil der Gegenstandslosigkeit zunächst als Schaffensrausch, als existentiellen Akt. Ihnen ging es vornehmlich um den schöpferischen Entwurf neuer visueller Konzeptionen[62]. Als hätte es nie eine Kritik der bürgerlichen „Institution Kunst" gegeben, proklamierten sie noch einmal die völlige Autonomie des Künstlers als des Einzigen und Andersartigen, als des freiesten aller freien Menschen, der keinerlei äußeren Verpflichtungen unterliegt, sondern nur seiner eigenen inneren Stimme folgt. Der Zustand der Isolierung, in dem diese Künstler lebten, wurde von ihnen fast immer aus dem Vogelfreien ins Elitär-Erlesene umgedeutet. Gerade das, was die ältere Avantgarde zum Teil zugunsten einer neuen „Lebenspraxis" durchbrechen oder zumindest in Frage stellen wollte[63], nämlich das Konzept der Autonomie der Kunst, stieg somit noch einmal zum alles beherrschenden Prinzip einer restaurierten Moderne auf, die sich über dem Ozean der Geschmacklosigkeit innerhalb der Massenmedien als der einzig wertvolle Kunstausdruck etablieren wollte.

Wenn also im Hinblick auf die gegenstandslose Malerei von einem „Stil" gesprochen wird, sollte man stets bedenken, daß dies lediglich der Stil der oberen ein bis zwei Prozent der westdeutschen Bevölkerung war. Doch dieser Prozentsatz genügte, um ihm in den führenden Organen und Organisationen der frühen Bundesrepublik eine dominante Rolle zu sichern, ja als „der" Stil schlechthin anerkannt zu werden. Die Gegenstandslosigkeit setzte sich daher in der Adenauerschen Restaurationsperiode als offizieller Stil einer restaurierten Moderne durch, der zum In-Stil und damit zum obersten Maßstab der sogenannten Meinungsträgerschichten wurde. Solange sich die führenden In-Groups dieser Gesellschaft als stabil erwiesen, erwies sich auch dieser Stil als stabil. Innerhalb eines Staates, dem es gelang, sich politisch, ökonomisch und gesellschaftlich gegen alle kritischen Elemente abzuschirmen, hatte darum eine kritische Kunst nur geringe Chancen, ihren Widerspruch anzumelden oder gar als neue Stilformation aufzutreten. Im Rahmen dieser Gesellschaft konnte es im Bereich der E-Künste nur eine Malerei des interesselosen Wohlgefallens geben, die inhaltlich auf jede Widerspenstigkeit verzichtete.

Alle kritischen Vorbehalte gegen diese Form der Abstraktion blieben dementsprechend solange ineffektiv, als sich die Unteren allein mit der für sie hergestellten Massenunterhaltung begnügten und die nonkonformistische Intelligenz weitgehend einer unverbindlichen „Ohne mich"-Haltung huldigte, das heißt aus Angst vor einer neuen „Ideologisierung" jedem Engagement peinlichst aus dem Wege ging. Falls in den mittfünfziger Jahren überhaupt eine Kritik an dieser Malerei laut wurde, kam sie fast ausschließlich aus den Reihen jener älteren Bourgeoisie, die sich bereits in den Jahren nach 1945 gegen die Anfänge dieser Richtung ausgesprochen hatte. Übelster Mief mischte sich hierbei mit durchaus berechtigten Argumenten. Da gab es Humanisten und Christen, welche die Entmenschung und Entgöttlichung dieser Kunst beklagten, hochmütige Bildungsbürger, die sich über den schlechten Geschmack der modebetonten Wirtschaftswunder-Parvenüs lustig machten, aber auch alte Nationalisten, welche den Verlust spezifisch deutscher Elemente innerhalb der Gegenwartsmalerei bedauerten. Höchst aufschlußreich sind in diesem Zusammenhang die Schriften jener völkischen Kritiker, die weiterhin ihren alten

Idealen treu zu bleiben versuchten und darauf hinwiesen, wie viele Anhänger der gegenstandslosen „Moderne" einmal fanatische Nationalisten waren, die sich heute durch einen Überfanatismus nach der anderen Seite von ihren früheren „Sünden" reinzuwaschen
versuchten[64]. Doch solche Stimmen verhallten inmitten der Wirtschaftswunder-Eupho-
rie der späten fünfziger Jahre, welche die Last der Geschichte einfach zu verdrängen suchte, weitgehend ungehört.

Auch von der auf einen gesellschaftskritischen Realismus pochenden Kritik der Liberalen, soweit sie sich überhaupt artikulierte[65], drang vor 1960 nur wenig an die breitere
Öffentlichkeit. Wer hörte damals schon auf Jürgen Beckelmann, der 1959 — angesichts
der 2. *Documenta* seine Streitschrift *Das Ende der modernen Kunst* herausgab und sich
im gleichen Jahr beim 1. Baden-Badener Kunstgespräch mit dem Einwand zu Wort
meldete, das Moderne nicht einfach mit dem Gegenstandslosen gleichzusetzen. Um seinen Argumenten mehr Gewicht zu geben, wies er auf das Weiterwirken realistischer
Künstler wie Albert Heinzinger, Karl Hubbuch, Otto Pankok, Günther Strupp, A. Paul
Weber sowie auf neugegründete Malervereinigungen wie „Tendenz", „Figura" und „Junge Realisten" hin. Ähnlich vehement setzte sich kurz darauf Reinhard Müller-Mehlis für
die weithin unterdrückten Realisten ein und beschuldigte Kritiker wie Werner Haftmann, Will Grohmann und Albert Schulze Vellinghausen, mit Hilfe des „Kulturkreises"
im „Bundesverband der deutschen Industrie" eine Kunst zu fördern, die sich vornehmlich an die „Happy Few" der „Wohlstandsindustriellen" wende[66]. Mit Argumenten dieser Art setzten sich jedoch die führenden Kunstzeitschriften damals ebenso wenig ausein-
ander wie mit der 1959 von Günter Grass in seiner *Blechtrommel* vorgetragenen Kritik
an der gegenstandslosen Kunst[67], die ihm, der zwischen 1948 und 1956 an den Düsseldorfer und Berliner Akademien als Graphiker und Bildhauer eindeutig zum Gegenständlichen tendiert hatte, wegen ihrer Nichtabbildlichkeit als bloße „Trugbildnerei" erschien[68]. Die
Moderne stand damals „ganz vorn", schrieb er später unter dem vielsagenden Titel „Geschenkte Freiheit", „freilich nur dann, wenn sie sich gegenstandslos anbot. Von all dem Häßlichen,
was man glücklich hinter sich zu haben meinte, sollte möglichst nichts zu erkennen sein"[69].

Günter Grass hatte ein gutes Gewissen, als er dies 1985 niederschrieb. Schließlich war
er mit seiner *Blechtrommel* als einer der wenigen geschichtsbewußten Realisten 1959
in eine Literaturszene eingebrochen, in der — von einigen Ausnahmen innerhalb der
„Gruppe 47" einmal abgesehen — ein ähnlicher zur Unrealistik neigender Nonkonfor-
mismus herrschte. Während sich die abstrakten Maler bei ihrer „Flucht aus der Zeit"
in den fünfziger Jahren vor allem an Kandinsky, Mondrian, Albers, Wols, Hartung, Bissier und Pollock orientierten, schlossen sich viele der anspruchsvollen Autoren damals
mit ähnlicher Zielsetzung an Kafka, Beckett sowie die Vertreter der absoluten Lyrik und
des absurden Theaters an. Eine Kritik an diesen Entscheidungen ist leicht. Doch können
wir diese Künstler dafür verantwortlich machen, daß sie sich der „Forderung des Tages"
verschlossen, keine Trauerarbeit oder Vergangenheitsbewältigung leisteten, sich nicht für
die Ideale einer friedlichen und sozialen Demokratie einsetzten — oder sollen wir ihnen
auch zugestehen, daß sie durch ihre adornistischen Verweigerungstaktiken an der „Reinigung" der ideologischen Szene mitgewirkt haben? Ist nicht neben vielem Schlimmen

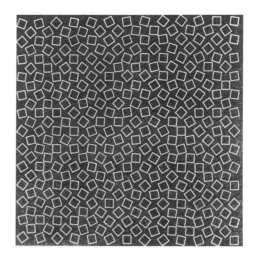

15 Gerhard von Graevenitz, Kinetisches Objekt (weiss-umrissene schwarze Quadrate auf schwarz), 1962

daran auch einiges gut? Hätten nicht manche dieser Maler, falls sie „realistisch" gemalt hätten, vielleicht ihr Scherflein zu einer Verklärung der wirtschaftlichen Megalomanie oder gar zu einer positiven Deutung des Kalten Krieges beigetragen?

All dies sind Fragen, auf die es keine pauschalisierenden Antworten gibt. Schließlich waren viele dieser Maler nicht nur Produkte einer Modewelle, sondern auch Einzelkünstler. Man sollte daher von Fall zu Fall untersuchen, welchen Sinn diese Gegenstandslosigkeit für sie hatte. Stand dahinter bloß ein outrierter Snobismus, ein Stolz auf das Anderssein, also ein betont undemokratisches Verhalten? War es ein Persilschein, mit dem sie sich von ihrer nazistischen Vergangenheit absetzen wollten? Kommt darin nur ein modisches Mitplätschern zu Ausdruck? Oder manifestiert sich in dieser Gegenstandslosigkeit eine Verweigerungshaltung, die sich gegen eine mögliche Indienstnahme zu sperren sucht? Wo sollten solche Künstler ihre Ideale hernehmen? Lebten sie nicht in einem Staat, den Ludwig Erhard zu diesem Zeitpunkt als ein „ökonomisches Rahmengebilde" ohne ideologischen Überbau definierte, innerhalb dessen dem „persönlichen Bereicherungsdrang des Einzelnen so wenige Schranken wie nur möglich entgegengesetzt werden" sollten[70]? Und wie kann man in einem System, das keinerlei positiv gesetzten Ideale besitzt, von den Künstlern positiv gesetzte Ideale erwarten?

Doch bis es zu solchen Fragen kam, mußten noch einige Jahre ins Land gehen, das heißt, mußten sich politische, ökonomische, gesellschaftliche und weltanschauliche Änderungen vollziehen, die mit Fakten wie der neuen Attraktivität der SPD unter Willy Brandt nach 1961, dem Rücktritt Adenauers, den ersten wirtschaftlichen Schwierigkeiten und der allmählichen Polarisierung der Intellektuellen nur angedeutet werden können. Erst durch diese Entwicklung wurde es möglich, daß sich neben dem weiterbestehenden In-Stil der Abstraktion, der auch in neuen Richtungen wie Op Art, Minimal Art und Kinetischer Kunst tonangebend blieb, ein neuer Realismus in Form von Pop Art, Fotorealismus und kritisch-engagierter Kunst verbreitete. Aber damit bricht bereits ein neues Kapitel in der Geschichte der bundesrepublikanischen Kunst an. Seitdem gibt es selbst auf der höchsten Ebene wieder einen Stilpluralismus, der nach der ästhetischen Verengung der fünfziger Jahre einen wesentlich toleranteren Umgang der einzelnen Richtungen untereinander ermöglichte.

Anmerkungen

1. Vgl. Berthold Hinz, *Die Malerei im deutschen Faschismus*, München 1974, S. 61 ff.
2. Vgl. Hermann Raum, *Die bildende Kunst der BRD und Westberlins*, Leipzig 1977, S. 15 ff., Jutta Held, *Kunst und Kunstpolitik. 1945–1949. Kulturaufbau in Deutschland nach dem 2. Weltkrieg*, Berlin, 1981, S. 8 ff. und Jost Hermand, *Kultur im Wiederaufbau 1945–1965. Die Bundesrepublik Deutschland*, München 1986, S. 116 ff.
3. Vgl. Ausst.Kat. *Zwischen Krieg und Frieden. Gegenständliche und realistische Tendenzen in der Kunst nach 45*. Hrsg. vom Frankfurter Kunstverein, Berlin 1980.
4. Wolfgang Hütt, *Deutsche Malerei und Graphik im 20. Jahrhundert*, Berlin 1969, S. 470 und Hermand (wie Anm. 2), S. 94 ff.
5. Vgl. Anna Klaphek, *Vom Notbehelf zur Wohlstandskunst. Kunst im Rheinland der Nachkriegszeit*, Köln 1979, S. 19.
6. *Das Kunstwerk*, 1948, H. 5/6, S. 57. Dieses Heft stand unter dem Motto: Der abstrakten Malerei gewidmet.
7. *Bildende Kunst*, 1947, H. 3, S. 18. – Ähnliche Äußerungen finden sich in Karl Hofers Aufsatz „Das Selbstverständliche und das Artistische in der Kunst". In: *Prisma* (Januar 1949), wo er die „totgelaufene, rein abstrakte Kunst" als eine „Intellektualkunst" bezeichnet, die für die Mehrheit der Bevölkerung ohne jeden Aussagewert sei.
8. Zit. in Hermand, *Kultur im Wiederaufbau* (wie Anm. 2), S. 111.
9. Nachgedruckt in Günter Metken, *Rudolf Schlichter: Blinde Macht. Eine Allegorie der Zerstörung*, Frankfurt/Main 1990, S. 74 f.
10. Vgl. Gabriele Schultheiß, Vom Mythos und seinen Bildern. Krisenbewältigung in der nachkriegsdeutschen Kunst. In: *Zwischen Krieg und Frieden* (wie Anm. 3), S. 10–24.
11. Vgl. Rainer Zimmermann, *Die Kunst der verschollenen Generationen. Deutsche Malerei des Expressiven Realismus von 1925 bis 1976*, Düsseldorf 1980.
12. So Herbert Griebitsch, Wo steht die bildende Kunst? In: *Aussaat. Zeitschrift für Kunst und Wissenschaft 1*, 1946/47, S. 49.
13. Ebd., S. 51.
14. Vgl. *Frankfurter Hefte* 3, 1948, S. 186.
15. Vgl. meinen Aufsatz: Die „wirkliche" Wirklichkeit. Zum Realismus-Streit in der westlichen Kunstkritik. In: *Realismustheorien in Literatur, Malerei, Musik und Politik*. Hrsg. von Reinhold Grimm und Jost Hermand, Stuttgart 1975, S. 118 f.

16. Schlichter (wie Anm. 9), S. 75.

17. Vgl. etwa die Broschüre: *Polit-Kunst in der sowjetischen Besatzungszone*, Bonn 1953.

18. Klaus J. Fischer in: *Das Kunstwerk*, 1955, H. 6, S. 8.

19. Vgl. Ausst. Kat. *Karl Hofer. 1876–1955*, Berlin 1978, S. 630 ff.

20. Vgl. *Zwischen Krieg und Frieden* (wie Anm. 3), S. 190 ff.

21. *Der Monat*, 1954/55, S. 65–71, 320–323, 545–548.

22. Vgl. meinen Aufsatz: Das Konzept „Avantgarde". In: *Faschismus und Avantgarde*. Hrsg. von Reinhold Grimm und Jost Hermand, Königstein 1980, S. 5 ff.

23. Vgl. Werner Haftmann, Glanz und Gefährdung der abstrakten Malerei (1952). In: Ders., *Skizzenbuch. Zur Kultur der Gegenwart*, München 1960, S. 108 ff. und Franz Roh, *Geschichte der deutschen Kunst von 1900 bis zur Gegenwart*, München 1958, S. 154 f.

24. Zit. in Wieland Schmied, *Wegbereiter zur modernen Kunst. 50 Jahre Kestner-Gesellschaft*, Hannover 1966, S. 153.

25. *schri kunst schri. ein almanach alter und neuer kunst* 4, 1955, S. 12.

26. *Jahresring*, 1959/60, S. 75.

27. Vgl. Fritz Baumgart, *Die Kunst unserer Zeit*, Düsseldorf 1953, S. 55.

28. Vgl. Hans Joachim Sperr, Die Industrieform prägt unseren Stil. In: *Jahresring*, 1954, S. 164.

29. Willi Baumeister, *Das Unbekannte in der Kunst*, Stuttgart 1947, S. 28.

30. Zit. in Hermand: *Kultur im Wiederaufbau* (wie Anm. 2), S. 202.

31. Vgl. Hütt (wie Anm. 4), S. 473.

32. Rudolf Maares, Kirche und abstrakte Malerei. In: *Kunst und Kirche* 25, 1962, H. 1, S. 28.

33. Kurt Lüthi, Moderne Malerei. In: Kurt Marti, Kurt Lüthi und Kurt von Ficker, *Moderne Literatur, Malerei und Musik*, Zürich 1963, S. 181.

34. Vgl. Jost Hermand, *Jugendstil. Ein Forschungsbericht. 1918–1964*, Stuttgart 1965, S. 5 ff.

35. Gustav René Hocke, *Die Welt als Labyrinth*, Reinbek 1957, und: Abstrakte Metaphorik in der Kunst. In: *Jahresring*, 1957/58, S. 94 ff.

36. Werner Haftmann, *Malerei im 20. Jahrhundert*, München 1954, S. 439 ff.

37. Ebd., S. 480.

38. Arnold Schönberg, *Letters*. Hrsg. von Erwin Stein, London 1958, S. 235.

39. Baumeister (wie Anm. 29), S. 23.

40. Paul Ortwin Rave, *Kunstdiktatur im Dritten Reich*, Hamburg 1949. S. 5 f. – Vgl. hierzu auch meinen Aufsatz: Neuordnung oder Restauration? Zur Beurteilung der „faschistischen Kunstdiktatur" in der unmittelbaren Nachkriegszeit. In: *Kritische Berichte* 12, 1984, H. 1, S. 78–84 und H. 2, S. 69–79.

41. Haftmann, *Malerei im 20. Jahrhundert* (wie Anm. 36), S. 421 ff.

42. Haftmann, Über das moderne Bild (1955). In: Ders., *Skizzenbuch* (wie Anm. 23), S. 121.

43. Haftmann, Moderne Kultur und politische Idee (1957). In: *Skizzenbuch* (wie Anm. 23), S. 68.

44. Franz Roh (wie Anm. 19), S. 154.

45. *Der Monat*, 1950, S. 426.

46. Will Grohmann, Aktualität, Realismus und Restauration. In: *schri kunst schri. ein almanach alter und neuer kunst* 2, 1954, S. 5.

47. Bruno E. Werner, Ehrenrettung für den Snobismus. In: *Melos. Zeitschrift für neue Musik* 31, 1964, S. 293.

48. Walter Benjamin, *Illuminationen*, Frankfurt/Main 1961, S. 257.

49. Vgl. *Das Kunstwerk* 9, 1955/56, H. 5, S. 17 f.

50. Albert Schulze Vellinghausen in: *magnum*, 1957, H. 12, S. 55.

51. Kurt Leonhard, Die Stilphasen der gegenstandsfreien Malerei. In: *Jahresring*, 1955/56, S. 361.

52. Vgl. Walter Nutz, *Soziologie der trivialen Malerei*, Stuttgart 1975, S. 47 ff.

53. Vgl. Wolfgang Petzet in: *Die Kunst und das schöne Heim* 55, 1956, S. 450 und Klaus J. Fischer in: *Das Kunstwerk* 11, 1957, H. 2, S. 33.

54. Vgl. Paul Maenz, *Die 50er Jahre. Formen eines Jahrzehnts*, Stuttgart 1978, S. 93.

55. Vgl. Hütt (wie Anm. 4), S. 471.

56. Vgl. Walter Hänel, *Maler − Mäzene − Monopole. Zur Kulturpolitik in Westdeutschland*, Berlin 1967, S. 9 ff., Raum (wie Anm. 2), S. 66 ff. und Silke Wenk, Der Kulturkreis im BDI und die Macht der Kunst. In: Ausst. Kat. *Zwischen Krieg und Frieden* (wie Anm. 3), S. 80 ff.

57. Werner Haftmann, Einleitung. In: Ausst. Kat. *Documenta*, München 1955, S. 17 und 22.

58. Vgl. Raum (wie Anm. 2), S. 63.

59. Vgl. Hermand (wie Anm. 22), S. 13.

60. Vgl. meinen Aufsatz, Die falsche Alternative. Zum Verhältnis von E- und U-Kultur in der BRD und den USA. In: *Zeitschrift für Volkskunde*, 1980, S. 234−250.

61. Vgl. Hans Magnus Enzensberger, Die Aporien der Avantgarde. In: Ders. *Einzelheiten*, Frankfurt/Main 1962, S. 307 ff.

62. Vgl. Christian Rathke, Der Maler als kommunizierendes Gefäß der Gesellschaft. Eine Studie über das Künstlerbild in den Fünfzigern. In: Ausst. Kat. *Die 50er Jahre. Aspekte und Tendenzen.* Hrsg. von Chr. Rathke, Wuppertal 1977, S. 50 ff.

63. Vgl. Peter Bürger, *Theorie der Avantgarde*, Frankfurt/Main 1974, S. 63 ff.

64. Vgl. Richard W. Eichler, *Viel Gunst für schlechte Kunst*, München 1968, S. 9 ff.

65. Abgedruckt in: Ausst. Kat. *Zwischen Krieg und Frieden* (wie Anm. 3), S. 195 f.

66. Zit in Hermand, *Kultur im Wiederaufbau* (wie Anm. 2), S. 556 f.

67. Vgl. Ingeborg Hoesterey, Schrift und visuelle Differenz bei Günter Grass. In: Dies., *Verschlungene Schriftzeichen. Intertextualität von Literatur und Kunst in der Moderne/Postmoderne*, Frankfurt/Main 1988, S. 72 ff.

68. Günter Grass, *Die Rättin*, Darmstadt/Neuwied 1986, S. 393 f.

69. Grass, Geschenkte Freiheit. In: *Die Zeit* vom 17.5.1985.

70. Vgl. Hermand (wie Anm. 2), S. 251 ff.

Eduard Trier

„WIE DIE KÜNSTLER ANGEFANGEN HABEN . . .",

so lautete die Wegweisung für meinen Beitrag über „Künstler und Künste im ersten Jahrzehnt nach '45" – eine griffige Formulierung, die an das Erinnerungsvermögen des Augenzeugen appelliert, ihn aber auch zu kritischen Fragen animiert. Ich beginne die subjektive Lagebeschreibung mit der grundsätzlichen Frage nach der „Stunde Null". Sie ist immer wieder behauptet und erörtert worden[1]. Historisch wird sie durch die Gesamtkapitulation der Deutschen Wehrmacht, die am 9. Mai 1945 um 0.01 Uhr in Kraft trat, fixiert. Um genau zu sein, müßte man überspitzt sogar von einer „Stunde Nullkommanulleins" sprechen. Solche präzise Einengung begründet nicht die Bedeutung, sie verringert eher die Annahme, ab diesem Zeitpunkt habe sich die Situation der bildenden Kunst in Deutschland entscheidend verändert. Zwei Stimmen mögen verdeutlichen, daß der Zusammenbruch der Hitlerdiktatur bei Künstlern, die unter der Kunstpolitik der NSDAP gelitten haben, widersprüchliche Lagebeurteilungen auslöste. Willi Baumeister notierte am 20. Oktober 1945 in seinem Tagebuch: „Das Jahr 1945 brachte nicht die allgemeine künstlerische Wiedergeburt in Deutschland, wie sie sich 1919 ereignete. Der Elan der Schaffenden war durch die vielen Jahre der gründlichen Irreführung und Einschüchterung gehemmt"[2]. Der Maler Gerhard Fietz, rund 20 Jahre jünger als Baumeister und Mitglied der ZEN-Gruppe, bekannte hingegen in seinen späteren Erinnerungen, über die er im Gespräch berichtete: „Erst nach dem Ende des Krieges konnte ich mich wieder künstlerisch entfalten. (. . .) Eine neue Zeit fing an – die alte war zerstört, war aus. Es gab auch keine Publikationen. Man war völlig in der Leere"[3].

Überflüssig zu räsonieren, welcher Künstler recht hatte. Offensichtlich war die Relevanz einer „Stunde Null" eine Ansichtssache, zum Beispiel auf Grund des Jahrgangs, dem der eine oder andere angehörte. Nach Meinung der Initiatoren dieses Bandes scheint die „Stunde Null" ein ganzes Jahrzehnt gedauert zu haben.

Unterschiedlich war auch die Stimmung unter den Künstlern. Dafür spricht die folgende, selbstverständlich nicht repräsentative Auswahl. Während Karl Otto Götz in einem Brief vom 20. November 1945 an Will Grohmann mit bitterem Humor berichtete, er sei vorgestern aus Gefangenschaft heimgekehrt, wohne jetzt auf dem Lande und müsse mit Kaffeeersatz auf Klosettpapier malen[4], sprechen die Briefe Ernst Wilhelm Nays von angenehmem Leben[5], sogar einem wahren Schaffensrausch: „Male rasend, seit Ende Mai hier sind bereits sechzehn große Ölbilder und dreiundfünfzig Gouaches und viele Zeichnungen entstanden. Verkaufe sehr gut . . . so geht es mir eigentlich glänzend"[6]. Aus solchen individuellen Bekenntnissen kann man nur folgern, daß die deutschen Künstler die Befreiung von Bevormundung und Verfolgung teils frustriert, teils skeptisch und teils hoffnungsfroh erlebt haben. Gewiß hatten sie ihren Anteil an den kollektiven Erfahrungen, welche allen Menschen in Deutschland zeitgemäße „Eigenschaften" übermittelten: auch sie waren Ausgebombte, Evakuierte, Flüchtlinge, Heimkehrer, Vertriebene, Gefangene, In-

1 Willi Baumeister, Urformen, 1946

ternierte, Entlassene, Täter, Mitläufer ... Als besonderes Künstlerschicksal kann die „innere
Emigration"[7] genannt werden. Sie sicherte einigen älteren Künstlern, die nicht ins Ausland
geflohen waren, das Überleben, beraubte sie allerdings bis 1945 jeder Wirkungsmöglichkeit.

Was nach 1945 an der deutschen Kunst schlechthin auffiel, war das geringe Maß an
inhaltlicher Betroffenheit. Sieht man von den Bildern berühmter Emigranten wie Max
Beckmann und Max Ernst ab, darf man vielleicht das Geständnis des Malers Gerhard
Fietz verallgemeinern, daß die Generation der „Zu-kurz-Gekommenen" zunächst aus
dem Dreck herauskommen und das Kriegserlebnis loswerden wollte: „Es war unmöglich,
illustrativ den Krieg darzustellen"[8]. Eher reflektierten Bilder und Skulpturen die Resulta-
te von Gewalt und Zerstörung: Menschen in Ruinen (Karl Hofer), Häuser mit leeren
Fensterhöhlen (Werner Heldt). In der Plastik dürfte das Relief des brennenden Köln
von Ewald Mataré (Kölner Dom, Südportal, 1953) eine Ausnahme sein; kleinplasti-
sche Trümmerfrauen und Allegorien des neuen Lebens bezeichneten die Spannweite der
Gattung, soweit sie in Motiven auf die jüngste Vergangenheit reagierte. Kein Wunder,

daß Günter Grass[9] bei einem der 1985 fälligen Rückblicke die Teilnahmslosigkeit vor allem den in der Nachkriegszeit sich mehrenden „Abstrakten" vorwarf: sie hätten durch Verzicht auf Gegenständlichkeit versäumt, die historische Last aufzuarbeiten.

Ausländische Stimmen äußerten sich gegen Ende der ersten Nachkriegsdekade verständnisvoller. 1955 schrieb Louis-Paul Favre im *Combat* vom 11. April zur Ausstellung *Peintures et Sculptures Non Figuratives en Allemagne d'Aujourd'hui*, die im Pariser Cercle Volnay vom 7. April bis 8. Mai 1955 stattfand: „Wenn es wahr ist, daß Leiden und Bedrängnis in sich Auftriebskräfte für den Menschen und seine Bemühungen besitzen, so haben die deutschen Maler, deren Werke wir in dieser Ausstellung entdecken, während der Zeit ihrer Prüfungen eine Sublimierung im Geistigen erreicht"[10].

Nach diesen allgemeinen Reflexionen über den Lauf der Welt, die sich auf publizierte Aussagen von Künstlern und kritischen Zeitgenossen stützen, seien einige spezielle Beobachtungen mitgeteilt. Es fällt auf, daß viele Künstler 1945 auf dem Lande, in Dörfern oder kleinen Städten, lebten. Die Bombardierungen der großen Städte hatten ihre Ateliers vernichtet. Der Rückzug in ländliche Gebiete war von der nackten Not diktiert und nicht von künstlerischen Interessen. Einige Beispiele: Willi Baumeister hauste 1945 in Horn am Bodensee, Karl Otto Götz in einem Dorf bei Hameln, HAP Grieshaber auf der Achalm, Ernst Wilhelm Nay in Hofheim/Ts., Fritz Winter schon während des Krieges und nach seiner Gefangenschaft in Diessen/Ammersee; Otto Dix und Erich Heckel wohnten am Bodensee, Hubert Berke und Joseph Fassbender im rheinischen Vorgebirge. Die Aufzählung der Stadtflüchtigen ließe sich fortsetzen. Eine wichtige Ausnahme sollte hervorgehoben werden: in Berlin hatte eine größere Zahl namhafter Künstler ausgehalten; stellvertretend seien Werner Heldt, Karl Hofer, Heinz Trökes und Hans Uhlmann genannt. Apropos Berlin: schon während der Nazizeit hatte sich herumgesprochen, daß mißliebige oder sogar verfemte Künstler in der Anonymität der Riesenstadt leichter untertauchen konnten als in den überschaubaren Städten mittlerer Größe in der Provinz.

Das Leben auf dem Lande wird manchen Künstlern das Wirtschaften erleichtert und Vorteile bei der Lebensmittelversorgung[11] geboten haben, aber erkauft werden mußten die materiellen Annehmlichkeiten mit Isolation und mangelndem Gedankenaustausch[12]. Es gab kaum Kontakte zu anderen Künstlern, keine Atelierdiskussion, keine Materialien wie Farben, Leinwand oder Papier und kein Publikum. Nachteilig waren auch die winzigen Kammern, in denen gewohnt und gearbeitet werden mußte. Darüber klagte Willi Baumeister[13]. Aus eigener Erfahrung weiß ich, daß Joseph Fassbender, der kein Riese war, mühelos von der Bettkante die gegenüberliegende Wand mit ausgestrecktem Arm erreichen konnte, auf welcher der Bogen Papier, den er bemalte, mit Heftzwecken befestigt war. Die räumliche Enge wird manche Künstler zur Beschränkung auf kleine Formate und auf bestimmte Medien wie Zeichnung, Illustration, Ölmalerei auf Papier gezwungen haben.

Aus leicht verständlichen Gründen reisten Kunstsammler selten durch die Lande, um sich allgemein über die Lage der Kunst oder speziell über die Entwicklung eines bestimmten Künstlers zu informieren. Die Verkehrsverbindungen waren miserabel. Eine Reise über die Zonengrenze hinweg hatte Expeditionscharakter, – von Staatsgrenzen

2 Joseph Faßbender, Stilleben mit Maiskolben und Bilderbuch, 1947

ganz zu schweigen[14]. Natürlich gab es auch Ausnahmen. Den Sammlern Dr. Domnick
und Karl Ströher konnte man auch in rheinischen Dörfern begegnen; sie wußten aber
schon vorher, was sie wo zu erwarten hatten.

Ohne Ausstellungen, die schnell in aller Munde waren, bewegte sich im Kunstleben
so gut wie nichts. Das haben die Künstler bald erkannt und so richteten sich ihre Initiativen und Aktivitäten darauf, ihre Kunst in die Öffentlichkeit zu bringen. Einer der wichtigsten Wegbereiter auf kunstpolitischem Gebiet war der Maler Georg Meistermann,
der vieles in Gang brachte und sogar Ämter auf sich nahm, um Einfluß ausüben zu können. In einem seiner letzten Zeitzeugenberichte hat er von seiner Wirksamkeit Rechen-
schaft abgelegt[15].

Ausländische Beobachter wie der oben zitierte Kritiker Louis-Paul Favre erklärten
zwar die Neigung der deutschen Künstler zur Gründung von Vereinigungen mit der fö-
deralistischen Struktur Deutschlands, aber die Nachkriegsgründungen sollten wohl vor-
rangig die Not in der Künstlerschaft beheben helfen. Sie wurden ins Leben gerufen, um
Ausstellungen zu organisieren, Kontakte zu Kollegen und Publizität zu vermitteln[16]. Es
gab natürlich auch ältere Vereine, die nach 1945 weitermachten, und es gab vom Zeitgeist
inspirierte Neugründungen. Nur wenige wie der 1950 erneuerte „Deutsche Künstlerbund" haben die Nachkriegsjahre überlebt. Während der „Deutsche Künstlerbund" bei

3 Georg Meistermann, Fisch will Vogel werden, 1951

der Wahl von Mitgliedern künstlerische Qualität voraussetzte und diesen Gesichtspunkt besonders hervorhob, begnügten sich andere ohne besondere Diskussion des künstlerischen Ranges mit dem Kriterium der lokalen oder regionalen Zusammengehörigkeit. Für den 1947 entstandenen „Westdeutschen Künstlerbund" mit Sitz in Hagen/Westfalen erklärte der Maler W i l h e l m W e s s e l in seinem Katalogtext „Um eine Synthese" unter anderem: „(...) Innerhalb der Westdeutschen ist eine Gruppierung erkennbar, die ein ‚genius loci' bindet. In den alten Kulturstädten wie Köln und Münster — Wüsteneien moderner Zerstörungen — neigen die Künstler zu einer kraftvolleren Niederschrift des Erlebnisses als etwa im modernen Düsseldorf, wo Anmut und planender Bürgersinn die Bombenkrater und Häusertrümmer leichter überwindet als in den älteren Schwesterstädten"[17]. Es bedarf wohl keiner besonderen Begründung, wenn man erklärt, daß solche euphemistischen Vorstellungen spätestens nach der Währungsreform des Jahres 1948 in Vergessenheit gerieten. Wenige Vereinigungen erwarteten das Bekenntnis zu gemeinsamen künstlerischen Zielen. Für Toleranz und für die Freiheit der Kunst setzten sich wohl alle Gruppierungen ausdrücklich ein. Daß manche Künstler wie z.B. die „Neue Darmstädter Sezession" eine scharfe Trennungslinie zu allen politischen Instanzen und Tendenzen zogen, kann nach dem Untergang der nazistischen Reichskulturkammer nicht verwundern. In ihrer Satzung betonte die „Neue Darmstädter Sezession", daß sie sich

4 Rupprecht Geiger, E 60/49,
1949 (Tempera auf Holz)

für die „Sicherung der geistigen Unabhängigkeit aller Künstler gegenüber Eingriffen der
Behörden und anderer Organe einsetzen werde"[18]. Nutz und Frommen der öffentlichen
Hände, auch für die Arbeit der Künstlerorganisationen, scheinen erst später erkannt
worden zu sein. Ohne deren ideelle und materielle Hilfe wären die großen Ausstellungen
deutscher Kunst der Gegenwart des Jahres 1949 im Kölner Staatenhaus und im Münchener Central Collecting Point, letztere sogar unter Regie der amerikanischen Besatzungsbehörden, nicht zustandegekommen.

Aus der Zahl der nach 1945 neu gegründeten Künstlervereinigungen seien zwei etwas
eingehender besprochen: zunächst die 1948 in Recklinghausen entstandene Gruppe
„Junger Westen", die sich mit der Frage „Hat die moderne Kunst Aufgaben in der heutigen Gesellschaft?" präsentierte[19] und ihre bis 1962 andauernde Aktivität ihrer künstlerischen Mitglieder unter das Motto der „Echtheit des künstlerischen Tuns"[20] gestellt hat.
Über den „Jungen Westen" wird sich gewiß Thomas Grochowiak als Mitgründer ausführlicher äußern wollen. Mein persönliches Interesse gilt (und galt) der Gruppe „ZEN
49", die sich nach Aussage des an der Gründung beteiligten Malers Rupprecht Geiger
als „Kampfgruppe"[21] verstand. Ihre Entstehungsgeschichte ist während der letzten retro-

5 K.O. Götz, Jagdtrophäen, 1946 (Tempera auf Karton, Privatbesitz)

spektiv interessierten Jahre mehrfach erzählt worden[22], so daß ich mich darauf beschränken kann, einige der wichtigsten Ziele und Unternehmungen zu skizzieren. Die Gründungsmitglieder, von denen u.a. die Maler Willi Baumeister, Rolf Cavael, Gerhard Fietz, Fritz Winter sowie die Bildhauerin Brigitte Meier-Denninghoff erwähnt seien, legten Wert auf ihre Gleichgesinntheit. Gemeinsam mit auswärtigen Gästen und unterstützt von Kunstkritikern bzw. Kunsthistorikern wie John Anthony Thwaites, Ludwig Grote und Franz Roh erklärten sie anläßlich der ersten Ausstellung im Central Collecting Point zu München, daß der Name ZEN zwar fernöstliches Gedankengut andeute, aber keine programmatische Bedeutung habe[23]. Ihr Bekenntnis zur ungegenständlichen, vorzugsweise als „abstrakt" charakterisierten Kunst, das aber nie in einem Manifest formuliert worden ist, wurde nicht nur als Abwehr einer pejorativen Kritik aus den Kreisen der ewig Gestrigen, sondern auch im positiven Sinne als eine neue, spirituelle Sicht der Welt ausgelegt[24].

Zur ungegenständlichen Kunst bekannte sich auch die 1952 von Karl Otto Götz, Otto Greis, Heinz Kreutz und Bernard Schultze in Frankfurt am Main gebildete Gruppe „Quadriga", die jedoch auf kämpferische Einstellung verzichtete, dafür aber

6 Gerhard Marcks, Trauernde, Köln, vor   7 E.W. Nay, Herbstlied, 1945
St. Maria i. Kap.

internationale Kontakte pflegte[25]. Auch die Erklärung der „Neuen Rheinischen Sezession": „Wir wollen nicht mit Manifesten und Programmen die Öffentlichkeit attackieren, aber wir wollen das Gespräch der Künstler untereinander ermöglichen und fördern. In unseren Ausstellungen versuchen wir nichts anderes als die Leistung zum Prinzip zu machen"[26], klang friedlich. Die „Neue Rheinische Sezession" verstand sich übrigens im Gegensatz zur Vorgängerorganisation („Rheinische Sezession") nicht als regional begrenzte Vereinigung. Zu den Ausstellungen der aus ihr hervorgegangenen „Internationalen Sezession" wurden selbstverständlich auch Künstler aus anderen Ländern eingeladen.

Um Auslandskontakte hat sich bereits früh der international interessierte Maler K a r l Otto Götz bemüht. 1950 versuchte er die deutsche Avantgarde, soweit sie ihm bekannt war, mit der 1948 in Paris gegründeten Gruppe „COBRA" (= Copenhagen, Brüssel, Amsterdam) zu liieren. In der ersten deutschsprachigen Ausgabe der gleichnamigen Zeitschrift der „Internationale des Artistes Expérimentaux" von 1950 schrieb Götz als deutscher Redakteur: „Eine junge Avantgarde hat das Wagnis auf sich genommen, neue Kontinente im Bereich der Kunst zu betreten und zu erschließen. Eine Aktivität mit einer solchen Perspektive schließt naturgemäß das Betreten bereits eingefahrener Wege aus. Wege, auf denen Scharen von Epigonen den arrivierten Avantgardisten von ehemals und heute nachschwärmen. (. . .) Die Avantgarde von 9 Ländern reicht uns Deutschen die Hand. Wir haben eingeschlagen. (. . .)"[27]

8 Karl Hofer, Totentanz, 1946

Da die Kunstvereine im 20. Jahrhundert nicht mehr als Künstlervereinigungen zu verstehen sind, bleiben deren frühe Aktivitäten in diesem Kurzbericht ebenso ausgeklammert wie die Wirksamkeit der privaten Galerien, deren Geschichte noch geschrieben werden muß. Aus dem Zusammenhang der individuellen Initiativen, die in den ersten Nachkriegsjahren tätig wurden und viel zustandebrachten, erwähne ich den 1947 begonnenen Ausstellungszyklus, der von dem Stuttgarter Psychiater Dr. Ottomar Domnick veranstaltet und durch erläuternde Vorträge begleitet wurde. Domnick, der sich der Verteidigung der abstrakten Kunst als „Forderung unserer Zeit" verschrieben hatte, veröffentlichte anschließend die Vortragsreihe unter dem Titel *Die schöpferischen Kräfte in der abstrakten Malerei*[28].

Auch die „Donnerstagsgesellschaft" in Alfter bei Bonn, in der ich mitgearbeitet habe, lebte vom Zusammenwirken der Kunstwissenschaftler, der Literaten und Philosophen, der Theaterleute und (nicht zuletzt) der bildenden Künstler. Die drei Maler in der Donnerstagsgesellschaft H u b e r t B e r k e, J o s e p h F a s s b e n d e r und H a n n T r i e r waren jedoch keine Künstlergruppe und wollten auch nicht als solche verstanden werden.

Kunstpreise als Ermutigung und Auszeichnung gab es wieder ab 1946. Ich schätze deren Zahl auf etwa fünfzig öffentliche und private Stiftungen. Während der ersten Dekade nach 1945 kamen 395 bildende Künstler in den Genuß von Kunstpreisen, deren höchste mit 10 000 DM dotiert waren[29]. Solche Zahlen legten den Gedanken nahe, das Goldene

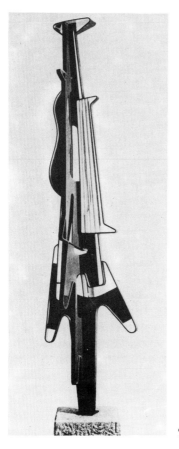

9 Hans Uhlmann, Stahlplastik, 1951

Zeitalter sei endlich angebrochen. Bei näherer Betrachtung und unter Berücksichtigung der Tatsache, daß viele Preissummen auf mehrere Künstler aufgeteilt wurden, liegt es aber näher, beim Kunstpreis-Wesen das Prinzip der Gießkanne als Leitmotiv anzunehmen. Die gleichmäßig verteilte Förderung, über deren Niveau sich die in der ersten Nachkriegszeit am öftesten und höchsten ausgezeichneten Künstler Gerhard Marcks, Georg Meistermann und Ernst Wilhelm Nay erhoben, hatte keine allgemeine Harmonie zur Folge. Sie hatte auch nur peripher mit dem heftigen Kunststreit zu tun, mit dem mein zugegebenermaßen subjektiver Bericht über das erste Nachkriegsjahrzehnt abschließt. Die Auseinandersetzungen begannen, als die „Neue Darmstädter Sezession" 1950 zu ihrer Ausstellung *Das Menschenbild in unserer Zeit* ein Podiumsgespräch veranstaltete, in dem die Protagonisten einer ungegenständlichen Malerei und die Verteidiger einer Kunst, die sich der Wiedergabe des Menschenbilds und der dinglichen Welt verpflichtet fühlten, mit großer Erbitterung aufeinandertrafen. Willi Baumeister als von den Nationalsozialisten verfemter und verfolgter Maler sowie als Autor eines vielgelesenen und einflußreichen Buches über *Das Unbekannte in der Kunst* für die „Abstrakten", auf der anderen Seite für die „Gegenständlichen" Karl Hofer, der zwar auch im „Dritten Reich" diffamiert worden war, aber die jüngste Vergangenheit nicht für insgesamt minderwertig hielt und an der Kunst einer „kranken Zeit" verzweifelte[30], – diese bedeutenden Künstler waren, begleitet und unterstützt von geisteswissenschaftlichen Kombattanten, die Leitfiguren eines oft schonungslosen Glaubenskrieges, der nicht einmal endete, als die beiden Gegner kurz nacheinander im Jahr 1955 starben. Ob mit dem Tode Baumeisters und Hofers die unglückliche Polarisierung der deutschen Künstler über das Menschenbild zu einem Ende kam, ist behauptet und bestritten worden. Vielleicht schließt man das Kapitel über das erste Jahrzehnt am besten mit einem Ereignis, mit dem 1955 das zweite Jahrzehnt eröffnet wurde: mit der ersten *documenta* in Kassel, die von dem Maler Arnold Bode unter Assistenz des Bildhauers Hans Mettel erfunden wurde und die als Verbindung von retro- und prospektiven Aufgaben in eine neue Periode der deutschen Kunst seit 1945 überleitete.

Allerdings war ihr Charakter durch „Wiederbegegnung" bestimmt. Da wurde also all das, was in Deutschland verpaßt worden war und was jüngere Menschen nicht mehr kennen konnten, noch einmal zusammengeführt, ein großes kunsthistorisches Tableau angeboten. Die zeitgenössische Kunst war zwar dabei, aber sie hat natürlich längst nicht die Rolle gespielt wie in der *documenta 2* und in den folgenden. Meines Erachtens war 1955 nicht nur durch die Daten der beiden genannten Künstler Willi Baumeister und Karl Hofer ein tiefer Einschnitt.

ANMERKUNGEN

1. Siehe als neueres Beispiel Georg Meistermann, Die Stunde Null/Kunst und Kulturpolitik nach 1945, in: Karl Ruhrberg (Hg.), *Zeitzeichen. Stationen bildender Kunst in Nordrhein-Westfalen.* Köln 1989, S. 91–97.
2. Götz Adriani (Hg.), *Baumeister. Dokumente, Texte, Gemälde.* Köln 1971, S. 189.
3. Jochen Poetter (Hg.), *Die ersten zehn Jahre – Orientierungen.* Ausst.-Kat. ZEN 49, Staatliche Kunsthalle Baden-Baden 1986/87, S. 154 f.
4. Karl Gutbrod, *Lieber Freund ... Künstler schreiben an Will Grohmann.* Köln 1968. Ausst.-Kat. *Kunst in Deutschland 1898–1973*, Hamburger Kunsthalle 1973/74, o.S. (Jahr „1945").
5. *E.W. Nay 1902–1968. Bilder und Dokumente.* Archiv für bildende Kunst am Germanischen Nationalmuseum Nürnberg. München 1980, S. 88 (Brief v. 21.9.45 an Elly Nay).
6. wie Anm. 5, S. 89 (Brief vom 18.12.45 an Anne Hentzen).
7. In die „innere Emigration" begaben sich auch bereits Künstler des 19. Jahrhunderts. Vgl. Gordon A. Craig, *Deutsche Geschichte 1866–1945.* München 1980, S. 168, 197.

8. wie Anm. 3.

9. wie Anm. 3.

10. Die Pariser Ausstellung im Spiegel der Presse *Peintures et Sculptures Non Figuratives en Allemagne d'Aujourd'hui*, Paris, Cercle Volnay, 7.4.–8.5.1955. Privatdruck, hrsg. von Wilhelm Wessel, Iserlohn, S. 5.

11. Bernhard Schulz (Hg.), Ausst.-Kat. „*Grauzonen Farbwelten/Kunst und Zeitbilder 1945–1955*". NGBK Berlin 1983 (Barbara Straka/Marie-Theres Suerman", . . . die Kunst muß nämlich garnichts!", Interviewmontage, S. 250, 256).

12. wie Anm. 3.

13. wie Anm. 2, S. 156.

14. Als Kunstkritiker benötigte ich 1949 ff. für jede Reise nach Brüssel oder Amsterdam ein Visum.

15. wie Anm. 1.

16. Ernst Thiele, *Die Situation der bildenden Kunst in Deutschland*. Stuttgart 1954, S. 25 ff.

17. Ausst.-Kat. *Westdeutscher Künstlerbund e.V.*, Karl-Ernst-Osthaus-Museum Hagen 1947, S. 25.

18. wie Anm. 16, S. 25.

19. wie Anm. 16, S. 28.

20. Klauf Honnef und Hans M. Schmidt (Hg.), Ausst.-Kat. *Aus den Trümmern. Kunst und Kultur im Rheinland und Westfalen 1945–1952, Neubeginn und Kontinuität*, Bonn, Rhein. Landesmuseum, 1985 (Hans M. Schmidt, Eine Gemeinschaft Einsamer, eine Verbundenheit Selbständiger. Künstlervereinigungen der Nachkriegszeit, S. 423–431, spez. S. 425).

21. wie Anm. 11, S. 284.

22. Ausst.-Kat. *1945–1985. Kunst in der Bundesrepublik Deutschland*. Neue Nationalgalerie Berlin, 1985, S. 99 ff.; Ausst.-Kat. ZEN 49 (wie Anm. 3), passim.

23. Ausst.-Kat. „*1945–1955*" (wie Anm. 22), S. 99.

24. wie Anm. 23, S. 25, 49.

25. wie Anm. 1, S. 98.

26. wie Anm. 16, S. 25 und wie Anm. 20.

27. Zeitschrift „*COBRA*" Nr. 5, 1950, S. 2.

28. wie Anm. 22, S. 92 f.

29. wie Anm. 16, S. 54 ff.; *Deutsche Kunstpreise 1946–1956*. Eine dokumentarische Übersicht, hg. v. Deutschen Kunstrat e.V., 1957.

30. wie Anm. 3, S. 85, 113.

Thomas Grochowiak

NEUANFÄNGE '45
AUS DER SICHT DES KÜNSTLERS

1945 — im Blick zurück werden die Erinnerungen wach an das Ende der apokalyptischen Bombennächte, an die Rückkehr der Überlebenden in die Trümmerstädte, demoralisierte Heimkehrer mit nichts in den Händen. Es blieb wenig Zeit, um über Ursache und Schuld nachzudenken, weil die elementarsten Bedürfnisse, ein Dach über dem Kopf zu haben, das Stillen des hungrigen Magens, die letzten Kräfte des gelähmten Lebenswillens forderten. Bildermalen blieb in den ersten Monaten mehr ein frommer Wunsch — wo konnte man Leinwand, Pinsel und Farben „organisieren"? Man hatte ja nichts Begehrenswertes zu tauschen. Und doch werden diese ersten, wirtschaftlich von Unmoral, Sorgen und Resignation gezeichneten Jahre für den, der sie mitgemacht hat, unvergeßlich bleiben als eine später nie wieder erlebte Zeit beherzter kultureller Aktionen, leidenschaftlicher Diskussionen und nicht lahmzulegender Aktivitäten — allerorten, an denen sich nicht allein die Künstler und ihr Anhang, sondern in gleicher Weise die Bürger mit Zustimmung oder meistens mit erregtem, oft ausfälligem Protest beteiligten.

Eduard Trier hat davon berichtet, daß viele Künstler, die aus dem Krieg zurückkehrten, also noch einmal davongekommen waren, zunächst auf dem Lande und weniger in den Großstädten — Berlin vielleicht ausgenommen — lebten. Das hatte zur Folge, daß man sich suchen mußte oder durch Zufälle fand. Es herrschte eine völlige Unorientiertheit darüber, wer wohl die Katastrophe überlebt haben könnte. In dieser Situation habe ich, aus dem Krieg zurückkehrend, als jemand, der schon während des Krieges die Familie nach Lippe-Detmold evakuiert hatte, wo sehr viele Menschen, vor allem Künstler aus dem Ruhrgebiet, um Detmold herum ihr Domizil gefunden hatten, festgestellt, daß in der Nähe, in Bielefeld, zwei Maler aus dem Ruhrgebiet, Gustav Deppe und Emil Schumacher, eine Ausstellung hatten. Also bin ich per Fahrrad von Detmold aus dorthin gefahren, habe die beiden kennengelernt. Und dann ist man eines Tages in den „Ruhrpott", nach Recklinghausen, in seine Heimatstadt zurückgekehrt und hat in der Trümmerlandschaft dort natürlich als Künstler, als Maler — in der Position war ich ja — irgendwie anzufangen versucht, ein Atelier zu finden, das es nicht mehr gab. Fast alle, die damals wieder anfingen, hatten nur wenige, kleine Wohnräume, vielleicht ein Malstübchen unter dem Dach, und die Bildformate aus diesen Jahren, die man jetzt in den Museen finden kann, in den Räumen der „Altmeister der Moderne", oder wie man sie auch nennen mag, galten bei 70 x 100 cm als große Formate. Das ist heute schlecht vorstellbar, aber das waren die Dimensionen, die in einem kleinen Raum mit der beschränkten Entfernung, aus der man zur Kontrolle während des Malprozesses die Bilder betrachtete, als große Formate erschienen. Was war das damals für eine aufregende Sache, einen Quadratmeter Leinwand oder Karton ergattert zu haben! Hier fällt mir ein: Als ich 1985, etwa 35 Jahre später, in der Villa Massimo in Rom als Ehrenstipendiat arbeitete, in einem dieser phantastisch großen Ateliers, wirkten meine Mal-Kartons im „Groß-Format" von damals, die ich für den Beginn mitgebracht und beim Eintreffen auf die Staffelei gestellt hatte, am nächsten Morgen wie Briefmarken. Ich war erschrocken und irritiert, weil ich auf den ersten Blick glaubte, ich hätte ein kleines Format meinem Repertoire entnommen.

Zurück: Ich hatte als erstes also Gustav Deppe und Emil Schumacher in Bielefeld entdeckt. Nun gab es in Recklinghausen Franz Große Perdekamp, einen sich mit der modernen Kunst intensiv auseinandersetzenden Lehrer, der zugleich das Vestische Museum — ein Heimatmuseum auch mit Kunstausstellungen — zu leiten hatte, und in Witten gab es Peter Nölle, Oberstudiendirektor und Museumsleiter, ebenfalls leidenschaftlicher Streiter für die Moderne. Große Perdekamp wurde auch dadurch beflügelt, daß er ein enger Freund und Studiengefährte von Josef Albers war, der ja aus Bottrop kam. Nölle knüpfte sehr schnell Kontakte zu den französischen Künstlern. Diese beiden haben besonders im Ruhrgebiet viele Aktivitäten entwickelt, sich für uns interessiert, mit uns überlegt, was man tun, wo man überhaupt aktiv werden könnte. Wo gibt es das heute noch? In den Großstädten waren die Museen nach 1945 fast alle nicht mehr in der Lage, Ausstellungen durchzuführen, weil sie zerbombt waren. Die ersten, die damit begannen, waren Kunstvereine. 1946 war geradezu ein Boom von wiedererstandenen Kunstvereinen, weit mehr als ein Dutzend, würde ich sagen, die alle in diesem Jahr, meist in Bürgerhäusern, die man wieder notdürftig zurechtflickte, aktiv wurden. Nicht so die Museen. Da kam mir der Gedanke, daß es am Hauptbahnhof in Recklinghausen einen Bunker gab — ein Bunker, in dem sich die Schwarzhändler und andere fragwürdige Gestalten, auch nicht seßhafte Dirnen trafen — wie in anderen Großstädten, in Köln, Hannover, usw. Ich hatte die Idee, diesen Bunker, in dem im Krieg die Menschen Schutz suchten, jetzt zu einer Diskussions- und Ausstellungshalle, zum Treffpunkt von Künstlern und kulturhungrigen Bürgern umzufunktionieren. Man mußte ja, das war Auflage der Besatzungsmacht, ein Drittel der Bunker entmilitarisieren, d.h. sprengen, und das kam uns sehr recht; aber auch für eine andere aufregende Sache, für die Räume zum Treffen und Ausstellen dringend nötig waren: die Ruhrfestspiele. So wurde dieser Bunker in Recklinghausen, glaube ich, die erste neue Kunsthalle nach dem Kriege — ein Unikum, und ist es bis heute geblieben.

Um es kurz zu machen: Da kam 1946, im außergewöhnlich kalten Winter, ein Hamburger Mann, Otto Burmeister — ein Idealist —, ins Ruhrgebiet, weil er sich Kohlen holen wollte für die Hamburger Staatsoper und das Staatsschauspiel, deren Heizungen einzufrieren drohten, was Schließen und Arbeitslosigkeit der Bühnenangehörigen bedeutet hätte. Dasselbe war von einem Kölner Theatermann, Karl Pempelfort, zu sagen, der ebenfalls Kohlen für Köln brauchte, und die wollte man sich von den Kumpels, auf deren Solidarität man hoffte, holen. Kurzum: Das „schwarz Gold" wurde von den Bergleuten

1 „Gruppe junger westen". Von links nach rechts: Hermanns, Siepmann, Deppe, Schumacher, Werdehausen, Grochowiak

„organisiert", aber dann kam prompt im Gegenzug der Wunsch der Arbeiter: Nun kommt bitte mit euren Sängern und Schauspielern und spielt bei uns. So sind die Ruhrfestspiele mit ihren Ausstellungen entstanden.

Die ersten Ausstellungsaktivitäten nach Kriegsende brachten übrigens im Mai 1945 Künstler in Berlin zuwege: Hans Uhlmann schon im Frühsommer '45 in Lichterfelde und Heinz Trökes mit Gerd Rosen in einem leerstehenden Textilladen am Kurfürstendamm. Es gab u.a. Bilder von Hannah Höch, Hans Thiemann, Mac Zimmermann und K.O. Götz zu sehen. Und schon im November '45 formierten sich die Neue Darmstädter Sezession und in Kassel die Hessische Sezession. Von der Donnerstagsgesellschaft in Schloß Alfter, wo sich 1947 ein Künstler- und Freundeskreis um Hann Trier, Faßbender und Berke gebildet hatte, war schon die Rede.

Nach Recklinghausen und zu den Ruhrfestspielen zurück: Hier hatte Franz Große Perdekamp in der leidlich erhaltenen, leerstehenden Etage eines Warenhauses einen ersten Versuch unternommen, junge Künstler aus dem rheinisch-westfälischen Raum in einer Ausstellung zusammenzubringen. Bildhauer und Maler der verschiedensten Richtungen waren eingeladen. Ziel dieses Kennenlernens sollte der Zusammenschluß der „Jungen" in einer Vereinigung sein, die dann auch zustande kam.

Daraus kristallisierte sich sehr bald eine kleine Gruppe, die sich durch weitgehende Übereinstimmung in ihren künstlerischen Zielen und durch persönliche freundschaftli-

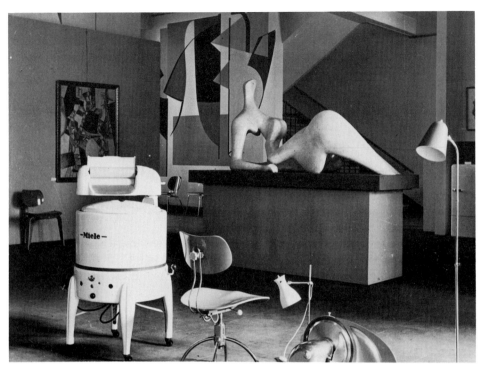

2 Ruhrfestspiele 1952: „Mensch und Form unserer Zeit"

che Verbundenheit als besonders zusammengehörend empfand. Sie bildete von Anfang
an den Kern der Vereinigung: Gustav Deppe, Thomas Grochowiak, Ernst Hermanns,
Emil Schumacher, Heinrich Siepmann, Hans Werdehausen. Bis auf den Bildhauer Hermanns, der aus Münster kam, waren alle typische Kinder des Ruhrgebiets.

1948 stellte diese Gruppe, die sich „junger westen" nannte, in einem Hotelsaal in Recklinghausen aus. Die Stadt lud nach der Ausstellungseröffnung zu einem kräftigen Erbsen-
eintopf ein (das war damals eine unglaubliche Aufmerksamkeit) und stiftete zudem noch
einen Kunstpreis von 1000,– DM – viel Geld gleich nach der Währungsreform! –, der
fortan jährlich (z.Zt. 20 000,– DM) an junge deutsche Künstler vergeben wird. Erste
Preisträger waren Götz, Lehmann, Schumacher, Siepmann. Dieses beispielhafte Signal
einer bis dahin zwar kulturfreudigen, aber doch mehr der Tradition verbundenen Stadt
soll als eine der erfreulichsten Merkwürdigkeiten, die sich im Ruhrgebiet gleich nach dem
2. Weltkrieg ereignet haben, in Erinnerung gebracht werden. Sie muß in enger Verbindung gesehen werden mit der bereits geschilderten, schon legendären Aktion „Kunst gegen Kohle – Kohle gegen Kunst" einige Monate vorher, die Recklinghausen im Zeichen
der Ruhrfestspiele in der Welt bekannt gemacht hat.

Die faszinierende Wirkung dieser Solidarität stimulierte damals uns junge Maler und
Bildhauer, die einen engeren Kontakt mit den Männern der Ruhrfestspiele suchten, um
dort neue Ideen einzubringen. Das führte zu einer damals ungewöhnlichen Ausstellungs-

konzeption, in der der „junge westen" die Integration von Kunst und Leben unkonventionell und richtungsweisend für die Aufgaben des Künstlers in der Massen-Gesellschaft darzustellen versuchte. „Mensch und Form unserer Zeit" — so der Titel der Ausstellung — zeigte in unmittelbarem Nebeneinander Skulpturen von Moore und Elektromotoren, Bilder von Léger, Baumeister neben Hochspannungs-Isolatoren, Wohnmöbeln, Porzellan-, Glas- und Kunststoffprodukten aus der maschinellen Serienfertigung. In Großfotos und Bildern waren dazu in harter Konfrontation Dokumente über „die Zeit, in der wir leben" beigegeben. Wände wurden bemalt, Kunstwerke und Gegenstände in einen sinngebenden Bezug zueinander gebracht. Die Ausstellungskonzeption und die damals antimuseale Präsentation brachte die Museumsleute in Rage und geriet über die bundesdeutschen Grenzen hinaus ins Kreuzfeuer divergierender Meinungen.

Zur „gruppe junger westen", über die Hans M. Schmidt 1986 in dem Ausstellungskatalog „Kunst und Kultur im Rheinland und Westfalen" resümiert, daß sie „eine der vitalsten und vielleicht auch erfolgreichsten Künstlervereinigungen der Nachkriegszeit" war, gesellten sich Freunde, die man nach und nach kennen und schätzen lernte und die gerne mitausstellten, so Hann Trier, Meistermann, K.O. Götz, Grieshaber, Berke. Natürlich hat auch der Mißstand, daß es weit und breit kaum Ausstellungsmöglichkeiten gab, auch, daß die Orientierung darüber, wo und was es Aktuelles in der Kunst gab — bedingt durch die wenigen Zeitungen —, damals so manchen für die Kunstszene wichtigen Künstlerkollegen nach Recklinghausen gebracht, u.a. Haehme, Bernard Schultze, Faßbender.

Ansonsten war man seinerzeit in keiner Weise umfassend genug orientiert über das, was künstlerisch in anderen Regionen passierte. Neuigkeiten gab es z.B., wenn wir nach Köln fuhren, durch die Stünkes, die damals eine kleine Galerie in Deutz hatten, sich durch Bildereinrahmungen über Wasser hielten und Trier, Berke, Faßbender und andere für uns interessante Leute ausstellten. Eine gute Adresse war auch das Kölner Weinhaus Denant, wo sich einmal im Monat vornehmlich die rheinischen progressiven Künstler trafen. Da saßen als hochrespektable Protagonisten Ewald Mataré und Gerhard Marcks und prosteten sich und uns Jüngeren zu. Irgendwie lag uns „jungen westlern" diese Atmosphäre zwischen Frohsinn und Künstlertratsch nicht besonders. Ein Glück war es dagegen immer, mit Josef Haubrich, dem mutigen Sammler der während der Nazi-Zeit verfemten Expressionisten, ins Gespräch zu kommen. Es war noch nicht die Zeit, in der man sich, wie heute, in den PKW oder die Schnellbahn setzte, um sich in wenigen Stunden in Köln oder Düsseldorf umzusehen. Atelier- oder Ausstellungsbesuche bedeuteten immer eine Tagesreise. Wo sich was tat, wurde es zum Ereignis. Lohnend für uns war seinerzeit immer eine „Reise" nach Düsseldorf. Dort hatte Werner Doede internationale Fäden geknüpft und bereits 1947 die französischen „Klassiker" der Moderne von Matisse bis Picasso, und zwei Jahre später französische abstrakte Kunst ins Haus geholt. Hier standen wir auch fasziniert erstmals vor Moores Skulpturen. In Düsseldorf lernten wir den einen oder anderen prominenten rheinischen Malerkollegen bei Hella Nebelung kennen, die eine kleine Galerie unterhielt, wo man vor allem die Mitglieder der „Neuen Rheinischen Sezession" traf, die sich 1949 von der traditionellen „Rheinischen Sezession" abgespalten hatte. An Goller und Janssen, Schrieber und Herkenrath erinnere ich mich recht

3 Jury „junger westen" 1952. Von links nach rechts: Große-Perdekamp, Noelle, Dr. Michaelis, Schulze-Vellinghausen, Wember, Hentzen

gut. Natürlich weitete sich durch solche Begegnungen und Reisen, oft auf dem Trittbrett der hoffnungslos überfüllten Züge stehend, der Horizont immer mehr aus. Von München hörten wir, daß sich dort eine Gruppe der Gegenstandslosen, die sich ZEN nannte, gebildet habe – 1949, glaube ich. Ein Glücksfall wohl. John Anthony Thwaites, damals englischer Konsul in München, später als scharfer Kunstkritiker bekannt, war wohl der Initiator; die zentrale Künstlerpersönlichkeit und Motor zugleich war Rupprecht Geiger, dazu Cavael, Fietz, Winter u.a. Weitergreifend gewann man u.a. auch Baumeister, Schumacher, Thieler, Bissier, ja selbst die Franzosen Soulages und Schneider hinzu. Auch Kunsthistoriker wie Roh und Grohmann oder Ludwig Grote als Museumsmann waren mit im Bunde. Rupprecht Geiger erinnerte sich später, daß hinter der Gründung auch eine politische Absicht gestanden hätte. „Nach der Anti-Kultur der Nazis", so etwa Geiger, „war uns die abstrakte Malerei am geeignetsten erschienen, die deutsche Kultur wieder aufzubauen". Wenn ich von ZEN spreche, kommt mir Hilla von Rebay, seinerzeit

Chefin des Guggenheim Museums New York, in Erinnerung, eine eifernde, schillernde Erscheinung wie von einem fernen Stern, die Carepakete verschickte und uns bei ihren Auftritten hier mit Ausstellungsaussichten in den USA beglückte. Aus München kam 1949/50 eine weitere sensationelle Meldung, aus dem Amerika-Haus. Dessen Direktor Stefan Musing verkündete in einem Deutschen-Kunst-Preisausschreiben den „Blevin-Davis-Kunstpreis" — 16.500 DM für 10 Preisträger, verbunden mit einer Ausstellung. Da gab es kein Halten. 3700 Bilder aus allen Himmelsrichtungen trafen ein. Eine hochkarätige internationale Jury — Huggler aus Bern, Leymarie aus Paris, Jaffé aus Amsterdam, aus den USA Henry Varnum Poor und deutscherseits Grote, Haftmann, Röthel, Troche, Mataré und Baumeister entschieden sich für Meistermanns großes Ölgemälde „Der neue Adam" als 1. Preis. 170 Bilder wurden sodann für die Ausstellung ausgewählt. Ich hatte auch das Glück, dabei zu sein, und fühlte mich als „gemachter Mann"! Man pilgerte damals en masse gespannt und hungrig nach Kunst per Anhalter oder sonstwie nach München wie später zur documenta.

Die Amerika-Häuser, ebenso wie die Häuser des British Council und die Maisons de France waren uns nach den Jahren der totalen Abstinenz, dort, wo sie eingerichtet waren, durch die Auslagen von aktuellen, internationalen Kunstjournalen, ihre Bibliotheken und Kunstvorträge, unschätzbare Quellen der Information über das, was in der Kunstszene der Avantgarde in den Metropolen der Welt passierte. Ich erinnere mich, daß ich im Amerikahaus Frankfurt das erste Mal mit Bernard Schultze zusammentraf, der dort, glaube ich, eine Kindermalschule oder sowas hatte und mir stolz die Bibliothek zeigte. Es ist wahr, mir liefen die Augen über. Gelegentlich kam uns auch *das Kunstwerk* in die Hand, eine instruktive anspruchsvolle Kunstzeitschrift mit Berichten aus Paris und anderen internationalen Kunstzentren, die seit 1948 in Baden-Baden erschien. Mir fällt ein, daß K.O. Götz in den ersten Jahren im Eigenverlag *Meta* — die einzige deutsche Zeitschrift für zeitgenössische experimentelle Kunst und Poesie, wie sie im Untertitel bezeichnet wurde — herausgab. Heute eine bibliophile Rarität und Kostbarkeit. Unser „Katechismus" damals aber war *Das Unbekannte in der Kunst* — ein Buch von Willi Baumeister, das 1947 erschien und von uns gefressen wurde. Willi Baumeister — er galt uns als Idol! In Stuttgart, wo er lebte und wirkte, war er manchem ein Bürgerschreck, auch einigen traditionellen Museumsbeamten. Er hatte ein offenes Haus für alle Künstler, malte, während er sich von uns was erzählen ließ, ermunterte uns, wenn wir von der Verständnislosigkeit oder Verhöhnung unserer Malerei durch bissige Bürger berichteten. Kurz, was dieser kollegiale, sein Schöppchen Wein liebende Mann tat und sagte, war für uns Evangelium.

Natürlich waren wir Juli 1950 beim legendären „Darmstädter Gespräch" dabei, als Baumeister in einer leidenschaftlich geführten Auseinandersetzung die moderne Kunst gegen den rhetorisch versierten Kunsthistoriker Hans Sedlmayr — der sich einige Jahre später im Kölner Wallraf-Richartz-Museum wieder, nun mit dem Soziologen Arnold Gehlen, herumstritt — verteidigte. Offen gesagt: es war nicht gerade Baumeisters Sternstunde im Reden (er hatte sein Manuskript vergessen, mußte improvisieren), aber was er sagte, hatte Signalwirkung, und in seiner Schrift über *Das Unbekannte in der Kunst* hatten wir vieles schwarz auf weiß, was wir als Rückenstärkung gegen die immer heftiger eifernden Ignoranten der abstrakten Kunst, die sich auf Sedlmayrs 1948 veröffentlichtes polemisierendes Buch *Verlust der Mitte* beriefen, brauchten. Der Gipfel war, daß wir auch nach der Nazizeit von Banausen als „entartet" tituliert und als homosexuelle Gruppe — was damals noch als moralisch sehr anstößig galt — abgestempelt wurden, weil, wer so „konfus-abartig" malte, logischerweise auch „abartig" sein mußte.

Zurück zu den Künstlern und nach Berlin, wo ja schon im Frühsommer 1945, inmitten der noch brandschwelenden Trümmer das Kunstleben vital eingesetzt hatte und ein Jahr nach Kriegsende in der noch ungeteilten Stadt durch Karl Hofer und Heinrich Ehmsen die Hochschule für bildende Künste eröffnet wurde. Hier saßen auch die treibenden Kräfte, die 1950 — Berlin war inzwischen geteilt — zur Wiedergründung des in der Nazizeit verbotenen Deutschen Künstlerbundes führten: Hofer — der erste Präsident —, Karl Hartung, Kuhn, Heiliger, Kaus, Schmidt-Rottluff aus Berlin, Baumeister, Marcks, Mataré, Heckel, Stadler, um einige „Zugpferde" zu nennen, machten allen Künstlern die Mitgliedschaft höchstbegehrt. „Die geistige Unabhängigkeit", so manifestierte es Karl Hofer, „möge auch in jener Unparteilichkeit und Unvoreingenommenheit gesehen werden, die keine Richtungen, sondern nur geistig fundierte Qualität der künstlerischen Arbeit kennt".

In Berlin als erstem Ausstellungsplatz beginnend, wechselte der DKB jährlich in andere Kunstzentren, damals stets ein aufregendes Ereignis, das keiner verpassen wollte, und Treff von Künstlern, Museums- und Kunstvereinsleitern, Galeristen und Sammlern. Seit der zweiten Ausstellung im Kölner Staatenhaus waren vom „jungen westen" Schumacher, Werdehausen, Deppe und ich, ein Jahr danach auch Siepmann mit dabei. Der spektakuläre breite Einbruch der Informellen, für die sich in der Jury nachdrücklich Hans Purrmann eingesetzt hatte, geschah erst 1957. Anfang 1955 kam es zur Krise: Künstlerbundpräsident Hofer polemisierte gegen Erscheinungen der abstrakten Kunst, Will Grohmann ritt eine heftige Attacke dagegen. Es schaukelte sich in der Presse unversöhnlich hoch. Baumeister, Nay, Winter, ich meine, auch die Werners, traten aus dem DKB aus. Fritz Winter — erinnere ich mich — kam zu mir mit Baumeisters Empfehlung, mich als Geschäftsführer für eine ins Auge gefaßte DKB-Sezession zu gewinnen. Ich fand die Idee nicht gut.

Künstlerbund hin, Sezession her, es gab 1955 die erste *documenta* in Kassel, sensationell, von Arnold Bode erdacht, international besetzt und spektakulär inszeniert. Ich habe sie natürlich besucht. Es ist ja heute Mode geworden in der Kunstkritik, daß man, wenn man Ausstellungen rezensiert, nicht auf die zugeht, die ausstellen, und sie kritisch durch den Wolf dreht oder aber auch lobt, sondern daß man gleich nach Namen sucht, die nicht dabei sind. Und das habe ich mir in diesem Fall als Künstler auch mal erlaubt: Bei der *documenta* '55, unter Arnold Bode, an der Haftmann sowie Henzen und Martin — immerhin zwei Museumsdirektoren von hohem Rang — mitgearbeitet haben, sicherlich auch assistiert von Freiherr von Buttlar, der damals schon im Antiken-Museum in Kassel war, und Stephan Hirzel, der ja bereits — um auf das Bauhaus zurückzukommen — nach dahin tendierte. Also, wer war bei den Deutschen nicht dabei: Emil Schumacher,

4 Schumacher, Grochowiak,
  Hermanns in Paris. Besuch
  bei Hartung und Soulages

Bernard Schultze, Julius Bissier, Karl Otto Götz, Thieler, Sonderborg, Geiger, Dahmen. Das war 1955, das heißt also genau in der Zeit, als der Aufbruch des Informellen in Kassel eigentlich eine geschichtliche Manifestation hätte sein müssen. Es waren von den Franzosen nicht dabei: Fautrier, Dubuffet und Burri. Von den Engländern war Bacon nicht dabei. Wols war nicht dabei, Piaubert, der damals eine große Rolle spielte, was heute schon fast vergessen ist, Vieira da Silva usw. Meiner Ansicht nach ist die *documenta 1* erst einmal eine Bestandsaufnahme gewesen, die ein bißchen stark von den Historikerpersönlichkeiten und deren Künstler-Umkreis geprägt worden ist und kaum von den Künstlergruppen, von denen vorhin die Rede war. Dagegen brachte die darauffolgende zweite *documenta* 1959 wirklich einen großen Einbruch für uns, allerdings vorbereitet durch einige Ausstellungen, die uns die Amerika-Häuser ins Land getragen haben, nämlich solche mit amerikanischer Kunst. 1959 sah man de Kooning, Sam Francis, Motherwell, Kline, Newman, vor allen Dingen Pollock, Rothko, Tobey. Das war etwas, was wir sehen wollten – ich sehe es mal durch unsere nationale Brille –, und wovon wir künstlerisch profitieren konnten, wenn wir uns nach Kassel aufmachten. Es wurde das erste Mal die Cobra-Gruppe vorgestellt, die eigentlich nicht mehr neu für uns war, denn die Kontakte der Cobra-Leute, z.B. zur „Quadriga", waren zu uns nach Recklinghausen, waren im Süden zur „Gruppe Spur" in München schon hergestellt. Natürlich, man kannte sich als westliche Nachbarn, durch Sandberg forciert, man stellte sich gegenseitig aus.

Aber lange vor Kassel rührte es sich überall, besonders – nachkriegsbedingt – in der Provinz. Recklinghausen, aber auch Baden-Baden, wo Woldemar Klein bereits 1947 eine Ausstellung deutscher Kunst der Gegenwart zustandebrachte, oder Konstanz, wo Juni

5 Vor dem Stedelijk Museum in Amsterdam, um 1950 mit Siepmann, Grochowiak, Domnick,
Wember u.a.

1946 *Neue deutsche Kunst* mit Gästen aus Frankreich zu sehen war, und Augsburg, wo
Franz Roh 1947 *Extreme Malerei* zeigte, seien stellvertretend für weitere, ebenso beachtli-
che Aktivitäten, abseits der Kunstmetropolen, genannt. Man hörte und wußte meist nur
zufällig davon. Karl Otto Götz war einer der bestinformierten Kollegen, der uns „den
Duft der weiten (Kunst-)Welt" ins Atelier brachte; der von der 1948 in Paris gegründeten
Cobra-Gruppe, deren einziges deutsches Mitglied er war, schwärmte, der aber auch von
der Zimmer-Galerie Franck in Frankfurt erzählte und Kontakte zu Bernard Schultze,
Kreutz und Greis, die sich locker zu einer Gruppe „Quadriga" zusammengefunden hatten, herstellte. Schultze wußte Interessantes aus Paris zu berichten, wo er und Dahmen
bereits Ausstellungen hatten. Wie in Frankfurt um Klaus Franck hatte sich in Düsseldorf
um Pierre Wilhelm in dessen Galerie 22 die Gruppe 53 gebildet, in der Gerhard Hoehme
und Herbert Kaufmann vornean und u.a. Brüning, Gaul, Kalinowski aktiv beteiligt waren. „Quadriga" wie „Gruppe 53" als Keimzellen des deutschen „Informel" hatten offensichtlich „gute Karten" bei einigen gleichgesinnten Galerien in Paris.
    Mehr und informativer als in Paris konnte man jedoch in den 50er Jahren im Stedelijk-
Museum Amsterdam von neuen Kunstströmungen und aufgehenden Sternen aus aller
Welt erfahren. Es war schon ein außergewöhnliches Erlebnis, ein Treffen mit dem asketi-
schen Jongheer Willem Sandberg, mit seinem schlohweißen Haar, zu haben, der nicht

6 Bei Synagoga, von links nach rechts: Grochowiak, Dr. Schröder, Schulze-Vellinghausen, Sandberg, Dr. Michaelis, Dr. Jaffé

selten zwei bis drei hochkarätige und besonders gern experimentelle Ausstellungen im Monat ins Haus holte und aufregend inszenierte oder durch die Künstler gestalten ließ. Wir vom „jungen westen" hatten das Glück, seine Freundschaft zu gewinnen. 1954 stellte er — während der deutschen Besetzung der Niederlande führender Kopf des Widerstandes — erstmals uns Deutsche aus, wofür dem „rosaroten Baron", wie kolportiert wurde, die Fenster eingeschlagen wurden. Durch ihn kamen wir an Rüdlinger und eine Ausstellung in dessen Kunsthalle Basel. Es waren übrigens bemerkenswerterweise Museen in der Schweiz, die schon bald nach Kriegsende Deutsche, vom Hitlerregime verfemte und Werke junger Künstler zeigten: 1946 in Bern und 1949 im Kunsthaus Zürich.

In Paris gab es meines Wissens eine erste größere Übersicht deutscher Gegenwartskunst erst 1955 durch René Drouin im Cercle Volnay. Allerdings hatte Jeanne Bûcher 1949 schon Willi Baumeister ausgestellt, andere Pariser Galerien Brüning, Sonderborg, Götz, Gaul, Dahmen, Schultze u.a. Doch beinahe hätte ich es vergessen: Im „Salon des Réalités Nouvelles" war 1948 in einer Generalübersicht abstrakter Malerei auch eine Gruppe deutscher Künstler vertreten. Leo Breuer hatte dafür gesorgt. Und die von uns damals gierig gelesene französische Zeitschrift *Art d'Aujourd'hui* brachte Anfang 1954 eine Sondernummer eigens über deutsche Abstrakte Kunst heraus.

Dafür, daß deutsche Künstler wieder ins internationale Blickfeld gerieten, sorgten auch die Biennalen in Venedig — wo Hanfstaengl 1948 erstmals eine breite Equipe, u.a. Bau-

7 Im Recklinghäuser Stadtpark mit Thomas Grochowiak, Tut Schlemmer, Ulla und Emil Schumacher, Otto Burrmeister, Henry Moore, Elfriede Grochowiak, Dr. Michaelis. Zur Aufstellung einer Moore-Plastik kam es leider nicht.

meister, Nay, Gilles, Trökes, vorstellte – und seit 1951 in São Paolo, wo Baumeister und
Uhlmann Preise erhielten. Überhaupt die Kunstpreise! Sie erreichten in den 50er Jahren
eine unübersehbare Zahl, erfreulich für die Künstler. Darunter einige mit internationa-
lem Gewicht, jedenfalls aus unserer damaligen Sicht, wie z.B. der „Premio Lissone", Mai-
land.
    Zu kurz gekommen sind in meiner sehr limitierten Rückschau Ausstellungen von his-
torischem Stellenwert wie die *Erste Allgemeine Deutsche Kunstausstellung 1946* in Dresden, noch aus allen vier Besatzungszonen beschickt, bei der Will Grohmann mitgewirkt
hat, oder 1949 in Köln die *Erste allgemeine deutsche Kunstausstellung.* Die Ausstellung
der Kestner-Gesellschaft in Hannover 1950 von Hentzen, *30 junge deutsche Maler* und
Farbige Grafik, waren anspornend, und in den Aufbruchsjahren des Informel sorgte Cle-
mens Weiler in Wiesbaden durch *Couleur vivante* und *Glanz und Gestalt* für Diskussions-
stoff. Wenn ich an beeindruckende oder prägende Persönlichkeiten aus den Pionierjahren
gleich nach 1945 denke, dann, neben den bereits genannten, an Kunstkritiker wie Albert
Schulze Vellinghausen, Carl Linfert, Anna Klapheck, an Museumsleute wie Paul Wember, Hermann Schnitzler, Heinz Fuchs, an Galeristen wie Egon Günther, Günther Fran-
ke, Jährling, van de Loo, Schüler, Springer und Bremer, Vömel und Stangl, auch an
Sammler wie Ströher. Ich weiß: es sind improvisierte Tupfer auf einem großen Zeit-
tableau, und vieles und noch mehr Namen, z.B. Kahnweiler, Herbert Read, werden mir
einfallen, wenn es zum Erinnern zu spät ist. Pardon!

Ekkehard Mai

WESTDEUTSCHE KUNSTAKADEMIEN NACH '45
Skizze der ersten Jahre

Vor '45 – die Ausgangslage

Die deutschen Kunstakademien in und aus dem Trümmern 1945 sind nicht ohne die langen Schlagschatten ihrer zwölfjährigen Dienstzeit im und für den totalitären Staat zu denken. Und das in mehrfacher Hinsicht. Es betraf dies den physischen Bestand in Bau und Ausstattung, es betraf dies Lehrer wie Schüler, es betraf dies Organisation, Funktion und Ideologie. Als Staatsinstrumente der Künstlerausbildung mit gut hundertfünfzigjähriger Tradition seit der 2. Hälfte des 18. Jahrhunderts waren gerade die Akademien und Hochschulen der bildenden Kunst im besonderen Maße von der Knebelung und Zwangsregulierung durch normative Kunstvorgaben und Propaganda für die NS-Kulturpolitik betroffen. Der alte Lehrsatz „Wer die Schule hat, hat das Land" galt für alle Typen von Hochschulen gleichermaßen und wirkte sich in der Instrumentalisierung durch den NS-Staat für die Selbstbestimmung und Freiheit der Kunst tödlich, ja als Bildverbot weit mehr als anderswo ganz existentiell und physisch verheerend aus. Es war in einem doppelten Sinne lähmend für das Selbstverständnis der Kunstakademien. Und zwar insofern, als nicht nur der ewige fruchtbare Zweifel an der Lehrbarkeit der Kunst einem absoluten staatlichen Erziehungswillen unterworfen wurde, sondern die Liquidierung der Moderne, die in den 20er Jahren endlich institutionell in progressiven Konzepten einer Vereinigung von freier und angewandter Kunst[1], in der Werkschule und Reformpädagogik auch personell durch Avantgardekünstler Fuß gefaßt hatte, auch eine radikale Säuberungswelle an den Akademien zur Folge hatte. Über Hitler als Künstler im Doppelsinn, über Rosenberg, Goebbels und die Reichskulturkammer, über Machtergreifung und Gleichschaltung, „artgemäße" und „entartete Kunst" braucht hier nicht gesprochen zu werden[2] – seit 1933 hatten Entlassung und Verfolgung oft infolge übler SA-Überfälle auch die Kunstakademien schwer in Mitleidenschaft gezogen: Berlin, Düsseldorf und Frankfurt, München, Karlsruhe und Stuttgart, Dresden oder Weimar und Dessau, wo das Bauhaus nach wenigen Jahren der Übersiedlung durch die Nazis schon 1931 im Bestand bedroht und nach einem letzten Intermezzo in Berlin 1933 endgültig geschlossen wurde, hatten den erst öffentlichen Kampagnen, dann staatlichen Gesetzesverordnungen (Berufsbeamtengesetz) ihre oft besten und hoffnungsvollsten Lehrer opfern müssen. Beispiele sind u.a. Künstler und Lehrer wie Curt Lahs, Heinrich Kamps, Karl Hofer und Oskar Schlemmer, Ludwig Gies, Hans Poelzig, Bruno Paul, Heinrich Tessenow und Käthe Kollwitz von den Vereinigten Staatsschulen bzw. der Kunstschule in Berlin[3], Paul Klee, Heinrich Campendonk, Oskar Moll, Alexander Zschokke, Ewald Mataré, später Franz Radziwill und Edwin Scharff in Düsseldorf[4], Max Beckmann, Richard Scheibe und Willi Baumei-

1 Staatliche Kunstakademie Düsseldorf, 1946

ster in Frankfurt[5], Otto Dix in Dresden[6], Karl Hubbuch und Georg Scholz in Karlsruhe[7], Friedrich Adler, Friedrich Ahlers-Hestermann und Richard Luksch in Hamburg[8].
Stuttgart oder München z.B. hatten hingegen im Zuge einer Generationserneuerung aus
Altersgründen fast automatisch eine nationalsozialistische Berufungspolitik erfahren, die
vor allem in der Hauptstadt der Bewegung mit dem Maltechniker Adolf Ziegler als Präsident der Reichskammer der bildenden Künste eine besonders fatale und programmati-
sche Neubewertung der „Kunststadt München" erhielt[9].
    Alle eben genannten Orte neben einigen anderen waren Zentren der Künstlerausbil-
dung durch Hochschulen oder Kunstakademien und leicht ließen sich Köln, Hamburg,
Breslau oder Königsberg und Kassel dem hinzugesellen, wo zumindest für letztere
Notverordnungen schon des Jahres 1931 für deren drohendes oder dann auch faktisches
Ende sorgten[10]. Gleichschaltung, Machtergreifung und Entmachtung — ein enormer
Aderlaß an Lehrern und Schülern hatte nach 1933, beginnend mit 1931, die Kunstakade-
mien betroffen. Rassistische Vertreibung, Berufsverbot, Emigrantentum, Einzug zu Ar-
beitsdienst und Wehrmacht auf der einen, Einsetzung ideologischer Statthalter in Lehre
und Praxis neben Mitläufern und einigen wenigen Neutralen und Widerständlern im
Verborgenen auf der anderen Seite waren die Folge. Die offizielle Kunst des sog. 3. Rei-

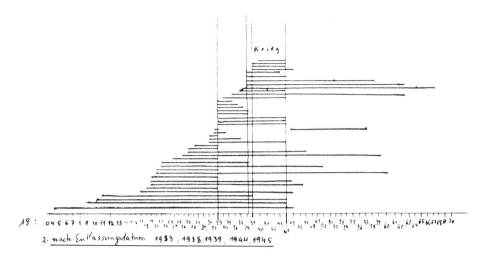

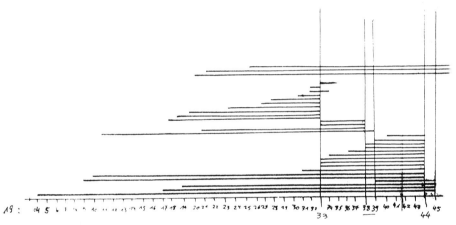

2 Einstellungen/Entlassungen von Lehrern an der Kunstakademie Düsseldorf zwischen 1933 und 1945 (Schema), Skizze ohne Anspruch auf Vollständigkeit (der Verfasser)

ches ist bekannt, die Kunstakademien waren davon nicht ausgenommen, auch wenn es zwischen München und Hamburg unterschiedliche Formen gab, einer gemäßigten Moderne unter persönlichen Protektoraten Nischen zu erhalten. Mit 1942 war dies aber fast überall vorbei, hatte die Mobilisierung eines völkischen Kulturmobs gegen eine sog. jüdische Moderne und die als kultur- und baubolschewistisch diffamierte Bauhaus-Lehre für eine „tabula rasa" gesorgt, waren die Kriegsfolgen für das Fortleben von Lehre und Praxis durch Entzug und Vernichtung von Menschen und Bauten nicht mehr zu übersehen. Fronteinsatz und Bombenkrieg, das hieß physische Vernichtung über die Nazi-Ideologien hinaus. Mit der Götterdämmerung des endgültigen Desasters von 1945 war jedenfalls eines klar – die Akademien lagen in Trümmern, die Besten waren vertrieben oder ausgemerzt, eine einst hoffnungsvolle Ära der modernen Kunst war radikal unterbrochen worden, die Ausblutung durch den Krieg hatte gleich zwei Generationen, die der Lehrenden und besonders die der Lernenden, tief ins Mark getroffen.

„Stunde Null" – Trümmerzeit

Worum also mußte es nach '45 gehen? Was waren die Bedingungen, die Ziele, die realen Möglichkeiten? Wer und was hatte überlebt? Wie gestaltete sich das Verhältnis von Kontinuität, Bruch und Aufbruch? Die Bauten waren Ruinen, die Institutionen personell zerschlagen und ideologisch zersetzt, die Militärregierungen der Siegermächte hatten zwecks Entnazifizierung die öffentliche Entscheidungskontrolle, der kulturelle Wiederaufbau war im extremen Maße abhängig vom materiellen Überleben. Vergleicht man Bilder und Stimmen aus der Nachkriegszeit zwischen Berlin und München, Düsseldorf und Dresden, so ist einhellig das katastrophale Ausmaß der Vernichtung aller Lebensgrundlagen im physischen Bestand: keine Ateliers, keine Werkstoffe, kein Geld, Hunger, Not, verloren dazwischen die Kunst, die um den öffentlichen Nährboden und Schutzraum gebracht worden war. Zwischen Depression und Hoffnung, dem Nichts und einer plötzlichen radikalen Freiheit eines absoluten physischen und sozialen Leerraums der Kunst galt es sich gerade in den Kunstschulen mit Heimkehrern, einer verführten jungen und einer noch nicht meßbaren zukünftigen Generation einzurichten. Zwei, drei Zeitzeugen in ihrer Erinnerung seien zitiert, Friedrich Ahlers-Hestermann als wiederberufener Neugründungsdirektor der Hamburger Landeskunstschule, der heutigen Hochschule der bildenden Künste am Lerchenfeld, Karl Hofer als Rektor der schon im Juni 1945 neugegründeten Hochschule der Künste in Berlin, schließlich Willi Baumeister in Stuttgart. Zunächst Ahlers-Hestermann über den Winter 1945/46: „Auch in den erhaltenen Räumen waren die Fenster ohne Glas, Heizung gab es zunächst nicht, der Lehrkörper war neu zu berufen, Zeichen- und Malmaterial war äußerst rar. Abgemagerte, graugesichtige junge Menschen defilierten an meinem Schreibtisch vorüber, die nun ‚Künstler' werden wollten, stockend davon sprachen oder fast tonlos ihre furchtbaren Erlebnisse erzählten. Das Direktorenzimmer war im Prunk seiner schweren Täfelung und der (freilich abbröckelnden) Kassettendecke erhalten geblieben. Da saß ich nun in Mantel und Decke gehüllt . . ."[11] Und Hofer in kämpferischer, kompromißloser Radikalität: „Wir fangen vollständig neu an. Es darf nicht die allergeringste Verbindung zur alten Zeit bestehen", und: „Wir leben für lange Zeit in Trümmern, furchtbarer aber sind die geistigen Trümmer, die uns das zwölfjährige Reich hinterlassen hat, die immer noch redenden und schreibenden Trümmer . . . So finden wir uns vor der schwierigen Aufgabe, das Feld zu roden und zu säubern, bevor wir säen und pflanzen . . . Dennoch ist niemandem ein

3 Karl Hofer in seinem Hoch-
schulatelier in Berlin, 1954

Vorwurf zu machen, besonders nicht der Jugend, wenn sie fassungslos und ablehnend
vor den Werken der zeitgenössischen Kunst steht, da Wege, die zu ihr hätten führen können, verschüttet sind“[12]. Und Baumeister, der mit nicht minder kämpferischem Elan
Grundlehre und Bauhaus vertrat? „Das Jahr 1945 brachte nicht die allgemeine künstlerische Wiedergeburt in Deutschland, wie sie sich 1919 ereignete. Der Elan der Schaffenden
war durch die vielen Jahre der gründlichen Irreführung gehemmt. Die Jugend hatte keine
echte zeitgemäße Kunst gesehen, Klee und Kandinsky waren im Ausland, Schlemmer
in Deutschland verstorben, Kirchner hatte sich in der Schweiz erschossen“[13].

Das Verhältnis zur Vergangenheit, deren fatale Kontinuität und schwierige Bewältigung – wie sollte es anders sein: das war in jeder Hinsicht die Stunde Null der deutschen
Kunstakademien nach ’45. Denn auch das war schließlich eine geradezu erstaunliche Realität: der Krieg war eben zuende und schon 1945 und 1946 wurden fast allerorten die
Hochschulen wieder aufgemacht, nicht zuletzt sogar auf Anordnung oder mit Unterstützung der Militärbehörden, seien sie russisch, britisch oder amerikanisch.

In Berlin erinnerten sich Schüler, etwa der Musikakademie der HdK: „Es herrschte
eine ungeheure Solidarität – man kann sich das heute kaum vorstellen oder jemandem
begreiflich machen!“[14], oder einer Gruppe Wilmersdorfer Künstler, die mit der Auflage
sofortigen Neuanfangs seitens des russischen Militärkommandanten in primitivster
Form ihren Unterricht begannen: „Die großen zeitbedingten Schwierigkeiten wurden
von dem alle Beteiligten beherrschenden und zu einer Arbeitsgemeinschaft zusammen-

4 Hochschule für Bildende Künste im Gebäude Kaiserallee 57, 1945

schweißenden Willen, das künstlerische Leben Berlins wieder aufzubauen, überwunden"[15].

Allerorten ging es um neue Fundamente im wörtlichen und übertragenen Sinn, war der allgemeine geistige und politische Zusammenbruch des Volkes und der von den Schulen repräsentierten bürgerlichen und kulturellen Ethik mit dem Prinzip Hoffnung und pragmatischer Existenzbewältigung durchsetzt. So standen denn auch die Akademien mit der Aufgabe neuer Verfassungen, Zielsetzungen und praktischer Durchführung vor dem Problem, an die guten Traditionen der Moderne vor dem Krieg anschließen zu wollen, aber den materiellen Wiederaufbau und ihr soziales Umfeld, das bedeutete auch Verständnis und Vermittlung eigenen Tuns, einbeziehen zu müssen. Und dies vor dem Hintergrund eines Generationskonflikts, der sich gerade im ersten Jahrzehnt bis in die fünfziger Jahre auch als vertagtes Problem um die Inhalte und Wirkungsmöglichkeiten der Kunst begreifen mußte. Fast durchweg gelangten jetzt an die Spitze von Akademien einst Verfolgte, die fünfzig und sechzig waren, von der internationalen Entwicklung der Moderne aber selbst ausgeschlossen waren. Neben Hofer oder dann auch Schmidt-Rottluff in Berlin, Ahlers-Hestermann, Gerhard Marcks und Edwin Scharff in Hamburg wären Mataré und Heuser in Düsseldorf, Karl Caspar in München, Karl Hubbuch und Erich

5 Willi Baumeister in seiner Stuttgarter
  Wohnung, 1946

Heckel in Karlsruhe oder Willi Baumeister in Stuttgart zu nennen. München und Frankfurt trugen sich kurz mit der Hoffnung, Max Beckmann aus dem amerikanischen Exil
zurückholen zu können, Dresdens seit 1945 betriebene Wiedereröffnung der Kunstakademie unter der Leitung von Hans Grundig vermochte zwar Albiker, aber nicht Otto
Dix zur Wiederaufnahme des Lehramts zu bewegen[16]. Dix blieb der Hochschule aber
freundschaftlich verbunden, nachdem er auch Stuttgart einen Korb gegeben hatte. Es waren die großen Namen der den Krieg überlebenden deutschen Künstler „entarteter
Kunst", die an allen Schulen gehandelt wurden.
    Wenn Hofer in Berlin die Radikalität des neuen Denkens forderte, so war aber doch
mehrheitlich über das Problem der Generationen eher ein fließender Übergang gefragt,
setzte man eher auf Wiedergutmachung und moralische Integrität wie bereits erprobte
Qualifikation von Lehrenden denn auf das Risiko, eine mittlere oder ganz junge Generation in offizielle Ämter zu holen. Es dauerte dies gut zehn Jahre, bis ein Wechsel erfolgte.
Zumal im Prinzip die Infrastruktur der Akademien erhalten blieb und auch Lehrer in
Vorbereitungs-, Zeichen-, Akt- und der ein oder anderen Klasse beibehalten wurden, die
sich halbwegs unbeschädigt über die braunen Jahre hatten retten können. Wenn so also
per Generation nicht selten eine notwendig kompromißbereite Gratwanderung zwischen Tradition und Innovation, Restauration und programmatischem Bruch betrieben
wurde — bezeichnend etwa, daß Matarés organisatorische Radikalpläne in Düsseldorf
schon gleich anfangs scheiterten[17] —, so nicht minder infolge der unmittelbaren Nach-

kriegsaufgaben des Wiederaufbaus. Es kam nicht von ungefähr, sondern war Folge des
Desasters, daß der zudem verfolgte Typ der ehedem als „kulturbolschewistisch" abgeur-
teilten Bauhaus-Schule besondere Präferenz erfuhr. Die Werkschule, etwa in Hamburg,
Köln, für Düsseldorf und Stuttgart diskutiert, versprach neben der Pflege der freien
Kunst auch die Integration in Architektur, Handwerk und Wiederaufbau. Eine Reihe von
Ex-Bauhäuslern fand Eingang, wie z.B. Kurt Kranz in Hamburg, Hannes Neuner in
Stuttgart, Max Buchartz in Essen oder mündete schließlich mit Max Bill sogar im Rekon-
struktionsversuch einer Hochschule für Gestaltung in Ulm – einer programmatischen
Neugründung von 1953 ff., die sich den Dessauer Grundlehren von Architektur und Design besonders verpflichtet fühlte[18]. Akademie oder Werkstätte: Wie schon einmal hundert Jahre zuvor gab es darüber – und das Bauhaus war schließlich die realisierte Synthese
einer langen Entwicklung – aus der aktuellen Notlage bestimmte Grundsatzdebatten.
Die Bauhaus-Pädagogik gehörte denn auch sehr bald zu Beginn der fünfziger Jahre zu
den meistdiskutierten Erneuerungsversuchen im Verständnis der klassischen Moderne,
die so am ehesten einer dieser entwöhnten Gesellschaft vermittelt werden konnte[19]. Ihr
Erfolg beruhte nicht zuletzt auf dieser Rückbindung an die Pädagogik insbesondere auch
im schulischen Bereich, die zu einer anderen zeittypischen Auseinandersetzung führte
– der anfangs unproblematischen, später oft antagonistischen Konkurrenz mit der Ausbildung für das künstlerische Lehramt.

Auch dies hatte schließlich mit einer praktischen Umsetzung des Glaubens an die wie-
derentdeckte moderne Kunst und ihre heilende Wirkung zu tun, mit – wenn man so
will – Umschulung und Wiedergutmachung an einer neuen Generation, aber auch ganz
praktisch mit Überlegungen zu Existenz und Unterhalt des Einzelnen. Vor allem in den
fünfzigern und dann besonders in den sechziger Jahren wurde dies zum Problem, nachdem in den ersten Nachkriegstagen die Mehrzahl deutscher Kunstschulen oft mit kleinen
versprengten Gruppen von maximal dreißig Schülern begonnen hatten. In Düsseldorf
z.B. waren es 1948 schon 200, zehn Jahre später über 350 Studierende. Erstaunliches geradezu bot Berlin mit bereits 451 Studenten im ersten Semester vom April 1946 bei insgesamt 54 Lehrern. Münchens Zahlen sind hingegen Düsseldorf sehr ähnlich.

Problemlage: Die fünfziger Jahre – Ende wann?

Es waren nun drei Probleme, die inhaltlich und organisatorisch mehrheitlich das erste
Jahrzehnt nach der „Stunde Null" an den westdeutschen Kunstakademien bestimmten:
Die ideologische Bewältigung der jüngsten Vergangenheit im Pro und Contra alter und
neuer Lehrer, die wiederaufbrechende programmatische Frage einer Dominanz der freien
Kunst und schließlich die aktuelle Auseinandersetzung über abstrakt und gegenständlich[20]. Berufungspolitik, Lehraufbau und das Verhältnis zu außerakademischen Künstlern nebst Akzeptanz bei Politik und Gesellschaft hingen davon entscheidend ab. Waren
anfangs die Akademien Stätten der Integration, so entwuchsen ihnen über die genannten
Probleme schnell auch die Gruppen der Opposition. München z.B., als Hochburg des

6 Bruno Goller in seinem Atelier in der
  Staatlichen Kunstakademie Düsseldorf

Nationalsozialismus mit Ziegler, Thorak und Hermann Kaspar in Verruf gekommen,
scheiterte kläglich, sich durch die Berufung von Beckmann, Dix, Scharff und Schmidt-
Rottluff mit einem Schlag zu erneuern — es blieb im Banne einer „fatalen Kontinuität"
(Nerdinger) bis zur 68er Revolte. In Düsseldorf sollte mit Otto Pankok ein entschiedener
Vertreter des Menschenbildes neben Mataré, dann auch Goller und Székessy eine ganze
Schulgeneration prägen und erst 1958 kamen mit Fassbinder und Meistermann die Ab-
strakten zu Ehren. Mancher hatte daher schon bald der Stadt an Rhein und Düssel den
Rücken gewandt — Baumeister und Stuttgart vor Augen, wo eben die Abstrakten früher
eine Heimat fanden. In Hamburg hatte man das Problem hingegen geschickt über Gast-
dozenturen gelöst und seit 1953 mit Meistermann, Winter, Faßbinder, Nay und Hann
Trier der jungen deutschen Kunst sich zu öffnen begonnen, während in Berlin in Gestalt des kämpferischen und entschiedenen Karl Hofer an der topographischen und politischen Nahtstelle zu Sozialismus und Realismus als Programm der unter sowjetischen
Besatzungsbehörden entstehenden DDR eine besonders zugespitzte Situation entstand.
Hofer, Ehmsen und Gustav Seitz gerieten darüber voll in die mit Erbitterung geführten
Debatten des Kalten Kriegs, die schließlich zu Entlassungen und dem Rücktritt Hofers
1955 führten. Abstrakte Kunst geriet nicht nur in den Verdacht, einfach zu sein, sie erfuhr auch als „dritter Weg" zwischen sozialistischem Realismus und ehemaligem Nazi-

7 Joseph Beuys vor der Staatlichen Kunstakademie Düsseldorf, 1969

Realismus die Bewertung, unverbindlicher Kompromiß zu sein. Auch die Kunstakademien gerieten damit in den Strudel einer öffentlichen Formalismus-Debatte, die in der Polarität von Avantgarde und Reaktion bis weit über die 60er Jahre hinaus anhielt und sich letztlich bis '68 überall vertagen sollte. Denn nicht nur, daß Krisen und Revolten wie an den Universitäten einsetzten, daß der Wissenschafts- und Pädagogikbegriff auch der Kunsthochschule neue Rahmen setzte, auch die Inhalte und Konzepte wurden einer Zerreißprobe unterzogen[21]. Die Kunstakademie war nicht länger ein Elfenbeinturm isolierten Schaffens vor und neben der Gesellschaft, sondern sah sich plötzlich als Institution in ihrer sozialen Akzeptanz gefordert. Vom „praxisfernen Luxus" (Jürgen Claus) war auf einmal die Rede, erneut gab es überall neue Rahmenrichtlinien-Diskussionen, Reformüberlegungen für einen neuen Kunstunterricht und Akademiestreitigkeiten zwischen Hamburg, Kassel, Düsseldorf und München, — Frankfurt, Karlsruhe und Stuttgart nicht ausgenommen. Geradezu kennzeichnend war die Tatsache, daß der Hoffnungsträger einer Akademiereform auf den Spuren des Bauhauses, die Hochschule für Gestaltung in Ulm, eben in dieser Zeit scheiterte, die Werkschul-Idee und Grundlehre durch einen neuen Kunstbegriff und technische Organisationsformen in Frage gestellt schien. Identitätsprobleme traten nun verschärft hervor; Inhalte, Aufgaben und Funktion in der Gesellschaft sorgten für Zündstoff zwischen Depression und Agression. Die mühsam auf

Traditionsgleise gebrachte Ordnung der Kunst der fünfziger Jahre mit ihrer Balance zwischen abstrakt und gegenständlich, frei und angewandt war verunsichernd radikalem Zweifel unterzogen. „Künstlerische Denkweise" stand plötzlich gegen „wissenschaftliche" und „pädagogische Denkweise", Politik gegen Kunst, und alles war überschattet durch den Fall Beuys, der Kunst und Politik ebenso identisch lebte wie er mit dem von ihm propagierten erweiterten Kunstbegriff für die Auflösung der klassischen Akademie in ihren Rahmen und Richtlinien sorgte. Der Skandal Akademie, wie es damals hieß, sorgte für eine neue Fragwürdigkeit der Freiheit der Kunst. Mit dem Sprengstoff, der sich dann in institutionellen Auseinandersetzungen voller Schärfe entlud, war im Grunde die Aufarbeitung der Moderne und die Überwindung der Nachkriegszeit wohl tatsächlich erst vollzogen.

ANMERKUNGEN

1. Vgl. grundsätzlich N. Pevsner, *Academies of Art. Past und Present*, Cambridge 1940; sowie u.a. E. Mai, Von der hohen zur angewandten Kunst. Kunstgewerbebewegung und Reform der Künstlerausbildung um und nach 1900, in: *Bauhaus-Archiv*, Sammlungs-Katalog 1981, S. 251 ff.; ders., Zur Vorgeschichte des Vorkurses. Künstlerausbildung an Kunstakademien vor und um 1900, in: R. Wick (Hrsg.), *Ist die bauhaus pädagogik aktuell?*, Köln 1985, S. 11 ff.
2. Vgl. u.a. F. Roh, *„Entartete Kunst". Kunstbarbarei im Dritten Reich*, Hannover 1962; P.-K. Schuster (Hrsg.)., *Die „Kunststadt" München 1937. Nationalsozialismus und „Entartete Kunst*, München 1987; K. Backes, *Hitler und die bildenden Künste. Kulturverständnis und Kunstpolitik im Dritten Reich*, Köln 1988.
3. Vgl. u.a. E. Mai, Die Berliner Kunstakademie im 19. Jahrhundert. Kunstpolitik und Kunstpraxis, in: E. Mai, S. Waetzoldt (Hrsg.), *Kunstverwaltung, Bau- und Denkmal-Politik im Kaiserreich*, Berlin 1981, S. 431 ff. (mit ält. Lit.); H. Brenner, *Ende einer bürgerlichen Kunst-Institution. Die politische Formierung der Preußischen Akademie der Künste ab 1933*, Stuttgart 1972; B. Nicolai, Das Autonomieproblem der bürgerlichen Kunstinstitutionen, in: M. Bushart, B. Nicolai, W. Schuster (Hrsg.), *Entmachtung der Kunst. Architektur, Bildhauerei und ihre Institutionalisierung 1920 bis 1960*, Berlin 1985, S. 14 ff.; C. Fischer-Defoy, *Kunst Macht Politik. Die Nazifizierung der Kunst- und Musikhochschule in Berlin*, Berlin o.J. (1986) mit Lit.; dies., mit umfassender Dokumentation zur Geschichte der Preußischen Akademie der Künste, besorgt Materialienbände, die von 1991 an erscheinen (Mai 1991).
4. Vgl. u.a. E. Trier (Hrsg.), *Zweihundert Jahre Kunstakademie Düsseldorf*, Düsseldorf 1973; W. Alberg, Kunst zwischen Propaganda, Verdrängung und Anklage. Die Situation der bildenden Kunst 1933–1945, in: *1946. Neuanfang: Leben in Düsseldorf*, hrsg. vom Stadtmuseum Düsseldorf, Düsseldorf 1986, S. 247 ff.; E. Mai, Kunst lehren, mit der Kunst leben. Kunsthochschulen in NRW – Umrisse, in: K. Ruhrberg (Hrsg.), *Zeitzeichen. Stationen bildender Kunst in Nordrhein-Westfalen*, Köln 1989, S. 191 ff. (mit Lit.).

5. Vgl. u.a. *Städelschule Frankfurt am Main. Aus der Geschichte einer deutschen Kunst-hochschule*, hrsg. vom Verein der Freunde der Städelschule e.V., Frankfurt a.M. 1982.

6. Vgl. u.a. *Zweihundert Jahre Hochschule für Bildende Künste Dresden 1764–1964*, Ausst. Kat. Dresden 1964; *Dresden. Von der Königlichen Kunstakademie zur Hochschule für Bildende Künste (1764–1989)*, Dresden 1990.

7. Vgl. u.a. Ausst. Kat. *Kunst in Karlsruhe 1900–1950*, Karlsruhe 1981; J. Heusinger von Waldegg, *Die Hochschule der bildenden Künste im Dritten Reich. Akademiege-schichte von den zwanziger Jahren bis in die fünfziger Jahre und ihre kulturpolitischen Voraussetzungen*, Karlsruhe 1987.

8. Vgl. H. Frank (Hrsg.), *Nordlicht. Die Hamburger Hochschule für bildende Künste am Lerchenfeld und ihre Vorgeschichte*, Hamburg 1990.

9. Vgl. u.a. *Die Staatliche Akademie der Bildenden Künste Stuttgart. Eine Selbstdarstel-lung*, Stuttgart 1988; W. Nerdinger, Fatale Kontinuität: Akademiegeschichte von den zwanziger bis zu den fünfziger Jahren, in: T. Zacharias (Hrsg.), *Tradition und Wider-spruch. 175 Jahre Kunstakademie München*, München 1985, S. 179 ff.

10. Vgl. u.a. E. Scheyer, *Die Kunstakademie Breslau und Oskar Moll*, Würzburg 1961; G. Krüger, Zur Geschichte der ostdeutschen Kunstakademien, in: Ausst. Kat. *Deut-sche Kunst aus dem Osten*, Bonn-Berlin 1989/90, S. 117 ff.

11. Vgl. H. Frank (Anm. 8), S. 237.

12. Vgl. C. Fischer-Defoy (Anm. 3), S. 243.

13. W. Baumeister, Bekenntnis zur absoluten Malerei, in: *Die Leistung*, 1952, S. 54, nach Ausst. Kat. *Willi Baumeister*, Nationalgalerie Berlin 1989, S. 55.

14. Vgl. C. Fischer-Defoy (Anm. 3), S. 234.

15. Ebd., S. 243.

16. *Dresden. Von der königlichen Akademie . . .* (Anm. 6), S. 403 f.

17. Vgl. E. Mai (Anm. 4).

18. Vgl. H. Seeling, Die Grundlehre an der HfG Ulm, ein heute noch brauchbares Mo-dell?, in: R. Wick (Anm. 1), S. 79 ff. Von H. Seeling stammt auch die grundlegende Geschichte der HfG Ulm.

19. Vgl. die rezeptionsgeschichtlichen Kapitel von R. Wick (Anm. 1) und von dems., *Bauhaus-Pädagogik*, Köln 1982, S. 299 ff.

20. Vgl. u.a. Ausst. Kat. *Zwischen Krieg und Frieden. Gegenständliche und realistische Ten-denzen in der Kunst nach 45*, hrsg. vom Frankfurter Kunstverein, Berlin 1980, E. Trier, 1945–1955. Fragmentarische Erinnerungen, in: Ausst. Kat. *Kunst in der Bun-desrepublik Deutschland 1945–1985*, Berlin 1985, S. 10 ff.; F. Herlemann, *Zwischen unbedingter Tradition und bedingungslosem Fortschritt. Zur Auseinandersetzung um die moderne Kunst in der Bundesrepublik Deutschland der 50er Jahre*, Frankfurt a.M. 1989.

21. Vgl. u.a. E. Beaucamp, *F.A.Z.* 39 vom 15.2.1969; D. Schmidt, Bayerns Akademien in der Reform, *Süddeutsche Zeitung* vom 24./25.1. und 12.2.1970; J. Claus, *Die Zeit* 25 vom 26.8.1983.

Günter Schade

OSTDEUTSCHLAND UND DDR
Die Museen nach '45

Das Thema „Die Herausbildung und Entwicklung des Museumswesens in der sowjetischen Besatzungszone nach 1945" muß von der Sache her ohne Zweifel auch die frühen Jahre der DDR umfassen, weil sich die Zeitspanne vom Mai 1945 bis zur Gründung der DDR am 7. Oktober 1949 als eine viel zu kurze erweist, um Weg und Ziel einer so vielschichtigen Entwicklung verdeutlichen zu können, die ja auf die bewußte Einbeziehung der Museen in die Bildungs- und Kulturpolitik des sich nach sowjetischem Vorbild herausbildenden sozialistischen Staatswesens DDR abgestimmt war.

Deshalb sollen einleitend einige kurze Bemerkungen zur allgemeinen Ausgangssituation der kulturpolitischen Erneuerung in der sowjetischen Besatzungszone nach dem Kriege vorangehen.

Zunächst darf und muß man wohl davon ausgehen, daß die kulturelle Erneuerung Deutschlands nach dem Zusammenbruch des nationalsozialistischen Staates am Ende des 2. Weltkrieges in allen vier Besatzungszonen gleichermaßen auf der Tagesordnung stand, und innerhalb dieses Prozesses spielten die Museen eine wichtige Rolle. Aber diese von allen antifaschistischen und demokratisch gesinnten Kräften angestrebte geistige Erneuerung der deutschen Kultur vollzog sich in der sowjetischen Besatzungszone von vornherein unter grundsätzlich anderen Bedingungen als in den drei von den westlichen Siegermächten des 2. Weltkrieges besetzten Gebieten.

Das ergab sich vor allem aus der Rolle und der Funktion von Kunst und Kultur im gesellschaftlichen System der Sowjetunion, das von Anfang an als das Vorbild auch für die Erneuerung der Kultur in dem von sowjetischen Truppen besetzten Gebiet Deutschlands angesehen worden war. Unter diesen Voraussetzungen wurde die Kultur im System der geistigen Erneuerung nach dem Kriege nicht nur als ein wichtiges Element der Zurückdrängung faschistischen Gedankengutes und der Vermittlung humanistischer Werte angesehen, sondern zugleich auch als ein wesentliches Element der bewußten erzieherischen Einflußnahme auf das Denken und Fühlen der Menschen im Sinne des in der sowjetischen Besatzungszone zu errichtenden sozialistischen Gesellschaftssystems. Insofern wurde der Kunst und Kultur, wurde den künstlerischen und kulturellen Institutionen eine immense gesellschaftspolitische Bedeutung beigemessen und sie wurden deshalb von den Vertretern der sowjetischen Besatzungsmacht wie auch von den deutschen Kulturfunktionären mit allen zur Verfügung stehenden Mitteln gefördert und unterstützt.

Zur Durchsetzung dieses politischen Zieles bediente sich die sowjetische Militärverwaltung im Auftrage ihrer Partei- und Staatsführung eines ganzen Stabes von hochgebildeten

1 Generalmajor S.I. Tulpanow, Offizier der
SMAD, anläßlich eines Kongresses im Mai
1949 in Berlin

Kulturoffizieren, die meist aus wissenschaftlichen und künstlerischen Institutionen der
Sowjetunion kamen und die die ihnen zugedachten Aufgaben mit einem hervorragenden
Sachverstand und mit großem Engagement erfüllten. „Wir Offiziere der Sowjetischen
Militäradministration in Deutschland waren sehr vorsichtig mit eigenen Anweisungen
auf dem Gebiet der Kultur. Wir haben gut verstanden, daß die Überwindung der faschistischen Ideologie unsere wichtigste Aufgabe war", schrieb Sergej Tulpanow, der Leiter
der Politischen Abteilung der SMAD[1].

   Aus diesen knappen Andeutungen zur allgemeinen kulturpolitischen Ausgangssituation nach dem Kriege — die ja ihrerseits Thema einer eigenen umfassenden Diskussion
sein könnte — ist bereits die Richtung zu erkennen, in die sich auch das Museumswesen
in der sowjetischen Besatzungszone und in der späteren DDR entwickeln sollte. Die unmittelbare Nachkriegszeit im deutschen Museumswesen war ganz allgemein — und das
trifft natürlich auch auf die drei westlichen Besatzungszonen zu — durch den hohen Zer-
störungsgrad vieler bedeutender Museen geprägt. Nahezu alle Museen hatten bereits zu
Beginn des Krieges 1939 ihre Ausstellungen geschlossen und die Bestände in sichere Ver-
wahrungsorte wie Keller, Bergwerke, abgelegene Gutshäuser, Kirchen und Schlösser ver-
bracht. Gab es nach Kriegsende zunächst einmal fast nirgendwo in Deutschland mehr

2 Oberleutnant J. F. Ludschuweit (4. von links) in Potsdam-Sanssouci. Er sorgte 1945 für den Schutz
   der Schlösser und Gärten.

funktionsfähige Museen, so fehlte es überall auch an geeignetem Fachpersonal. So war
an eine direkte Fortsetzung des mit Kriegsbeginn unterbrochenen Museumsbetriebes
kaum zu denken. Die Wiederherstellung der beschädigten, vernachlässigten oder gar zerstörten Museen, die Rückführung der während des Krieges verlagerten Sammlungsbe-
stände sowie deren Sicherung vor Diebstahl oder schädigenden Umwelteinflüssen waren
die dringenden Aufgaben. Daß es den Mitarbeitern dabei oft am Notwendigsten mangel-
te, ist allzu verständlich. Nur mit größten Schwierigkeiten waren Baumaterialien zu be-
schaffen oder Handwerker zu gewinnen.

Fahrzeuge und Treibstoffe für den Rücktransport der verlagerten Sammlungen standen
nur selten zur Verfügung. Aus Berlin wissen wir, wie schwierig es war, überhaupt erst
einmal Reisepapiere für Fahrten zu den Verlagerungsorten zu erhalten.

So oder ähnlich stellt sich das Bild der Museen in Berlin, Dresden, Leipzig, Weimar,
Dessau und vielen anderen Orten der damaligen sowjetischen Besatzungszone dar, wie
es aufgrund vorliegender Augenzeugenberichte und veröffentlichter Museumschroniken
dokumentiert ist.

An eine geregelte und normale Ausstellungstätigkeit war unter diesen Umständen
überhaupt noch nicht zu denken. Dennoch aber war in der Bevölkerung das Interesse

an Kunst und künstlerischen Erlebnissen sehr groß. Nicht allein Theatervorstellungen und Konzerte waren damals stark gefragt und besucht, sondern auch die Begegnung mit der bildenden Kunst. Hier waren es besonders jene Werke und Künstler, die während des NS-Regimes als „entartet" eingestuft und deshalb verboten worden waren, die nun im Mittelpunkt des Interesses der kunstinteressierten Öffentlichkeit standen.

So konnten – um hier nur einige Beispiele aufzuführen – in Berlin bereits im Juli/August 1945 expressionistische Werke in einer Ausstellung gezeigt werden. Im Naturkundemuseum, das durch den Krieg nicht allzu stark in Mitleidenschaft gezogen worden war, fand im November des gleichen Jahres eine Käthe-Kollwitz-Ausstellung statt, und in Rostock hatten im Oktober die Werke des verfemten Bildhauers Ernst Barlach in einer ersten Ausstellung nach dem Kriege regen Zuspruch zu verzeichnen. Als das bedeutendste Ausstellungsereignis der unmittelbaren Nachkriegszeit darf jedoch die große Ausstellung *Französische Kunst vom Ende des 19. Jahrhunderts bis zur Gegenwart* gelten, die im erhalten gebliebenen Teil des Berliner Schlosses in dem prachtvollen Weißen Saal gezeigt wurde. Aber auch in anderen Städten wie Leipzig, Dresden, Schwerin und Rostock, ja selbst in kleineren Orten begann das Ausstellungsleben schon bald nach Beendigung des Krieges. Allerdings waren die Museen wohl in den wenigsten Fällen daran beteiligt, da sie aufgrund der genannten Probleme vorwiegend mit dem Ingangsetzen ihrer eigentlichen Arbeiten beschäftigt waren. In Abhängigkeit von der Schwere ihrer Zerstörungen und Kriegsverlusten, konnten schon wenige Monate nach Kriegsende einige wichtige Museen der Öffentlichkeit wieder zugänglich gemacht werden. So wurden bereits im August 1945 das Landesmuseum in Schwerin und das Goethe-Nationalmuseum in Weimar eröffnet. In Berlin empfing als erstes Berliner Museum das Märkische Museum im Juli 1946 wieder seine Besucher, während die Staatlichen Museen nach umfangreichen Instandsetzungsarbeiten an der Nationalgalerie erst im Juli 1949 dazu in der Lage waren.

Soweit aufgrund vorliegender Dokumente zu ermitteln war, dürften bis Ende 1946 etwa die Hälfte der vor dem Kriege in der sowjetischen Besatzungszone vorhandenen Museen ihre Tätigkeit wieder aufgenommen haben, darunter waren vor allem sehr viele Heimatmuseen, die in kleineren Orten weniger unter den Kriegseinwirkungen zu leiden gehabt hatten. Als wichtigste gesetzliche Grundlage für die Wiedereröffnung der Museen und ihre Arbeit galt der am 2. Oktober 1945 erlassene Befehl Nr. 85 der Sowjetischen Militäradministration in Deutschland (SMAD)[2]. Er beinhaltete Richtlinien für die „Erfassung und für den Schutz der musealen Werte" und bezog sich auf die „Nutzung der Kulturgüter für die Bildungsarbeit sowie auf die Nutzung der Museumstätigkeit für die Entlarvung des Faschismus und der faschistischen Einstellungen auf dem Gebiet der Kultur". Gleichzeitig regelte er die Einstellung sowie die fachliche und politische Überprüfung der Museumsleiter. Mit der Durchführung dieses Befehls wurde die „Deutsche Zentralverwaltung für Volksbildung" beauftragt, die wiederum auf dessen Grundlage „Richtlinien für die Eröffnung von Museen in der sowjetischen Besatzungszone Deutschlands" erließ.

Diesem für das Museumswesen in der sowjetisch besetzten Zone sehr wichtigen und auch positiven Befehl folgte bereits am 18. Juni 1946 der Befehl Nr. 177 der SMAD, in dem dann detailliert die Rückführung der verlagerten Bestände gefordert und geregelt

3 Prof. Dr. Blümel, Direktor der Antikensammlung, bei der Übernahme
von zurückgeführten Kunstschätzen aus der Sowjetunion, 1958

wurde, „um die deutschen Museen wiederherzustellen und sie zur Propagierung wissen-
schaftlicher Kenntnisse und demokratischer Ideen innerhalb breiter Schichten der deutschen Bevölkerung zu verwerten"[3].

Gleichzeitig bildete dieser Befehl 177 auch die gesetzliche Grundlage für die Übernahme wichtiger Sammlungen und kulturhistorisch wertvoller Ausstattungsgegenstände aus
den durch die Bodenreform enteigneten Schlössern und Gutshäusern in die Obhut der
entsprechenden Landesmuseen.

Zur gleichen Zeit, da die Befehle Nr. 85 und Nr. 177 in sehr positiver Weise die Wiederaufnahme der Museumsarbeit regelten, erfolgte andererseits jedoch auch die Überfüh-
rung bedeutender Kulturschätze aus den großen Museen und Verlagerungsorten der sowjetischen Besatzungszone in die Sowjetunion[4]. Während die amerikanischen und englischen Besatzungstruppen in Wiesbaden und in Celle zentrale Sammelstellen für
verstreute und verlagerte Kunstwerke, meist aus der sowjetischen Besatzungszone und
Berlin, einrichteten und im November 202 der wertvollsten Bilder der Berliner Gemälde-
galerie nach Washington überführt hatten[5], setzten die sowjetischen Truppen in Zusammenarbeit mit Fachleuten aus der Sowjetunion ihre bereits im Mai 1945 begonnene Ver-
lagerungsaktion bedeutender Kunstwerke in die Sowjetunion noch bis zum Spätsommer
1946 fort[6]. Tausende von Kunstwerken aller Art kamen so in die Obhut der Museen in
Moskau, Leningrad und Kiew.

Anfangs ist wahrscheinlich von den Siegermächten daran gedacht worden, die Kunstwerke in die Reparationsforderungen an das besiegte Deutschland einzubeziehen. Jedoch
stieß der Abtransport der Berliner Gemälde in die USA auf einen so starken Widerstand

sowohl in der deutschen wie auch in der amerikanischen Öffentlichkeit, daß es zu weiteren
Transporten nicht mehr gekommen ist und daß schon bald nach einer Ausstellungstournee
durch verschiedene amerikanische Städte die Rückkehr der Gemälde 1948 und 1949 erfolgte[7]. Dies mag auch der Grund dafür gewesen sein, daß über die sowjetischen Transporte
in der Öffentlichkeit so gut wie gar nicht gesprochen wurde und auch wohl nicht gesprochen
werden durfte. Daher hatte man wahrscheinlich selbst in deutschen Fachkreisen angenommen, daß es sich dabei in der Tat um eine Wiedergutmachung jener Schäden an Kulturgütern
handelte, die von deutschen Truppen in der Sowjetunion angerichtet worden waren. Führende sowjetische Offiziere gaben jedoch auf Fragen von Kulturpolitikern und Museumsdirektoren der von der Verlagerung betroffenen Museen zu verstehen, daß es sich seitens der Sowjetunion nicht um Reparationsforderungen handele, sondern um eine Schutzmaßnahme
im Interesse der Erhaltung und Pflege kultureller Werte von Weltgeltung. So erklärte der
Leiter der Propagandaabteilung in der SMAD, Oberst Tulpanow, im Sommer 1946 gegenüber dem in der Sächsischen Landesregierung für die Museen verantwortlichen Ministerial-
direktor Prof. Gute, der den Abtransport nicht als Rettungstat, sondern als Wiedergutmachung angesehen hatte, folgendes: „Sie irren! Die Dresdener Museen gehören weder Ihnen
noch uns. Sie sind Schätze der Weltkultur. Aber ich muß Ihnen sagen, daß das deutsche
Volk diese Schätze schlecht behütet hat. Sie haben die Bitte ausgesprochen, wenigstens einen
Teil der Werke zurückzugeben, so daß der historische Überblick wiederhergestellt werden
könnte. Das verstehe ich. Doch Sie verstehen nicht, daß wir uns nicht an Schätzen anderer
Völker bereichern wollen. Sie sind aber Politiker und leisten mit Ihren Genossen eine systematische Arbeit, um ein neues Deutschland aufzubauen. Vom Erfolg Ihrer Arbeit wird es
abhängen, wann wir dem deutschen Volk das Vertrauen schenken können, zuverlässiger Hü-
ter dieser Schätze der Weltkultur zu sein. Zu diesem Zeitpunkt werden mit Fahnen ge-
schmückte Sonderzüge nach Dresden fahren, um Ihnen alle Schätze vollständig und unbeschädigt zurückzubringen"[8]. Die Rückführung der Dresdener Bestände erfolgte 1955 und
die der anderen Museen ab 1958[9].
   Bis zu diesem Zeitpunkt war die Frage nach den in der Sowjetunion aufbewahrten
Kunstwerken in der offiziellen Kulturpolitik der DDR ein absolutes Tabu-Thema. Die
Aussage von Oberst Tulpanow sowie ähnliche Äußerungen anderer an der Verlagerung
beteiligter Offiziere wurden regierungsoffiziell niemals bestätigt, überdies wurden sie
auch erst durch neuere Forschungsarbeiten in deutschen Archiven aufgefunden[10]. Dazu
gehört auch der Briefwechsel zwischen dem DDR-Ministerpräsidenten Otto Grotewohl
und dem Generaldirektor der Berliner Museen, Ludwig Justi, aus dem hervorgeht, daß
man die Frage der Rückführung der in die Sowjetunion verbrachten Kulturgüter schon
1951 zur Sprache gebracht hatte, aber aus politischen Gründen wohl nicht im Sinne der
deutschen Museen zu klären vermochte[11]. Seitens sowjetischer Historiker und Kunsthistoriker gibt es bis heute noch keine Untersuchungen und demzufolge auch keine Aussagen zu diesem interessanten und immer noch nicht in allen Einzelheiten geklärten Vorgang. Allerdings dürfte im Zuge der politischen Veränderungen in der Sowjetunion und
im Verhältnis Deutschland-Sowjetunion die Zeit gekommen sein, in der dieses Tabu der
ehemaligen DDR- und UdSSR-Kulturpolitik seine Existenzberechtigung verloren hat.

4 Die zerstörte Museumsinsel 1945. Altes Museum, Neues Museum

Durch die Zusammenarbeit sowjetischer und deutscher Fachleute könnte das Schicksal vieler noch vermißter Kunstwerke geklärt werden.

So kompliziert und unberechenbar die Verhältnisse unter den politischen Konstellationen der Nachkriegszeit auch gewesen sein mögen, so setzten sie dennoch bei den an der Entwicklung des geistig-kulturellen Lebens Beteiligten große schöpferische Potenzen frei. Sie sahen in dieser Zeit – nach 12jähriger Unterdrückung des Geistes und der Kunst – auch für die Museen eine große Chance, sie als wahrhaft demokratische Bildungsstätten für alle Schichten der Bevölkerung mit in die neue Zeit einbringen zu können. Ähnliche Forderungen wurden in vielen politischen Programmen und Erklärungen aller Parteien und Organisationen erhoben. Auch die KPD forderte auf ihrer Kulturkonferenz im Februar 1946 noch die unbedingte Freiheit für die wissenschaftliche Forschung und für das künstlerische Schaffen, versprach, sich mit allen Kräften dafür einzusetzen, das bisherige Fernhalten der Massen des Volkes von der kulturellen Betätigung und von den kulturschöpferischen Leistungen zu beseitigen[12].

Die Gewerkschaften erklärten auf ihrem Kongreß im Mai 1946 ähnliches. „Jedem produktiv Schaffenden in Stadt und Land solle die Möglichkeit gegeben werden, an dem Kulturgut der ganzen Menschheit teilzuhaben und zwar durch Zugänglichmachung der Werke der bildenden Kunst und der schöngeistigen Kultur"[13]. Und der Jugendverband FDJ richtete zur gleichen Zeit an die Kulturschaffenden die Forderung: „Die junge Generation aber sucht noch immer nach Wegen aus geistiger Not. Deshalb rufen wir Ihnen, den fortschrittlichen Kulturschaffenden Deutschlands zu: Führen Sie uns zu den alten Kulturquellen, damit wir aus ihnen schöpfen"[14].

Diese kulturpolitischen Forderungen der gesellschaftlichen Organisationen in der sowjetischen Besatzungszone fanden indessen auch ihren Widerhall in den Museen, ohne daß auf sie ein besonderer Druck oder gar ein Zwang ausgeübt wurde.

Zu den führenden Persönlichkeiten, die sich nach 1945 der demokratischen Wiedergeburt auf dem Museumssektor zur Verfügung gestellt hatten, gehörte neben vielen anderen Direktoren und Wissenschaftlern auch Geheimrat Professor Ludwig Justi, seit 1909 Direktor der Berliner Nationalgalerie und seit 1946 vom ersten demokratischen Magistrat Berlins berufener Generaldirektor der Staatlichen Museen. Er stellte in dieser Zeit des Neubeginns den Grundsatz auf, „daß die Museen nicht nur vom Fachmann bemüht und vom ‚Gebildeten' besichtigt, sondern daß ihre Schätze der gesamten Bevölkerung Berlins, besonders auch den Werktätigen, nahegebracht werden, äußerlich und innerlich"[15]. Mit dieser Auffassung näherte er sich von seiner Verantwortung als Museumsmann her aber auch wichtigen kulturpolitischen Forderungen dieser Zeit, die darauf ausgerichtet waren, das sogenannte „Bildungsprivileg" der bürgerlichen Bevölkerungsschichten zu brechen und in gleicher Weise auch den Arbeitern und Bauern Zugang zu den kulturellen Schätzen in den Museen und Bibliotheken, den Theatern und Konzertsälen zu ermöglichen. Dieser Aufgabe — und das sei hier nur am Rande erwähnt — hatten sich die Berliner Museen wie auch viele andere Einrichtungen bereits seit dem späten 19. Jahrhundert verpflichtet gefühlt. Unter ihrem Generaldirektor Richard Schöne wurden zu dieser Zeit schon Spätöffnungszeiten und Freikarten für Lehrer eingeführt und seit 1896 gab es im Öffentlichkeitsprogramm auch Führungen für Arbeiter. Insofern gab es eigentlich zwischen den allgemeinen Forderungen der herrschenden politischen Kräfte in der SBZ, den Traditionen der Berliner Museen und den Auffassungen Ludwig Justis in bildungspolitischer Hinsicht keine allzu gravierenden Unterschiede und aus dieser Übereinstimmung heraus dürfen wir wohl auch seine ungewöhnliche Unterstützung für eine große Gewerkschaftsausstellung im Jahre 1947 unter dem Motto *150 Jahre soziale Strömungen in der bildenden Kunst* verstehen, die außerhalb der Museen stattfand und zu der er wichtige Leihgaben aus dem Besitz der Nationalgalerie zur Verfügung stellte. Als ein weiterer Ausdruck, neue museologische Konzepte zu entwickeln, ist auch Ludwig Justis Bestreben zu werten, mit kleineren Ausstellungen in die Berliner Stadtbezirke zu gehen und die Kunst dort auszustellen, wo das neu zu gewinnende Publikum wohnte. Dies geschah zum Beispiel mit der Ausstellung *Zeichnungen deutscher Meister des 19. Jahrhunderts* im Arbeiterstadtbezirk Prenzlauer Berg, die er zusammen mit dem Kulturoffizier Kotolnikow von der sowjetischen Zentralkommandantur eröffnete.

Eine theoretische Begründung für sein neues museologisches Konzept hatte Ludwig Justi zuvor in der kurz nach dem Kriege begründeten Kunstzeitschrift *Athena* 1946 gegeben. Er schrieb unter anderem: „(. . .) da die meisten Berliner weit draußen wohnen, werden sie nach arbeitsreicher Woche sich nicht leicht entschließen, die zeitraubende und oft tumultarische Reise nach dem Zentrum zu unternehmen. Deshalb möchte ich in den

5 Bauarbeiten am Portal der Nationalgalerie, 1950

Außenbezirken kleine Museen einrichten. Wenn Mohamed nicht zum Berg kommt, kommt der Berg zu Mohamed! Dort sollen kleine, wechselnde Ausstellungen alter und neuer Kunst stattfinden, belebt von inneren Spannungen, erläutert in Wort und Schrift; sie mögen schließlich dazu führen, daß dann auch die Sammlungen im Zentrum mit Andacht und Hingabe besucht werden, ihren Segen spenden"[16].

Auch in organisatorischer Hinsicht hatte sich zu dieser Zeit im Museumswesen der SBZ eine Weiterentwicklung vollzogen. Im Juli 1947 wurde auf Beschluß der Volksbildungsminister der Länder eine zentrale Museumskommission zur Koordinierung der Museumsarbeit gegründet und im Oktober des gleichen Jahres fand in Dresden-Pillnitz die erste Museumsleiterkonferenz in der SBZ unter dem Motto „Die Museen als Mittel der Volksbildung" statt, auf der Vertreter von 8 zentralen und 184 örtlich unterstellten Museen anwesend waren. Ziel dieser Konferenz war es, über die Rolle der Museen im System der Volksbildung zu beraten. In der Schlußansprache des von der sowjetischen Militäradministration entsandten Kapitäns Gontscharenkow wurde dann jedoch gerade in dieser Hinsicht kritisch vermerkt, „daß die Zusammenarbeit der Museen mit den politischen und gewerkschaftlichen Organisationen bei der Erziehung der Volksmassen noch nicht die gebührende Beachtung gefunden" hätte, und in der zum Abschluß der Konferenz angenommenen Resolution betonten die anwesenden Direktoren, daß sie es als eine ihrer vornehmsten Aufgaben ansehen, „alle Bestrebungen in der Welt zu unterstützen, die einen konsequenten Kampf gegen den Krieg und die damit verbundene Kulturzersetzung führen"[17]. Wenn man die bewußte Hinwendung der Museen zu den in dieser Zeit gesellschaftlich relevanten Ausstellungsthemen wie Ernst Barlach, Käthe Kollwitz, deutscher Expressionismus, französischer Impressionismus und auch moderne zeitgenössische Malerei betrachtet und die besonders in Berlin unter Ludwig Justi angestrebte Öffnung der Museen gegenüber der neuen Gesellschaft hinzunimmt, so darf man daraus schlußfolgern, daß sich die Museen in der damaligen sowjetischen Besatzungszone durchaus ihrer gesellschaftlichen Verantwortung bewußt waren und diese auch wahrgenommen haben. Eine einseitige und negative Einbeziehung in die politische Propaganda des sich herausbildenden sozialistischen Staates ist zu dieser Zeit noch nicht festzustellen. Dies bestätigt auch die Stralsunder Museumsdirektorin Käthe Rieck, die 1958 rückblickend schrieb: „Inhalt, Thematik und Gestaltung der wiedereröffneten Museen ließen nur in einigen Ansätzen erkennen, daß eine neue Zeit angebrochen war, eine andere Gesellschaftsordnung im Werden begriffen war"[18].

Daß die Museen damit den Erwartungen der sowjetischen Kulturoffiziere und der Parteiideologen in der SBZ jedoch keineswegs entsprachen, scheint unter anderem auch die kritische Anmerkung des sowjetischen Kapitäns Gontscharenkow auf der Dresdner Museumsleitertagung bereits anzudeuten.

Entscheidende Veränderungen in dieser Hinsicht traten jedoch erst mit der endgültig vollzogenen Spaltung Deutschlands durch die Gründung der Bundesrepublik Deutschland und der Deutschen Demokratischen Republik ab Oktober 1949 ein. Seit dieser Zeit wurde ganz allgemein die Auseinandersetzung zwischen den beiden hier in Deutschland aufeinanderprallenden gesellschaftlichen Systemen und den beiden deutschen Staaten im-

6 Übergabe von Botticelli-Zeichnungen aus der Sowjetunion durch den Präsidenten W. Pieck an Prof. Dr. Justi, Generaldirektor der Staatlichen Museen zu Berlin, 1956

mer heftiger, so daß auch von den Museen ein stärkeres politisches Engagement verlangt wurde. Damit können wir aber auch von einer neuen Etappe in der Nachkriegsentwicklung der Museen der ehemaligen sowjetischen Besatzungszone sprechen. In dieser neuen Phase ging es in verstärktem Maße darum, die Entstehung und Entwicklung des ersten deutschen Arbeiter- und Bauern-Staates aus der revolutionären deutschen Geschichte abzuleiten und seine Entstehung nicht nur als eine gesellschaftliche, sondern auch als eine historische Gesetzmäßigkeit zu begründen. Sichtbar wird dieser Anspruch des neuen Staates an seine Museen erstmals in einer Kritik des Staatspräsidenten Wilhelm Pieck auf dem III. Parteitag der SED im Juli 1950, in der es hieß: „(. . .) in den Museen der DDR finden aber irgendwelche Winkelfürsten noch immer viel Raum und Beachtung. Ich denke, daß man damit Schluß machen muß und dem wirklichen deutschen Volke, den Arbeitern und Bauern, den freiheitlichen Denkern und Dichtern den Platz einräumen muß, der ihnen in der Geschichte gebührt"[19].

Angemerkt sei hier nur, daß das jener Parteitag war, auf dem Walter Ulbricht in seinem Referat den Abriß der Schloßruine angekündigt und den Bau des großen Demonstrationsplatzes vorgeschlagen hat[20].

Aus dieser Forderung der Partei ergab sich für die Museen zwangsläufig die Hinwendung zur verstärkten Geschichtsdarstellung und zu den revolutionären Perioden der

7 Sangerhausen, Spengler-Museum

deutschen und der internationalen Geschichte und Kunst. Um diesen politischen Forderungen im Museumswesen sichtbaren Ausdruck zu verleihen, wurde auf der 7. Tagung
des ZK der SED vom Oktober 1951 die Bildung eines „Museums für deutsche Geschichte" beschlossen mit dem Ziel, „die Aufklärung der Bevölkerung und der Jugend zu verbessern"[21]. Die Gründung dieses Museums erfolgte dann schon am 18. Januar 1952 in
Berlin im ehemaligen Zeughaus, das bis zum Oktober 1947 zum Verband der Staatlichen
Museen gehörte und auf Befehl des damaligen Stadtkommandanten Kotikow der Zentralverwaltung für Volksbildung zur Verfügung gestellt worden war[22]. Damit hatte sich die
SED-Führung eine eigene Plattform im Museumswesen der DDR geschaffen, von der
aus sie ihre parteioffizielle Geschichtsauffassung verbreiten konnte, aber auch bewußt
Beispiele und Maßstäbe für die anderen Geschichtsmuseen im Lande setzte. Als ein über-
zeugender Beweis hierfür mag der Bericht des Leiters des Chemnitzer Schloßbergmu-

seums über die Einrichtung einer stadtgeschichtlichen Abteilung stehen, der bestätigt, daß diese neue Aufgabenstellung der Partei für die Museen im ganzen Lande ihren Niederschlag gefunden hatte. In dem Bericht heißt es: „Der im Januar 1955 vorgelegte Gesamtplan wurde mit verschiedenen Kommissionen des Staatsapparates, der Fachstelle für Heimatmuseen, der Partei der Arbeiterklasse und des Kulturbundes eingehend diskutiert und in seiner Grundkonzeption anerkannt. Es wurde beschlossen, entsprechend den berechtigten Forderungen des Ministeriums für Kultur und der SED mit der Gestaltung der Geschichte der neueren und neuesten Zeit und der Geschichte der örtlichen Arbeiterbewegung zu beginnen"[23].

Gleichzeitig mit der Gründung des Museums für deutsche Geschichte wurde durch die Partei aber auch die Errichtung von Gedenkstätten der deutschen und der internationalen Arbeiterbewegung veranlaßt. So erfolgten dieser Forderung entsprechend schon 1952 die Einrichtung einer Clara-Zetkin-Gedenkstätte in Wiederau und des Georgi-Dimitroff-Museums im ehemaligen Reichsgericht zu Leipzig. 1953 erhielt Weimar die „Nationalen Forschungs- und Gedenkstätten der klassischen deutschen Literatur", und in Leipzig folgte 1956 und 1957 die Einrichtung einer Gedenkstätte für die russische revolutionäre Zeitung *Iskra* und eine weitere für den Revolutionär Lenin. Diese neue Phase der Entwicklung des Museumswesens in der DDR fand auch ihren Niederschlag in einer diesen neuen Forderungen entsprechenden Ausstellungsplanung. In den Geschichtsmuseen waren es Themen wie *Der Große Deutsche Bauernkrieg und Thomas Müntzer*, die bürgerliche Revolution von 1848 und die *Oktoberrevolution von 1917* in Rußland und ihre Auswirkungen auf Deutschland, sowie die *Novemberrevolution von 1918*.

Aber auch in den Ausstellungen der Kunstmuseen und der Akademie der Künste fand eine starke Hinwendung zu den revolutionären Perioden und Persönlichkeiten der Kunstgeschichte statt. Große Ausstellungen zu Leonardo da Vinci (1952), Lucas Cranach (1953), Albrecht Dürer (1954) oder zur *Kunst des Vormärz* wurden gezeigt. Neu entdeckt wurde in dieser Zeit auch die proletarisch-revolutionäre Kunst, wogegen der Expressionismus — kurz nach dem Kriege noch hoch verehrt — nach einem Beschluß der 5. Tagung des ZK der SED von 1951 als bürgerlich dekadent verdammt wurde, weil er der Entwicklung einer sozialistisch-realistischen, volksverbundenen Kunst zuwiderlief[24]. Die frühen 50er Jahre waren im Museumswesen der DDR aber auch gekennzeichnet durch umfangreiche Aufbauleistungen in den verschiedenen Städten. Besonders in Berlin wurden erhebliche finanzielle Mittel für den Wiederaufbau der stark zerstörten Museen zur Verfügung gestellt und in Sangerhausen entstand 1952 der erste Museumsneubau der Nachkriegszeit in der DDR, dem dann allerdings nur noch wesentlich später ein zweiter in Rostock folgen sollte. Diese Phase der Entwicklung, die durch eine verstärkte Einbeziehung der Museen in den politischen Bildungsprozeß der DDR gekennzeichnet ist, aber ebenso auch durch den verstärkten Einfluß der Partei- und Staatsorgane auf das Museumswesen selbst, erreicht mit der 1954 erfolgten Bildung einer zentralen Fachstelle für die Anleitung aller Heimatmuseen in Halle/Saale und der 1954 erfolgten Bildung eines zentralen Kulturministeriums in Berlin mit einer Fachabteilung für das gesamte Museumswesen in der DDR einen gewissen Abschluß. Damit waren für alle Bereiche des

DDR-Museumswesens zentrale Leitungsinstanzen geschaffen, die für die Museumsarbeit insgesamt verantwortlich waren.

Deutlich hat der Leiter der Fachstelle für Heimatmuseen die Aufgaben der Museen seines Bereiches formuliert: „Entscheidend für den Weg zur Ausstellung ist die gesellschaftswissenschaftliche Analyse sowie eine eindeutige Parteinahme; die Ausstellungsthemen müssen den gegenwärtigen kulturell-erzieherischen Bedürfnissen entsprechen, in Verbindung mit dem Leben stehen und ein erkennbares fortschrittliches Ziel zeigen. Darin liegt die gesellschaftliche Aufgabe des Museums als Bildungsstätte"[25].

ANMERKUNGEN

1. S.J. Tulpanow, Vom schweren Anfang. In: *Weimarer Beiträge*, 1967, Heft 5, S. 725.
2. Rolf Kiau, Die Hilfe der Sowjetunion bei der Wiedereröffnung der Museen 1945/1946. In: *Neue Museumskunde*, 1985, Heft, 2, S. 85.
3. Gerd Dietrich, *Die Erneuerung der deutschen Kultur, Dokumente 1945–1949*. Berlin 1983, S. 163.
4. Günter Schade, *Die Berliner Museumsinsel. Zerstörung, Rettung, Wiederaufbau*. Berlin 1986, S. 38.
5. Irene Kühnel-Kunze, in: *Jahrbuch Preußischer Kulturbesitz*, Sonderband 2, Berlin 1984, S. 102.
6. Günter Schade, a.a.O., S. 46.
7. Irene Kühnel-Kunze, a.a.O., S. 112.
8. Rolf Kiau, a.a.O., S. 88.
9. Otto Grotewohl, Schöpferische Freundschaft. In: Kat. *Schätze der Weltkultur, von der Sowjetunion gerettet*. Berlin 1958, Staatliche Museen zu Berlin, Vorwort.
10. Protokoll der Direktorenkonferenz vom 11.02.1946 (Staatliche Museen zu Berlin, Zentralarchiv).
11. Freundliche Mitteilung von Prof. Dr. Heinz Voßke. (Institut für Geschichte der Arbeiterbewegung, ZPA NL 90/544).
12. Gerd Dietrich, a.a.O., S. 113.
13. ebd., S. 184.
14. ebd., S. 191.
15. Erik Hühns, *Schätze der Weltkultur, Historische Einleitung. Staatliche Museen zu Berlin*. Berlin 1982, S. 23.
16. Zit. nach: *Museumsjournal. Berichte aus den Museen, Schlössern und Sammlungen im Lande Berlin*. Jg. 3, Nr. IV, Okt. 1989, S. 4f.
17. Rudolf Michaelis, Eindrücke von der Tagung der Museumsmitarbeiter in Dresden-Pillnitz vom 29. September bis 3. Oktober 1947. Tagungsbericht, S. 4, (Staatliche Museen zu Berlin, Zentralarchiv).

18. Käthe Rieck, Die Entwicklung des Museumswesens im Bezirk Rostock von 1945 bis 1947. In: *Neue Museumskunde*, 1/1958, Heft 1, S. 6.
19. Erik Hühns/Heinz Knorr, Zur Entwicklung der Heimatmuseen in der DDR (1945–1960). In: *Neue Museumskunde*, 4/1961, Heft 4, S. 167; s.a.: Gerhard Strauss, in: *Demokratischer Aufbau*, 1949, Heft 1, S. 20.
20. Helmut Räther, *Vom Hohenzollernschloß zum Roten Platz. Die Umgestaltung des Berliner Stadtzentrums*. Verlag für politische Publizistik, o.J. (1952), S. 7.
21. Zit. nach Rolf Kiau, Zur Entwicklung der Museen der DDR. In: *Neue Museumskunde* 12/1969, Heft 4, S. 429.
22. Günter Schade, a.a.O., S. 89.
23. Hans Ebert, Das Schloßbergmuseum Karl-Marx-Stadt und seine stadtgeschichtliche Abteilung. In: *Neue Museumskunde* 1/1958, Heft 1, S. 22.
24. Ullrich Kuhirt, *Kunst der DDR 1945–1959*, Leipzig 1982, S. 123 f.
25. Heinz Knorr, Zur Neugestaltung der Schausammlungen in den Heimatmuseen. In: *Neue Museumskunde* 1/1958, Heft 1, S. 15.

Hugo Borger

WESTDEUTSCHE MUSEEN IM WIEDERAUFBAU: BEISPIEL KÖLN

Auch in der Bundesrepublik Deutschland bedeutet ein Blick auf das Museum in der Zeit zwischen 1945 und 1955 zunächst, sich völlig frei zu machen von dem Museums-reichtum, wie er heute üblich ist. Das weithin zerstörte Land, sollte man meinen, ließ nach 1945 das Museum scheinbar eine schöne Nebensache sein. Indessen fast genau das Gegenteil ist richtig.

Als „Zeitzeuge" will ich eine Skizze versuchen, die persönliche Erinnerung mit tatsächli-chen Ereignissen verbindet.

I. Der Zusammenbruch des Dritten Reiches wurde als Befreiung empfunden. Die Sieger teilten das Land in Zonen mit ganz unterschiedlichen Verwaltungen auf, so daß die Wieder-belebung der Museen sich gewissermaßen lokal ereignete. Ein Beispiel: 1946 arbeitete ich am Kaiser-Wilhelm-Museum in Krefeld als Volontär. Das Gebäude war durch einen Zufall erhalten geblieben. Im Erdgeschoß wurden Kulturdezernat und Stadtbücherei etabliert, das obere Geschoß sofort für Ausstellungen genutzt.

Die erste Ausstellung – mit Katalog – fand 1947 statt. Gezeigt wurden niederrheinische Gläser und Glasmalereien, aber auch die Glasfenster Thorn-Prikkers, die, von der kirchli-chen Verwaltung ungeliebt, in der Nazizeit aus der Neusser Dreikönigenkirche entfernt, nun vor ihrem Wiederaufbau zur Verfügung standen. Zugleich holten wir die während der Nazi-zeit hinter Mauern verborgenen Fresken Thorn-Prikkers wieder hervor. Das Publikum stürmte diese Ausstellung, die eine Mischung aus traditioneller und aus bis eben noch verach-teter Kunst des 20. Jahrhunderts präsentierte. So fing man einfach an, ohne viele Worte. Und dabei zeigte sich sogleich eine neue Freiheit im Vorweisen und dem Publikum wurde klar, daß Museen Bildungsstätten waren.

Schon Ende 1947 wurde die Rückführung ausgelagerter Kunstwerke nach Krefeld mög-lich. Diese lagerten – wie man es damals nannte – in der Ostzone. Man hatte Naturalien aufgetrieben und vier Lastwagen organisiert.

Es war eine aufregende, weil nicht ganz legale Sache. Die Übernahme der Kunst-werke erfolgte zu frühester Morgenstunde. Alles wurde auf offenen Lastwagen ge-stapelt, Planen darübergezogen. Wie eine Karawane zogen wir durch's Land, heute würden sich Restauratoren umbringen, Museumsleute so direkt agieren zu sehen. Wir hockten auf den Lastwagen, die Kunstwerke bewachend. Was soll's: wir schafften die Rückführung ohne Fehl und Tadel. So fing es nicht bloß in Krefeld, sondern

1 Blick auf die Kölner Altstadt nach dem Krieg

allerorten wieder an: konkret, direkt und wirksam – und was mir heute noch immer imponiert – fast ohne alle Bürokratie. Vielleicht war es auch einfach Hilfe zur Selbsthilfe, und dahinter stand wohl doch auch der Gedanke, die Museen als zentrale Orte einzubringen in ein neues und unter der Freiheit der Gedanken sich wieder gründendes Leben.

So kam auch die Forschung in Gang, an den Museen wie an den Denkmalämtern. Im Oktober 1947 sah ich mich von Walter Bader, damals Staatskonservator von Nordrhein-Westfalen, in Mönchengladbach an eine Ausgrabung gesetzt, um die Baugeschichte der alten Abteikirche zu erhellen. Man tat das einfach, so, wie in Köln Otto Doppelfeld vom Römisch-Germanischen Museum der Bitte des Hohen Metropolitankapitels folgte und mit der berühmt gewordenen „Domgrabung" begann – man darf diese Verflechtungen nicht übersehen, denn hierin gründet, daß später der Deutsche Wissenschaftsrat die großen Museen als Forschungsinstitute anerkannte.

II. Eine Schadensliste aller Zerstörungen von Museumsbauten ist meines Wissens bis heute nicht erstellt. Sie müßte erheblich sein. Nicht allein in Köln gingen alle Museumsgebäude unter, auch in fast allen anderen Städten. Aber verblüffend ist doch, daß zwar nicht aller-, aber vielerorten die Pläne für den Wiederaufbau von Museen mit Vorrang behandelt worden sind, wenn auch in der Regel der eigentliche Museumsneubau erst in dem nach 1955 liegenden Zeitraum begann. Als exemplarisch muß man wohl den zeiti-

2 Das zerstörte Wallraf-Richartz-Museum
in Köln

gen Wiederaufbau der Alten Pinakothek in München sehen, wo durchaus mit zeitgenössischer Attitüde der großartige Bau von Leo von Klenze wieder aufgerichtet wurde. Dabei
wurden die Wunden des Krieges nicht geleugnet, das Treppenhaus so kühn zugeschnit-
ten, daß es noch heute als exemplarische Lösung bezeichnet werden muß. Hans Döllgast
hat hier zwischen 1952 und 1957 ein Treppenhaus als Raum der Einstimmung gebaut,
wie es klassischer und karger kaum sein könnte. Nicht minder faszinierend ist zu sehen,
wie auf Initiative von Theodor Heuss und zusammen mit Ludwig Grote für das Nürnberger Germanische Nationalmuseum ein „Generalbebauungsplan" aufgestellt wurde,
der unter der Federführung von Sepp Ruf 1953 zuerst formuliert, 1962 fortgeschrieben
und dann unter Erich Steingräber weiter auf den Weg gebracht wurde. Er beinhaltete eine
ganze Museumsstadt, geprägt von der Gesinnung des Bauhauses und von einer nüchter-
nen Bescheidenheit, die noch den Geist der unmittelbaren Nachkriegszeit atmet. Sie
wollte das Museum als eine „Gelehrtenrepublik" vorstellen und gleichzeitig ganz bewußt
eine Öffnung des Museums zur Öffentlichkeit hin anstreben. Manches, was in der Mu-
seumsbaupolitik später die Museen der Stiftung Preußischer Kulturbesitz in Berlin unter
Leopold Reidemeister und Stephan Waetzold in Gang gebracht haben, gründet in den
genannten Beispielen.

3 Das Wallraf-Richartz-Museum von Rudolf Schwarz und Josef Bernard, eröffnet 1957

III. Leopold Reidemeister, seit 1945 und bis 1957 als Generaldirektor in Köln tätig, ist als Museumsmann eine treibende Kraft sondergleichen gewesen, umgeben von einem Direktorenkollegium, das ihn kritisch und zugleich konstruktiv begleitete.

Bereits 1946 dominierten die Kölner Museen – alle Gebäude waren zerstört – mit Ausstellungen die „Kölner Kulturwochen". Unter dem 21. Januar 1957 schreibt Reidemeister: „Da dies (die Ausstellungen) nun doch ein gewisser Anziehungspunkt für Köln geworden ist, habe ich ständig Besuch von Kollegen, die Nachrichten aus aller Welt bringen. Man freut sich, wenn die alten Fäden wieder angeknüpft werden". Sofort stellte sich also wieder Internationalität her. Im Jahre 1946 legte der Kölner Rechtsanwalt Dr. Dr. h.c. Josef Haubrich seine exzellente Sammlung von Kunstwerken des 20. Jahrhunderts in die Asche der Stadt, Symbol der Wiedergutmachung an dem Barbarismus der Nazi-Diktatur, zugleich aber auch Zeichen der Hoffnung, daß nun die Kunst der Gegenwart in dieser Stadt wieder Heimat und Wirkung haben möge. Unmittelbare Folge war der Beschluß des Rates, das Wallraf-Richartz-Museum neu zu bauen. Die Pläne lieferte 1950 Rudolf Schwarz. Der 1957 vollendete Neubau, der erste in Deutschland nach dem Kriege, setzte Maßstäbe für die Architektur wie für das „offene Museum". Sicher legte dieser Neubau den Grundstein für die sich später Zug um Zug ausbildende reiche Kölner

Museumslandschaft. Dabei darf man nicht übersehen, daß bereits 1956 Hermann
Schnitzler das Schnütgen-Museum mit seinen kostbaren Beständen in die Kirche des Cä-
cilienstiftes hineinkomponiert und der Architekt Karl Band dem Kirchenbau ein „Stu-
dienhaus" hinzugefügt hatte, das eben auch in der Architektur ausdrückt, wie sehr die
Museen — bei aller Öffnung — Stätten der Erforschung der in ihnen bewahrten Gegenstände sind, ein Grundzug, der gerade dieses Museum bis heute auszeichnet. Schnitzler
entwarf für die Einrichtung des Museums eine Darbietungsästhetik, die ihre Anregungen
aus den Ideen des Bauhauses bezog und das Muster für viele andere kulturgeschichtliche
Museen abgab. Das Nämliche gilt übrigens auch für das ebenfalls 1958 eröffnete Kölni-
sche Stadtmuseum, dessen Darbietungsstil Franz Brill und Werner Jüttner so überzeugend ausprägten, so daß die Einrichtungen der Landesmuseen in Stuttgart, Schleswig-
Holstein und sogar des Rheinischen Landesmuseums Bonn daraus weiterführende Anregungen gewonnen haben. Zu einem sehr frühen Zeitpunkt stellte Willy Fröhlich die Kulturgüter der sogenannten Dritten Welt nicht bloß als kulturgeschichtliche Zeugnisse,
sondern als „Kunstwerke" vor, beseelt von der Absicht, eine Facette der Moderne als
von dort angeregt zu zeigen; eine Neigung, die in der jüngsten Gegenwart bezeichnender-
weise weniger von Ethnologen, sondern von Kunsthistorikern, namentlich von solchen,
die sich vorwiegend der Kunst des 20. Jahrhunderts widmen, wieder in den Vordergrund
gerückt wird. Mit dem Wiederaufbau der Museen in dem Jahrzehnt nach 1945 wurde
nicht bloß an die Zeit vor 1933 angeknüpft, sondern man setzte durchaus neue Akzente,
die erst in den folgenden Jahrzehnten wirklich Wirkung zeigten, als sich das Museum
allgemein für die breite Öffentlichkeit aufzuschließen begann. Es führte von den Nach-
kriegsüberlegungen ein direkter Weg zu solch glanzvollen Museumsinszenierungen wie
dem Völkerkundemuseum der Stiftung Preußischer Kulturbesitz in Berlin-Dahlem, die
Stephan Waetzold und Fritz Bornemann — letzterer als Architekt — entworfen haben.
Ohne die Nachkriegsentwicklung im Museumswesen wäre dieser aufregende Prozeß
nicht zu solcher Blüte gelangt. So wie es das Römisch-Germanische Museum in Köln
— bei seiner Eröffnung sicher auch ein Modellfall — ohne das Völkerkundemuseum in
Berlin nie gegeben haben würde. Das Museum in der Bundesrepublik Deutschland ist
zwischen 1945 und 1955 kein restaurativ gehandhabtes, sondern ein auf Innovation hin
betriebenes Instrument gewesen, wobei man sehr schnell von der Selbsthilfe zum Wie-
der-Da-Sein und auf den Weg zu neuen, aber immer von Forschungsüberlegungen bestimmten Fort-Schritten gelangte.

IV. Neuerdings wird Skepsis dem Ausstellungswesen der Museen gegenüber geäußert,
natürlich in der Regel von Leuten, die von Museen entweder gar nichts oder zu wenig
verstehen. Deshalb kann nicht klar genug hervorgehoben werden, daß die Museen über
das wissenschafts- wie kulturpolitisch gleichermaßen wichtige Instrument der Ausstellung sofort in eine erweiterte Wirkung getreten sind, immer mit Rücksicht auf ihre kon-
servatorische Verantwortlichkeit. Ich wähle wieder — weil ich auf diesem Felde in meinen
Kenntnissen abgesichert bin — Kölner Beispiele, obschon sich ihnen Düsseldorfer, Frankfurter, Münchener und Hamburger an die Seite stellen ließen. So gab es in Köln nicht
allein 1947 eine wirklich hinreißende Macke-Ausstellung, sondern 1948 zum Domjubi-

läum auch eine Ausstellung „Gotische Kunst", die so viel Meisterwerke vereinigte, daß einem noch heute der Atem stocken bleibt in der Erinnerung an das, was alles an Kunstwerken zu mobilisieren gewesen ist. Es galt die Maxime: man könne dem normalen Bürger nicht zumuten — und man kann es heute immer noch nicht —, den Kunstwerken nachzureisen; vielmehr sei es eine Aufgabe des Museums, die Kunstwerke zu den Menschen zu bringen. Diese menschenfreundliche und an den wissenschaftlichen Interessen orientierte Verhaltensweise von Museen ist in diesem Jahrzehnt wieder begründet und zu einer ersten Blüte geführt worden. Auch wäre die Museumsgeschichte in Deutschland ohne diesen Strang nicht so dankenswert progressiv verlaufen, wie es der Fall gewesen ist. Zwischen 1947 und 1950 sind die Kölner Museen mit ihren Beständen buchstäblich auf Tournee gegangen, nicht nur in Deutschland, nicht bloß in Europa, sondern auch in den Vereinigten Staaten. Wer diesen mit dem Wiederaufstieg der Museen nach dem Krieg eng verknüpften Aktionszweig jemals unzulässig beschnitte, der würde die Museen in Deutschland auf einen Provinzialismus einengen, der dem Rang der Institution Museum kontrapunktisch entgegenstünde.

V. Bei allem Willen, auch dem der Politik, ist das Museum — überall in der Republik — zu kurz gekommen, in den Ankaufkrediten ebenso wie in der Personalausstattung. Was in dem Jahrzehnt bis 1955 hingenommen werden konnte, ist danach unvertretbar gewesen. Die Tatsache, daß die 1974 von der DFG herausgegebene Denkschrift *Zur Lage der Museen* bis heute nirgendwo im politischen Raum ein Echo gefunden hat, deutet darauf hin, daß die zwischen 1945 und 1955 geleistete Grundlagenarbeit ebensowenig in das allgemeine Bewußtsein eingedrungen ist, wie die darauf aufbauende erstaunliche Leistung der Museen in den Jahrzehnten nach 1955.

KURZBIOGRAPHIEN DER AUTOREN

Hugo Borger

Geb. 1925 in Düsseldorf. Studium der Kunstgeschichte, Archäologie, Geschichte und Theaterwissenschaften an der Universität Köln. Während des Studiums und nach der Promotion (1955) archäologische Ausgrabungen in mittelalterlichen Kirchen und Stadt-kernen bei der Kunstdenkmäleraufnahme Rheinland und seit 1959 beim Rheinischen Landesmuseum Bonn. 1970 Honorarprofessor für Kunstgeschichte und Archäologie des Mittelalters an der Universität Bonn, auch Berufung zum Direktor des Römisch-Germa-nischen Museums Köln. 1979–1990 Generaldirektor der Museen der Stadt Köln. Zahlrei-che Publikationen zur Architektur des Mittelalters und zu Museumsfragen, zuletzt: Die Kölner Museen, Köln 1990.

Karl Dietrich Bracher

Geb. 1922 in Stuttgart, Studium in Tübingen und Harvard, Habilitation in Berlin, seit 1959 o. Professor für Wissenschaft von der Politik und Zeitgeschichte an der Universität Bonn. Fellow in Stanford und Princeton, Gastprofessor in Oxford, Tel Aviv, Seattle, Flo-renz, Schweden, Japan. Vorsitz der Kommission für Geschichte des Parlamentarismus und der politischen Parteien, sowie des Wiss. Beirats des Instituts für Zeitgeschichte Mün-chen. Mitglied amerikanischer, britischer, österreichischer und deutscher Akademien der Wissenschaften. Bücher u.a.: Die Auflösung der Weimarer Republik (1955), Die NS-Machtergreifung (1962), Deutschland zwischen Demokratie und Diktatur (1964), Die Deutsche Diktatur (1969), Das deutsche Dilemma (1971), Zeitgeschichtliche Kontrover-sen (1976), Schlüsselwörter in der Geschichte (1978), Europa in der Krise (1979), Ge-schichte und Gewalt (1981), Zeit der Ideologien (1982), Die totalitäre Erfahrung (1987). Herausgeber der Vierteljahrshefte für Zeitgeschichte (mit H.P. Schwarz).

Hermann Glaser

Geb. 1928 in Nürnberg. Nach dem Studium der Germanistik, Anglistik, Geschichte und Philosophie (Erlangen, Bristol) zunächst im Lehramt, dann, von 1964–1990, Schul- und Kulturdezernent der Stadt Nürnberg. Dr. phil., Hon. Prof. der TU Berlin; Mitglied des PEN; Vorsitzender des Deutschen Werkbundes e.V., Publizistische Tätigkeit (Zeitung, Zeitschrift, Rundfunk, Fernsehen); zahlreiche Buchveröffentlichungen; zuletzt: Kulturgeschichte der Bundesrepublik Deutschland, 3 Bände, München 1985 ff. (als S. Fischer-Taschenbuch 1990); Das Verschwinden der Arbeit. Die Chancen der neuen Tätigkeitsgesellschaft, Düsseldorf 1988; Die Post in ihrer Zeit. Eine Kulturgeschichte menschlicher Kommunikation (zus. mit Thomas Werner), Heidelberg 1990.

Thomas Grochowiak

Geb. 1914 in Recklinghausen. 1948 Gründung der Gruppe „junger westen" (mit Deppe, Hermanns, Schumacher, Siepmann, Werdehausen). Seitdem Beteiligung an zahlreichen repräsentativen Ausstellungen in Metropolen von Europa, USA, Südamerika; 1950–1979 in der Leitung der Ruhrfestspiele; 1954 Mitglied und von 1979–1985 Präsident des Deutschen Künstlerbundes; 1954–1980 Direktor der Städtischen Museen Recklinghausen; ab 1969 auch der Städtischen Galerie Schloß Oberhausen; 1955 Gast des British Council in London; 1965–1969 Generalkommissar für die Deutsche Sektion der Biennale de Paris; 1971–1978 für die Triennale-India, Neu Delhi; 1972 Verleihung des Titels Professor; 1980 des Großen Bundesverdienstkreuzes; 1985 Ehrengast der Deutschen Akademie Rom, Villa Massimo; 1987 Ehrengast der Villa Romana in Florenz.

Jost Hermand

Geb. 1930 in Kassel, Studium der Germanistik, Geschichte, Philosophie und Kunstgeschichte in Marburg, Promotion 1955, seit 1958 Professor of German an der University of Wisconsin in Madison (USA). Herausgeber der Reihe German Life and Civilization. Monographien: Epochen deutscher Kultur, 5 Bde., mit Richard Hamann (1959–1975); Literaturwissenschaft und Kunstwissenschaft (1965); Synthetisches Interpretieren (1968); Pop International (1971); Die Kultur der Weimarer Republik, mit Frank Trommler (1978); Adolf Menzel (1986); Die Kultur der Bundesrepublik Deutschland (1986–1988); Der alte Traum vom neuen Reich. Völkische Utopien und Nationalsozialismus (1988); Arnold Zweig (1990); Beredte Töne. Musik im historischen Prozeß (1991); Mehr als ein Liberaler. Über Heinrich Heine (1991); Grüne Utopien in Deutschland (1991).

Ekkehard Mai

Geb. 1946; Studium der Kunstgeschichte, Germanistik und Philosophie in Bonn und Berlin; Promotion 1974 in Kunstgeschichte. Museumstätigkeit in Berlin (Stiftung Preußischer Kulturbesitz); Projekt „Kunst, Kultur und Politik im Deutschen Kaiserreich" seit 1978; Mitarbeiter am Institut für Kunstgeschichte der TH Darmstadt; Kunstkritiker; seit 1983 Stellv. Direktor am Wallraf-Richartz-Museum Köln. Lehraufträge in Köln, Zürich, Wuppertal. Zahlreiche Ausstellungen und Publikationen zur Geschichte der Kunstakademien, zum Ausstellungs- und Museumswesen, zur niederländischen Malerei und Historienmalerei in Europa sowie zur Kunst des 19. und 20. Jahrhunderts.

Wolfgang Pehnt

Geb. 1931 in Kassel. Studium der Kunstgeschichte, Literatur und Philosophie, 1956 Promotion in Frankfurt am Main. 1957–1963 Verlagslektor, seit 1963 Redakteur und Leiter der Abteilung Literatur und Kunst im Deutschlandfunk. Architekturkritik in Fachzeitschriften und Frankfurter Allgemeine Zeitung. Buchveröffentlichungen u.a.: Neue deutsche Architektur 1969–1970 (1970); Die Architektur des Expressionismus (1973); Das Ende der Zuversicht, Architektur in diesem Jahrhundert (1983); Der Anfang der Bescheidenheit (1983); Architekturzeichnungen des Expressionismus (1985); Karljosef Schattner. Ein Architekt aus Eichstätt (1988); Die Erfindung der Geschichte (1989).

Manfred Sack

Geb. 1928 in Coswig (Anhalt). Studium der Musikwissenschaft und Kunstgeschichte an der Freien Universität Berlin; 1954 Promotion. Seit 1959 Redakteur der Wochenzeitung „Die Zeit" in Hamburg, dort vorwiegend mit Themen der Architektur und des Städtebaus beschäftigt. Mitglied der Freien Akademie der Künste, Hamburg. Mehrere Preise. Buchveröffentlichungen u.a.: Architektur der ZEIT (1979), Gesichter von Gebäuden (1980), Das deutsche Wohnzimmer (1980), Lebensraum: Straße (1982), Einfache Paradiese — Holzhäuser von heute (1985), César Manrique — Maler & Bildhauer & Architekt (1987), Gustav Peichl — Gebaute Ideen (1988), Bilder aus Stade (1988), Die Hamburger Speicherstadt (1989).

Günter Schade

Geb. 1933 in Frankfurt/Oder; 1953 Abitur in Potsdam; 1953 bis 1957 Studium der Kunstgeschichte und Frühchristlichen Archäologie an der Humboldt-Universität Berlin; 1963 Promotion und 1985 Habilitation. Von 1962 bis 1983 Direktor des Kunstgewerbemuseums der Staatlichen Museen zu Berlin, Schloß Köpenick. Seit 1974 Honorardozent und seit 1985 Honorarprofessor für Kunstgeschichte an der Kunsthochschule Berlin. Seit 1983 Generaldirektor der Staatlichen Museen zu Berlin. Publikationen zur Geschichte der angewandten Kunst und zur Berliner Museumsgeschichte (Glas, Keramik, Goldschmiedekunst, Berliner Porzellan).

Friedrich Spengelin

Geb. 1925 in Kempten/Allgäu. Lebt in Hannover und Hamburg. Studium an der Technischen Hochschule München, Diplom 1948. Eheschließung mit Dipl.-Ing. Ingeborg Petzet 1951, seither gemeinsames Büro. 1961 Berufung an die Technische Hochschule Hannover (Heute: Universität). Institut für Städtebau, Wohnungswesen und Landesplanung. Stadtplanung in vielen deutschen Städten, u.a. in Bremen, Düsseldorf, Hamburg, Kempten, Münster, Osnabrück, Trier, Wolfsburg, Wuppertal. Städtebauliche Gesamtplanung der neuen Stadt Meckenheim-Merl (mit Kühn und Gerlach) seit 1964. Planung von Wohnhäusern, Wohnquartieren u.a. in Bremen, Hamburg, Hannover und Wolfsburg. Bauten (meist auf Grund von Wettbewerben). Haus der Jugend, Rathaus und Kurhaus Helgoland 1957–1960, Fachhochschule Eckernförde 1959, Dreifaltigkeitskirche Hamburg-Harburg, Produktionsgebäude NDR Hamburg 1965, Kreishaus Rotenburg 1968, Rat- und Bürgerhaus Schwalbach/Ts. 1973, Verwaltungsgebäude Hamburg-Mannheimer AG Hamburg 1975, Kulturzentrum Hamburg-Bergedorf 1978, Biologieinstitute und Mensa der Universität Osnabrück 1983, Kunsthalle Emden 1986. Zahlreiche Veröffentlichungen, insbesondere zu den Themen: Stadtplanung, Stadtgestaltung und Wohnungsbau.

Eduard Trier

Geb. 1920 in Köln. 1946–1952 Studium der Kunstgeschichte, Promotion an der Universität Bonn. 1948–1958 Kunstkritiker, bis 1964 beim Kulturkreis im BDI. 1959, 1964 u. 1968 Mitglied des documenta-Rats, Vorsitz des Gremiums für Skulptur. 1964 u. 1966 Kommissar für den Deutschen Pavillon der Biennale Venedig. 1964 Berufung auf den Lehrstuhl für Kunstgeschichte an der Staatl. Kunstakademie Düsseldorf, außerdem ab 1966 bis 1972 Direktor der Düsseldorfer Akademie. 1972 Berufung auf einen Lehrstuhl für Kunstgeschichte an der Universität Bonn; bis 1985 Direktor des Kunsthistorischen Instituts ebenda; seither emeritiert. Zahlreiche Veröffentlichungen zur mittelalterlichen Skulptur, zur rheinischen Kunst des 19. Jhs. und zur Kunst des 20. Jahrhunderts mit Schwerpunkt Bildhauerkunst. Bücher (Auswahl): Monographien über Wilhelm Lehmbruck, Ewald Mataré, Max Ernst, Hans Arp, Norbert Kricke, Marino Marini; „Moderne Plastik" (1954); „Zeichner des XX. Jhs." (1956); „Figur und Raum" (1960); „Bildhauertheorien im 20. Jhdt." (1971); „Kunst d. 19. Jhs. im Rheinland" (mit W. Weyres, 1979–1981, 5 Bände); „Jahresring" (Mithrsg. 1961–1988).

Stephan Waetzoldt

Geb. 1920 in Halle. Studium der Kunstgeschichte, Promotion 1951 in Hamburg. Assistenztätigkeit u.a. 1954–1956 an der Biblioteca Hertziana in Rom. Danach Leiter der Bibliothek des Germanischen Nationalmuseums Nürnberg, 1961 Direktor der Kunstbibliothek der Staatlichen Museen Berlin. 1965–1983 Generaldirektor der Staatlichen Museen Preußischer Kulturbesitz Berlin, wo er vor allem die Neu- und Erweiterungsbauten der Museen in Angriff nahm. Seit 1969 Honorarprofessor an der Freien Universität Berlin. Leiter des Forschungsprojektes „Kunst, Kultur und Politik im Deutschen Kaiserreich", Mitglied verschiedener kultureller Institutionen, u.a. des wissen-schaftlichen Beirates der Fritz-Thyssen-Stiftung. Publikationen zur deutschen und italie-nischen Kunstgeschichte sowie zum Museumswesen, u.a.: Die Kopien des 17. Jahrhun-derts nach Mosaiken und Wandmalereien in Rom (1964); Bibliographie zur Architektur im 19. Jh. (1977); Tendenzen der Zwanziger Jahre (1977); Bilder vom Menschen in der Kunst des Abendlandes (1980); Meisterwerke deutscher Malerei des 19. Jahrhunderts (1981).

ABBILDUNGSNACHWEIS

Der Verlag dankt den folgenden Personen und Institutionen für die Erlaubnis, die angeführten Abbildungen zu veröffentlichen.

Borger: Rheinisches Bildarchiv, Köln (1, 2, 3)

Glaser: Bildarchiv preußischer Kulturbesitz, Berlin (4), Kunsthandel Gerd Köhrmann/ Nachlaß Karl Hofer, Köln (2), Rheinisches Landesmuseum, Bonn (1), Bayerische Staatsbibliothek, München (5), Stadtarchiv Frankfurt a.M. (8), Ullstein-Bilderdienst, Berlin (6), Hamburger Theatersammlung/Archiv Rosemarie Clausen (3, 7)

Grochowiak: Thomas Grochowiak (3, 4, 5, 6, 7), Museen der Stadt Recklinghausen (1, 2)

Hermand: Archiv Baumeister, Stuttgart (3), Belser Verlag, Stuttgart/Zürich (7), Otto Dix Stiftung, Vaduz (6), Galerie Alvensleben, München (4), Antje von Graevenitz/Slg. Rijksdienst Beeldende Kunst, Groningen (15), Wolfgang Hartmann (2), Kunsthandel Gerd Köhrmann/Nachlaß Karl Hofer, Köln (5), Kölnischer Kunstverein (9), Otto Pankok Museum, Hünxe (1), Ullstein Verlag, Berlin (13), Veritas Buchverlag, Linz (10), VG Bild Kunst, Bonn (12)

Mai: Archiv Baumeister, Stuttgart (5), Rheinisches Bildarchiv, Köln (3, 4), Kunstakademie Düsseldorf (1, 2, 6, 7)

Pehnt: Elisabeth Hase (4), Klaus Meier-Ude (5), Wolfgang Pehnt (1, 2, 3, 6, 7, 11, 12, 13, 14), Stadtarchiv Frankfurt a.M. (8, 9)

Sack: Archiv für Städtebau/Niels Gutschow, Abtsteinach (7), Bildarchiv preußischer Kulturbesitz, Berlin (1), Bodan Verlag, Kreuzlingen (9), Leonard Dolmans (4), Klaus Kallabis (3, 10), Westfälisches Landesamt für Denkmalpflege, Münster (8), Deutsches Nationalkomitee für Denkmalschutz, Bonn (6, 11, 12, 13, 14, 15), Senat der Stadt Bremen (5)

Schade: Staatliche Museen Berlin (1, 2, 3, 4, 5, 6), Spengler-Museum, Sangerhausen (7)

Spengelin: Akademie der Künste/Sammlung Baukunst, Berlin (3, 13, 21)

Trier: Rupprecht Geiger (4), K.O. Götz (5), Kunsthandel Gerd Köhrmann/Nachlaß Karl Hofer, Köln (8), Brigitte Marcks-Geck (6), Edeltrud Meistermann-Seeger/Rheinisches Bildarchiv, Köln (3), Von der Heydt-Museum, Wuppertal (9), Elisabeth Nay-Scheibler (7), Staatsgalerie Stuttgart (1)